KB038930

프로세스 마인드

신의 마음에 연결하기 위한 심리치료 안내서

:: Arnold Mindell 저 | 양명숙 · 이규환 공역

ProcessMind
A User's Guide to Connecting
with the Mind of God

학지사

Processmind: A User's Guide to Connecting with the Mind of God
by Arnold Mindell

Korean Translation Copyright ⓒ 2014 by Hakjisa Publisher, Inc.
The Korean translation rights published by arrangement
with Arnold Mindell.

Copyright ⓒ 2010 by Arnold Mindell
Authorized translation from the English language edition published
by Arnold Mindell.

All rights reserved.

본 저작물의 한국어판 저작권은
Arnold Mindell와의 독점계약으로 (주)학지사가 소유합니다.
저작권법에 의해 한국 내에서 보호를 받는 저작물이므로
무단 전재와 무단 복제를 금합니다.

감사의 글

나의 가장 친한 친구이자 파트너이며 동료인 에이미 민델(Amy Mindell)은 이 책의 모든 부분에서 세부적인 것들을 경험하고, 실험하며 시험하는 것에 도움을 주었다. 그녀의 훌륭한 협력과 상상할 수 있는 모든 수준에서의 도움에 대해 깊이 감사한다. 이 책의 기본 내용이 된 세미나와 강연들의 녹음을 글로 작성한 수잔 코첸(Susan Kocen)의 창의적인 노력에 다시 한 번 감사하며, 이 책의 내용을 성심껏 검토해 준 전 세계의 동료와 학생들에게 감사한다. 명석한 조언을 해 준 맥스 슈바흐(Max Schupbach)와 조 굿브레드(Joe Goodbread)에게 감사하며, 많은 통찰력과 더불어 훌륭한 교정으로 초고를 개선시켜 준 돈 멘켄(Dawn Menken)과 로버트 킹(Robert King)에게 감사한다. 그리고 이 연구에 대한 많은 세부적인 작업에 대하여 지원을 아끼지 않은 '심오한 민주주의 연구소(Deep Democracy Institute)'와 전 세계의 '프로세스 워크 연구소(Process Work Institute: PWI)'에 감사를 표한다.

또한 마거릿 라이언(Margaret Ryan)의 유머, 우정 그리고 전문적인 편집 감각에 감사하며, 최종 원고에 도움을 준 샬렌 시그(Charlene Sieg)에게도 감사를 전한다. 퀘스트(Quest)의 직원 여러분들의 이 책에 대한 이해와 전문적인 안목에 감탄하며 이와 더불어 특히 리차드 스몰리(Richard Smoley)의 열정에 감사를 표한다. 그리고 샤론 도르(Sharron Dorr)에게는 이 책 프로세스마인드의 제작에 대하여, 캐롤린 본드(Carolyn Bond)에게는 훌륭한 편집에 대해 감사한다.

그리고 마지막으로 아인슈타인에게는 "나는 신(神)의 생각을 알고 싶다. 나머지는 사소한 것에 불과하다." 라는 소망에 감사한다.

역자 서문

  2014년 겨울은 프로세스 워크 연구소가 있는 미국 포틀랜드에서 보내
게 되었다. 명목상 이유는 세계에서 참가자들이 모여드는 겨울 인텐시브
프로그램에 2007년 겨울 이후 꼭 7년 만에 다시 참가하기 위해서였다. 하
지만 실제적으로 가장 중요한 과업은 바로 나의 '프로세스마인드'를 찾는
작업이었으며, 다른 하나는 이 책의 번역 작업을 마무리하는 것이었다.
그래서 이규환 교수님께서 작업해 주신 번역 원고를 들고 바로 민델 박사
의 그림자 안에서 수정 작업을 하였다. 민델 박사와 직접 만날 수 있는 시
간에는 이해하기 어려운 용어에 대해서 직접 물어보기도 하고, 때로는 이
메일을 통하여 교류하기도 하였다. 이렇게 프로세스마인드 번역에 대한
작업은 바로 포틀랜드의 숨결을 느끼면서 민델 박사의 에너지 장에서 마
무리 작업이 진행되었다.

  그럼에도 불구하고 개인적인 나의 의문인 "What is my personal
ProcessMind?"는 확연하게 다가오지 않았다. 그래서 실습시간에 민델 박
사에게 푸념도 하였다. "아니(Arny), 도대체 나의 개인적인 프로세스마인
드는 무엇일까요?" "왜 나는 이 프로세스 워크 연구를 하면 할수록, 내 개
인적인 삶은 더 얽히기만 하는 것이지요?"라는 질문을 계속하였다. 한편
으로는 책 작업을 통하여 좀 더 확연해질 수 있을까 하는 기대와 더불어
번역 작업에 몰두하였다.

민델 박사는 모든 삶의 과정 이면에 어떠한 방법으로든 존재하는 신의 마음을 '프로세스마인드'로 부른다. 이 프로세스마인드는 명백하며, 지적으로 조직하는 힘의 장으로서, 우리의 개인과 집단 과정 이면에 존재하며, 심오한 양자 패턴처럼 우주의 과정에 존재한다고 하였다. 이 프로세스마인드는 이러한 장(場)과 패턴들을 알기 위한 우리의 노력을 확장하고 심오하게 한다고 하였다.

또한 민델 박사는 이 '프로세스마인드'가 자신의 삶에서 작동하고 있다는 것을 시험하고 증명하기 전까지는 이와 관련된 그 어떤 것도 믿지 말라고 한다. 즉, 프로세스마인드에 대하여 개인이 직접 경험하고 알아차린 이후에 이와 관련된 이론들에 대한 신뢰를 가져도 좋다고 충고한다. 이를 직접 경험하기 전에는 끊임없이 의심하고 비판하면서 과학적 사고와 판단으로 합리적이고 객관적으로 접근할 것을 권하고 있다. 나 또한 개인적으로 나의 프로세스마인드가 삶을 인도하기를 원한다. 그리고 그것들이 바로 신의 마음으로 연결되기를 간절히 간구한다.

민델 박사는 대표적인 저서인 '양자심리학'으로 번역된 'Quantum Mind'에서 더 나아가 이 책에서는 과학적 접근과 더불어 영적으로 신의 마음에 더 접근하고자 한다. 민델 박사 또한 '양자심리학'을 저술한지 10년이 지난 후에 이 '프로세스마인드'를 저술하였기 때문에, 용어를 비롯하여 이론과 실제에 있어 많은 업데이트를 하고 있었다. 따라서 역자들도 초기에 번역한 민델 박사의 저서의 용어에서 재수정을 하고 업데이트하는 작업을 하지 않을 수 없었다. 민델 박사의 용어들이 독특하고 특유의 개념들을 나타내고 있기 때문에, 섣부른 용어 번역은 저자의 의도를 충분히 전달하기에 한계가 있다고 느끼는 경우가 많았다. 그래서 차라리 특유의 용어에 해당하는 원어들은 가능한 한 그대로 번역을 하는 것이 좋겠다는 생각을 가지게 되었다. 그래서 용어의 번역에 있어 'Quantum Mind'에 대해서도 책명으로는 '양자심리학'으로 하였지만, 내용에서는 '퀀텀마인드'로 그리고 'ProcessMind'는 그대로 '프로세스마인드'로 번역을 하였고, 다른 용어들도 일상적인 용어에서는 용어 번역을 시도하였으나, 독특한 용어에서는 가능한 한 원어 그대로 원음으로 번역을 시도하였다. 물론 좋은 번역은 아니지만, 이미 프로세스 워크에서는 세계적으로 통용되는 전문 용어이기 때문에, 우리나라 독자에게도 그대로 전달하기로 하였다. 따라서 '양자심리학'에서 번역된 용어가 '프로세스마인드'에서는 다르게 번역되어 혼동을 가져올 수도 있지만, 이점에 대해서는 먼저 양해를 구하는 한편 독자들의 충고가 있다면 기꺼이 그 의견을 수렴하고자 한다.

끝으로 처음과 마지막 시종일관 성실하고 신뢰할 수 있는 학자로서 공동 번역에 임해 주신 이규환 교수님께 감사를 드린다. 이규환 교수님과의 작업은 연금술사들의 합금 기술을 연상하게 하기도 한다. 자연과학 더구나 양자물리학에 대한 지식이 없는 심리학자의 능력으로는 도저히 이룰 수 없는 민델 박사의 저서에 대한 번역 작업을 가능하게 해 주시는 이규환 교수님께 무한한 신뢰와 존경을 표하지 않을 수 없다. 그리고 언제나 믿고 기꺼이 출판에 임해 주시는 학지사의 김진환 사장님과 최임배 부사장님을 비롯하여 편집을 맡아 준 김연재 선생님께도 감사를 드린다. 인간관계에 있어 무엇보다 서로에 대한 신뢰가 얼마나 중요한 바탕이 되는가를 보여 주기에 함께 일하는 것에 행복과 보람을 느낄 수 있었다. 또한 언제나 주변에서 초기 번역 작업과 더불어 힘이 되어 주고, 함께 연구해 나가는 동지가 되어주는 한남대학교 일반대학원 상담학과와 아동복지학과 대학원생들과 지도학생들에게도 감사를 드린다. 그들이 있기 때문에 이 모든 연구와 번역 작업들도 가능하였다. 하지만 번역 작업을 하면서, 여전히 미완성의 수준에 있다는 것을 인정하지 않을 수 없다. 다만 역자로서 누구보다 많이 고민하면서 좀 더 원서에 가깝게 번역하려고 노력을 하였지만, 민델 박사의 광활한 지적 세계를 따라가기에는 역부족이기 때문에, 역자로서 또한 성장하면서 따라가고자 노력하고 있다는 변명으로 대신하고자 한다.

민델 박사의 저서들을 우리나라에 소개하는 역자로서의 바람은 우리나라의 상담학도 동서양의 통합을 통하여 세계적인 수준에서 인정받고 우뚝 설 수 있는 날들이 다가오는 것이다. 훌륭한 선배 학자들과 후배 학자들의 학문적 통합 과정을 통하여 '한국의 상담학'이 이루어지고 이런 작업들이 세계적으로 번역되어 출판되기를 기대한다.

2014년 8월
한남대학교 오정골에서
역자 대표 양명숙

저자 서문

　이 책은 아인슈타인의 유명한 소망인 "나는 신(神)의 생각을 알고 싶다. 나머지는 사소한 것에 불과하다."라는 것에 대한 나의 응답이다. 아마도 그 어느 인간도 진정으로 '신의 생각' 즉, 신의 마음을 알 수 없을 것이다. 따라서 우리의 임무는 끊임없이 "신의 마음은 무엇인가?"라고 묻는 것이다. 이러한 질문은 이 책의 모든 문장에 내재해 있다.

　초창기에, 나는 자연의 마음을 이해하고 싶었기 때문에 과학을 공부하였다. 그 이후 자연의 마음을 이해하기 위해서는 또한 자연의 법칙에서 참여자로서 관찰자의 역할을 이해해야만 했고, 심리학을 연구해야만 했다. 심리학에서 나의 연구는 45년간 의식의 모든 상태에서 개인과 대규모 집단의 사람들에 대한 경험을 바탕으로 하였다.

　이러한 연구의 전반적 과정에서, 나는 모든 인간 과정과 환경 과정 이면에서 작용하는 자연 법칙들의 존재를 매일 직면해 왔다. 이러한 법칙들은 소위 '신의 마음'에서 유래한다. 따라서 모든 삶의 과정은 또한 그 마음에 근원을 두고 있다. 모든 삶의 과정 이면에 어떠한 방법으로든 존재하는 이러한 마음을 프로세스마인드(processmind)라고 부른다. 이 프로세스마인드는 명백하고, 지적(知的)이며, 조직하는 '힘의 장(場)'으로서, 우리의 개인 과정과 집단 과정 이면에 존재하며, 심오한 양자 패턴처럼 우주의 과정 이면에도 존재한다. 프로세스마인드는 이러한 장과 패턴들을 알기 위한 우리의 탐구를 확장하고 심오하게 한다. 이러한 장과 패턴들은 심리학과 신비주의(神秘主義)에서 연구되고 기록된 경험들과 연결시킴으로써, 현대 물리학에서 이해되는 것과 같다.

이 책에서는 프로세스마인드의 많은 양상들을 탐구할 뿐만 아니라, 그것이 어떻게 증상의 고통을 완화하고 관계를 촉진하며 그리고 광범위하고 전반적인 일상적인 상황에서 구조적인 문제들을 재구성하는 것을 도울 수 있는지 보여 준다.

이러한 탐구에서, 목표는 바로 당신이다. 나는 당신을 당신의 프로세스마인드로 인도함으로써 이 책이 당신을 위한 훈련이 되기를 바란다. 내가 프로세스마인드라는 아이디어에 심취되어 있기 때문에, 당신에게 물리학, 심리학, 신화, 영적 전통에 대한 유용성을 이해시키려고 하지만, 나의 핵심적인 목표는 지적인 측면이 아니다. 나의 목적은 모든 유형의 문제들에 대하여 이 새로운 방법들을 시도해 보도록 여러분들을 격려하는 것이다. 프로세스마인드의 존재는 과학과 종교를 통하여 검증될 것이다. 그러나 나의 궁극적 임무는 많은 사람들이 자신의 개인 문제와 세계의 문제를 해결하기 위하여 프로세스마인드를 사용할 수 있도록 훈련시킬 수 있음을 증명하는 것이다.

이 책은 제4부로 나뉘어 있다. 제1부는 어떻게 프로세스마인드가 당신 자신의 가장 깊은 부분으로 존재하는지에 대하여 상세하게 조사한다. 당신이 프로세스마인드에 대하여 알게 되면, 이 책의 나머지 부분들은 당신이 당신의 삶의 기술들과 믿음 체계들을 증진시키는 도구로써 프로세스마인드를 사용하도록 격려한다. 제2부는 프로세스마인드에 접근하는 것이 어떻게 신체와 관계의 문제를 해결하는 것을 도울 수 있는지와 어떻게 전반적 문제들의 하향적 진행을 바꾸는 것을 도울 수 있는지에 초점을 맞춘다. 제3부는 당신의 최상의 원칙들 그리고 영적 체계에 의해 함축되는 의식 상태들과 프로세스마인드의 언결을 탐구한다. 제4부는 비국소성에 관한 물리학과 심리학을 더욱 깊게 고찰하고 어떻게 프로세스마인드가 관계 에너지들을 '자기-조직' 하는지 그리고 어떻게 긍정적 세계 변화에 크게 공헌할 수 있는지를 고찰한다.

결론은 프로세스마인드를 고대의 아프리카 공동체 윤리관과 간디의 비폭력주의(ahimsa) 원칙에 연결시키고, 프로세스마인드가 어떻게 이러한 윤리관을 개선시키는지 보여 준다. 용어 부록은 물리학과 과정지향 심리학에서 사용된 핵심적 개념들의 정의들을 제공한다. 부록 A에서는 나의 초기의 저서들에서 논의된 개념인 퀀텀마인드와 이러한 프로세스마인드의 새로운 개념 사이의 관계를 고찰한다.

제2장에서부터는 그 장에서 논의된 프로세스마인드에 대한 당신의 알아차림을 증진시키는 실습을 제공한다. 당신이 그 실습을 연습할 것을 강력하게 추천한다. 프로세스마인드 콜라주인 부록 B에서는, 당신이 각 장에서 실습을 하는 동안 발생하는 프로세스마인드 경험을 기록할 수 있는 공간을 제공한다. 당신의 경험을 이러한 방법으로 기록하는 것은 당신에게 당신이 누구인지에 관해 많은 것을 말해 줄 수 있고, 실제-세계의 상황들을 다루는 데 도움이 될 수 있다.

이 책은 일상적인 삶과 우주의 숨겨진 차원들에 대한 일종의 사용자 안내서다. 동시에 우주의 가능한 코드, 심지어 이 책에서의 코드에 관한 어떠한 프로세스마인드 이론 또는 연관된 믿음 체계를 믿는 것에 대해 반대하라고 충고하고 싶다. 당신은 그것(프로세스마인드 이론)이 자신의 삶에서 작동하고 있다는 것을 시험하고 증명하기 전까지는 그 어떤 것도 믿어서는 안 된다. 그러한 건강한 의심의 자세는 영적인 전통과 과학이 함께 더욱 가까워지도록 해 줄 것이라고 믿는다.

차 례

제1부   개인의 삶에서의 프로세스마인드

제3부　과학과 종교에서의 프로세스마인드

제4부 비국소성과 얽힘의 춤

제1부
개인의 삶에서의
프로세스마인드

나는 신의 생각을 알고 싶다.

나머지는 사소한 것에 불과하다.

– 알버트 아인슈타인(Albert Einstein)

제1장
일상의 삶과 임사(臨死) 상태에서 힘의 장으로서의 프로세스마인드

거의 모든 사람들이 가끔씩 개인적 삶과 우주에서 명백하게 무작위적이면서 창조적인 사건들을 구성하는 일종의 지성체가 존재하는지에 대해 궁금해 한다. 그러한 사건들은 우연한 것인가? 또는 이면에서 작용하는 일종의 '마음' 이 존재하는 것인가? 그러한 사건들에 대한 우리의 알아차림이 어떻게 그것들에게 영향을 줄 것인가?

나는 경험을 통하여 전 생애에서, 특히 위기의 순간과 죽음과 가까운 순간에서 나타나는 것처럼 보이는 신비스러운 힘에 대해 놀라워했다. 한편으로 가장 놀랍고 도움이 되는 경험들을 만들어 낼 뿐만 아니라 현재 진행되고 있는 어려움과 갈등, 우리의 환경적 문제 이면… 그리고 평화적 변화를 만들어 내는 우리의 능력 이면에도 존재하는 이러한 힘이란 무엇인가? 과학과 영적 전통 모두 답변을 제시하지만, 오늘날 21세기에도 우리는 우리가 어떤 존재이고 누구인지에 대해 합의하지 못할 뿐만 아니라, 무엇이 우리의 운명을 조정하거나 '함께 창조하는지' 에 대해서도 합의하지 못하고 있다.

고대 세계의 영적 전통들뿐만 아니라 아인슈타인과 같은 현대의 선도적 과학자들은 그 모든 배후에 지적인 우주의 힘이 있다는 것을 믿어 왔다. 그렇지만 아인슈타인은 과학이 그것을 발견했다는 것에 대하여 의심했다. 1926년 동료인 막스 본(Max Born)에게 보낸 편지에서, 그는 오늘날 이론 물리학자들 사이에서 잘 알려진 발언을 하였다. "양자역학은 분명히 인상적이다. 그러나 나의 내부의 목소리는 그것이 실재하는 것은 아니라고 말한다. 이 양자역학 이론은 많은 것을 말하지만, 정말로 우리를 신성(神性, the Old One)의 비밀에 더욱 가깝게 하지는 않는다."[1]

양자 이론과 상대성 이론이 발견된 지 약 1세기 후인 오늘날, 우주 철학자들은 여전히 '신성(神性)의 비밀'에 대해 궁금해 하고 있다. 호킹(Stephen Hawking)과 데이비스(Paul Davies)는 아인슈타인이 '신의 마음'으로서 찾았던 것을 지성체 힘(the intelligent force)이라고 하였다.[2] 몇몇 이론 물리학자들은 통일된 장이론이나 연관된 개념들에서 이러한 '마음'을 찾기를 원하였다. 융(C. G. Jung)과 아사지오리(Roberto Assagioli) 그리고 다른 심층 심리학자들은 '집단 무의식'과 '초개인적 자아', 몇 종류의 초월적 의식 또는 '통합적' 의식에 대해 언급한다. 융과 노벨상을 수상한 그의 친구 양자 물리학자 파울리(Wolfgang Pauli)는 16세기 연금술사를 인용하면서 경험에 대한 통합된 정신 물리학 영역- '하나의 세계(Unus Mundus)'를 생각하였다. 종교들은 자아, 신 또는 신들이라는 용어로서 우주의 설계, 힘 그리고 지혜에 대해 항상 언급해 왔다.

나는 아인슈타인의 '신성(神性)'을 프로세스마인드라 부른다. 나는 프로세스마인드로서 우리의 개인적 삶과 우주에서 모두 작용하는 구성 요소를 나타낸다. 이러한 프로세스마인드를 연구하고 경험하는 것은 현재 분리

---

1) 1926년 12월 4일 아인슈타인이 맥스 본에게 보낸 편지, 아인슈타인(Albert Einstein), 『헤드비이히(Hedwig)와 맥스 본(Max Born). 편지교환(*Briefwechsel*) 1916-1955』 (Munich: Nymphenburger Verlagshandlung, 1969).

2) 폴 데이비스(Paul Davies), 『신의 마음: 이성적 세계에 대한 과학적 근거(*The Mind of God: The Scientific Basis for a Rational World*)』(New York: Touchstone, 1992).

되어 있는 심리학, 사회학, 물리학 그리고 신비주의를 연결할 것이고, 서로와 환경을 연관시킬 새롭고 유용한 방법들을 제공할 것이다. 프로세스마인드는 당신의 내부에 있으며 동시에 당신이 인식하는 모든 것과 명백하게 연결되어 있다. 나는 당신의 프로세스마인드가 당신의 두뇌에 존재하지만 또한 당신을 동시에 여러 장소들에서 존재하도록 하는 '비국소적'이라는 것을 보여 줄 것이다.

내가 처음에 이 책을 쓰기 시작했을 때, 나는 양자물리학에서 예시된 프로세스마인드의 비국소적 성질이 매우 이상하게 들릴 것이라고 걱정하였다. 그렇지만 나는 적어도 몇몇 사람들은 매일 아침 수면 상태와 깨어 있는 상태 사이의 최면 상태에서 비국소성을 감지한다는 것을 깨달았다. 이러한 '반(半) 수면-반(半) 각성' 상태에서, 일종의 꿈같은 지성은 우리에게 멀리 있는 사람과 사물에 대해 '비국소적' 정보를 제공한다. 물리학자는 이러한 경험을(다음 장에서 내가 설명할) '양자 얽힘(quantum entanglement)'의 심리학적 대응이라고 부를 것이다. 오늘날 나는 프로세스마인드가 단지 의식의 특정 변형 상태일 뿐만 아니라, 그것은 가장 깊은 내부의 갈등과 마찬가지로 가장 깊은 외부의 갈등을 해결하기 위해 필요한 생활양식과 정치적 관점을 정의한다는 것을 인식하게 되었다.

어쨌든, 프로세스마인드는 일종의 힘의 장으로서 경험될 수 있다. 그것은 관찰자와 피관찰자 사이의 능동적이며 지성적인 '공간'이다. 그것은 당신과 나 그리고 우리가 공유하는 '우리' 모두다. 그것은 일상적인 실재의 사실들과 연관되어 있을 뿐만 아니라 또한 독립되어 있기도 하다. 많은 탐구 후에, 나 자신과 죽음에 가까운 상태에 있는 사람들 모두에게서, 나는 프로세스마인드가 삶과 죽음에 대한 우리의 현재 개념 이상으로 확장되는 특성을 가지고 있다고 생각한다.

퀀텀마인드와 프로세스마인드

프로세스마인드에 대한 개념은 나의 모든 초기 연구에서, 특히 10여 년 전에 저술한 『양자심리학(*Quantum Mind*)』이라는 책에서 확장되어 있다. 퀀텀마인드는 양자물리학의 기본 개념에 대응하는 심리학의 개념이다. 우리 알아차림의 양자 개념은 이러한 잠재의식적 경험에 대한 아주 미세하고 쉽게 무시되기도 하는 '나노' 경향성과 '자기-반영'을 인식한다.

그러나 퀀텀마인드는 단지 초감각적 자기-반영 알아차림(supersensitive self-reflecting awareness)뿐만 아니라, 이것은 또한 일종의 안내 파동 또는 인도(引導)하는 패턴이다. 『양자심리학(*Quantum Mind*)』에서 나는 수학(슈뢰딩거의 파동방정식)과 양자물리학의 법칙들이 우리의 자기-반영 능력과 일상적 실재를 창조하는 능력을 반영한다고 제시하였다. 물리학자들은 실재를 창조하기 위해 '붕괴(collapsing)'하는 파동함수에 대해 논의한다. 나는 우리의 꿈꾸기의 본질을 '붕괴' 시키기보다는 어떻게 우리의 자기-반영이 이용되고 과소평가되는지에 대하여 설명한다. 예를 들어, 꿈을 반영한 후 당신은 "아하! 지금 나는 이것 또는 저것을 할 것이다."라고 생각하고, 새로운 실재를 창조하기 위하여 어떤 행동을 하는 동안 꿈세계를 일시적으로 제쳐 놓는다.

우리가 가능성을 감지하고 자기-반영하며 꿈꾸기로부터 일상적 실재로 변화해 나가기 위해 우리 우주의 다른 부분들을 공유하는 능력 이외에도, 양자물리학에서 물질 입자들이 행동하는 것을 제시하는 것처럼, 우리는 동시에 두 장소 또는 두 상태에 존재할 수 있는 능력을 가지고 있을 수도 있다. 예를 들어, 비록 깨어나면, 당신은 이러한 통합 경험에서 나와서 곧 어떠한 꿈 이미지와 동일시하며 반영하기 시작하더라도 당신은 꿈에서 동시에 죽었거나 살아 있을 수 있다. 따라서 우리는 우리의 양자적 특성을 매우 민감하고 자기-반영적일 뿐만 아니라 비(非)국소적 또는 '양

(兩)국소적' 인 것으로 특성화할 수 있다.

프로세스마인드는 우리의 가장 깊은 자아, 우리의 프로세스마인드가 단지 민감하거나 자기-반영적이고 양국소적일 뿐만 아니라 또한 신비적 전통에서도 발견될 수 있다는 또 하나의 중대한 특징을 부가함으로써 퀀텀마인드의 특성들을 확대시킨다. 특히 그것은 토착 원주민들이 개인이나 집단의 '토템 정령(totem spirit)' 으로 동일시해 왔던 개념들에서 찾을 수 있다. 우리의 프로세스마인드는 단지 양자 우주의 일반적인 물리적 특성들과 연관되어 있을 뿐만 아니라, 초자연치료사들이 우리가 사랑하고 신뢰하는 땅 위의 특별한 장소인 '힘의 장소(power spot)' 라 불렀던 것으로 경험되거나 연관되어 있는 특정한 땅에 근거를 둔 특징들과도 관련되어 있다. 프로세스마인드는 '토템 정령' 과 동일시된 힘의 장으로서, 우리는 우리를 현명해지도록 느끼고 특정한 방향으로 움직이도록 하는 땅 위의 장소에 대해 미묘한 느낌을 가지고 있다.

이러한 토템 정령과 땅의 느낌이란 무엇인가? 이러한 질문은 실제로 바위를 움직여서 바위 아래를 바라보지 않고 바위 아래에 무엇이 있는가를 묻는 것과 같다. 오늘날 '성찰' 을 위한 우리의 주요 방법은 우리 자신의 알아차림 과정이다. 처음에, 내 안의 자연 과학자는 여기에서 멈추고 다음과 같이 말한다. "아, 잠깐만 기다려요! 우리의 프로세스마인드를 나타내는 땅에 근거한 토템 정령 또는 힘의 장소? 그것을 믿지 마십시오! 당신의 마음은 당신의 두뇌 안에 있고 당신의 두뇌는 당신의 머리 안에 있습니다!"

그렇지만 내 안의 치료사는 말한다. "물론 당신의 마음은 부분적으로 당신의 두뇌 안에 있습니다. 그러나 당신의 두뇌는 물질이고 물질은 비국소적 특성들을 갖습니다." 이러한 특성들의 적어도 일부는 땅의 힘의 장소에 투사된다는 것 또한 가능하다. 토착 원주민은 묘지와 같은 특정한 땅의 장소들은 힘의 지역이라고 느껴 왔으며 자신과 동일시해 왔다. 그러나 과학적 회의론자라고 할지라도, 다음에 나오는 실험에서 당신 자신의 경험에 근거한 마음의 비국소성을 탐구한 결과를 충분히 활용할 수 있도록 회의적인 마음은 잠시 내려놓고 충분히 열린 마음을 갖도록 하여라. 그렇게 함으로써, 아마도 당신은 결국에 땅 및 땅과 연관된 힘을 따르는 방법을 한때 알았던 당신의 진화 심리학의 일부를 느끼고 기억할 것이다.

대부분의 사람들은 보통 자신을 특정한 장소에 있는 신체로서 인식한다. 그렇지만 깊은 수면과 죽음에 가까운 상태에서 당신의 평상의 자아가 또렷하지 않을 때 당신의 전체적인 비국소적 마음은, 즉 당신의 프로세스마인드는 더욱 또렷하게 된다. 이러한 강력한 구성 요소는 그것이 마치 나무들을 통과하여 부는 바람과 같은 일종의 힘의 장인 것처럼 나타난다. 보통 당신은 힘의 장을 볼 수 없으며, 당신은 단지 바람이 낙엽들을 움직일 때처럼 힘의 장이 사물을 움직이는 것을 느끼거나 인식할 수 있다. 토착 문화에서 초자연치료사들이 이러한 눈에 보이지 않는 장들을 '협력자' 또는 '안내자'로 인격화하는 인물로 나타내는 것처럼, 물리학자들은 '가상 입자'에 전달되는 장 방정식으로 전자기장(electromagnetism) 같은 장의 구조들을 나타낸다. 우리가 그것들을 협력자, 방정식 또는 입자라고 부르든 아니든, 그러한 모든 역학은 우리에게 보이지 않는 장의 힘과 구조에 대한 느낌을 줄 수 있다.

아마도 보이지 않는 힘의 장에 대한 우리의 가장 공통적 경험은 중력장일 것이다. 당신은 공중으로 뛰어오르면 어쩔 수 없이 땅으로 끌어 당겨지는 것 때문에 몸에 작용하는 중력의 힘을 느낄 수 있다(달 위에서는 중력장이 지구보다 더 약하기 때문에, 당신은 아래로 되돌아오는 데 더 오랜 시간이 걸릴 것이다).

그러나 비록 중력의 힘이 우리의 모든 움직임을 구성하고 있다고 하더라도, 우리는 그 중력장 속에 존재하는 데 매우 익숙해져 있기 때문에 중력의 힘을 좀처럼 생각하지 않는다. 마찬가지로, 우리가 의식의 예민한 상태나 변형 상태, 꿈꾸기 또는 임사 상태에 있을 때가 아니면, 우리는 프로세스마인드의 징신물리학적 힘의 징에 주의를 기울이지 않는다. 그럼에도 불구하고, 중력과 마찬가지로 프로세스마인드는 우리 삶의 중요한 부분을 구성하고 있다.

간단하게 요약하면 다음과 같다. 양자물리학에서 나오는 것과 아인슈타인이 '신성(神性)'이라고 언급한 것으로서 내가 프로세스마인드라고 부르는 것은 개인과 우주의 법칙 이면에 있는 상상의 지성체다. 문맥에 따라서, 프로세스마인드라는 용어는 다음을 의미한다.

- 이론: 심리학과 물리학에서 구성 원리
- 특정한 의식의 변형 상태에 의해 이루어지는 장의 개념과 경험
- 실습: 이 책의 연습에서 할 수 있는 명상과 명상 과정
- 가장 깊은 자아: 안녕과 사소한 행동에 대한 신체적 경험
- 특정한 양자와 유사한 인간의 알아차림 체계를 설명하는 비이원적 성질
- 종교나 영적 전통에서 발견되는 정령이나 신에 대한 믿음
- 앞에서 말한 모든 것을 포함하는 삶 또는 죽음과 가까운 상태의 경험

사라의 마지막 언어적 의사소통

나는 최근에 친구이자 동료이고 심리상담사이면서 작가인 사라 할프린(Sara Halprin) 박사가 병을 앓다가 죽었을 때 프로세스마인드 장(場)을 떠올렸다. 그녀는 어린 시절부터 대중에게 사물을 묘사하는 연극과 작문에 관심이 많았다. 여러 분야에서 그녀는 훌륭한 여성이었다. 그녀가 병에 걸렸을 때, 그녀와 내가 서로 다른 도시에서 살고 있었지만, 그녀의 파트너 허브 롱(Herb Long) 박사의 도움으로 다행스럽게도 전화로 그녀와 몇 번의 대화를 할 수 있었다. 내가 지금 언급하고자 하는 말들은 사라와 나의 마지막 대화이며 그녀와 마지막으로 공유한 언어적인 경험이다(나의 파트너 에이미가 고맙게도 그 대화를 녹음하였다). 나는 이것이 사라와의 마지막

대화일 것이라는 것과 그녀가 수일 내로 죽을 것이라는 것을 전혀 알지 못하였다. 회상해 보면, 그녀는 어느 정도 과량의 화학요법 치료제 때문에 고통받고 있었고 그녀의 몸은 그것을 잘 견디지 못해 왔던 것이다.

그 마지막 대화가 시작되었을 때, 사라는 작지만 분명한 목소리로 나에게 그녀는 무엇보다도 그녀의 삶이 다른 사람들에게 도움이 되기를 원했다고 말했다. 그녀는 신장암을 치료하기 위해 최고의 의사, 병원 그리고 치료제를 찾았던 노력에 대해 말했다. 그리고 그녀가 이미 시도하고 있는 의학과 화학요법의 유형 그 이상으로 행해질 수 있는 그 어떤 것을 알고 있는지 내게 물었다. 나는 그녀에게 내가 알고 있는 최상의 의학 치료를 그녀는 받고 있다고 말했고, 더불어 그녀에게 가장 도움이 되는 것은 그 과정을 따르는 것이라고 말했다. 그녀는 이에 동의했다.

우리가 대화를 할 때, 그녀는 매우 불안해 한다고 말했다. 그녀는 공황에 대해, 빠른 심장 박동과 끔찍한 공포에 대해 호소했다. 그녀는 숨을 가쁘게 쉬면서, 몇 번씩이나 "무슨 일이 일어나고 있습니까?"라고 물었다. 아마도 그녀는 죽음이 매우 가깝게 임박한 것을 느꼈기 때문에 두려웠을 것이다. 다음은 그녀의 경험에 대한 그녀의 말이다.

그녀는 자신의 심장이 매우 격렬하게 박동하며 '빠르게' 뛰고 있어 가슴이 두근거리는 것을 느낄 수 있다고 말했다. 나는 우리가 그러한 심장 경험과 함께 시작하자고 제안했을 때, 그녀는 조용해졌다. 잠시 후, 그녀는 매우 작고 조용한 목소리로 자신이 '공(空) 속으로 떨어지는 것… 공 속으로 떨어지는 것'을 보았다고 말했다. 그래서 나는 "함께 그 공을 살펴봅시다."라고 말했다. 그녀는 그 공으로 떨어지는 것을 두려워한다고 말하였다. "그곳은 아무것도 없습니다." 나는 그녀가 자신의 경험을 믿고 따를 것을 조용히 권하였다. "아마도 그것은 단지 아무것도 없는 것으로 드러날 것입니다."라고 그녀는 음울하게 응답하였다.

그럼에도 불구하고 사라는 망실이면서도 곧 그러한 추락하는 느낌을 탐구하도록 시도해 보겠다고 말했다. 허브가 그녀의 귀에 전화기를 댄 상태에서, 그녀는 자신이 공에서 허공을 통과하면서 빙글빙글 도는 것을 보았다고 말했다. 불안하지만 흥분한 상태에서 그녀는 "나는 떨어지고 있습니다. 떨어지고 있습니다. 떨어지고 있습니다."라고 말했다. 놀란 그녀는 "다음에는 무엇입니까?"라고 말했고, 나는 우리가 기다려야만 하며, 그녀의 프로세스가 다음이 무엇인지 있다면 알려 줄 것이라고 말했다. 우리는 잠시 조용하게 기다렸고 그러고 나서 놀랍게도 그녀는 '강 근처에 도착'하고 있다고 기뻐하며 말했다.

"그래, 나는 도착하고 있습니다. 나는 강에 도착하고 있고 물 위의 아름다운 초록빛 청둥오리를 볼 수 있어서 매우 행복합니다!" 그녀는 그 청둥오리의 목이 그녀를 놀라게 했다고 말했다. 그 오리는 빠르게 앞뒤로 움직이면서 "날개를 펄럭이는" 중이다. 아마도 그 오리는 날아오를 것 같아 보였다. "아름다워요." 잠시 고요한 후, 그녀는 "안녕."이라고 말했다. 그 말이 그녀의 마지막 말이었다.

오늘 되돌아보면, 나는 사라의 삶의 마지막 순간에 대해 경이롭게 생각한다. 나는 허브 롱 박사가 그녀를 돌봐 준 방식에 대해 감사하고, 그녀의 비전에 대해 경이롭게 생각한다. 나는 독자인 당신과 함께 경이롭게 생각하고 싶고 자신의 이야기를 출판하도록 자극을 준 그녀에게 감사하고 싶다. 나는 그녀가 다른 사람에게 '도움'이 되고자 했던 그녀의 소망을 기억하고 있다. 아마도 그녀가 나와 함께 겪은 과정이 다른 사람들에게도 도움이 될 것이다. 이 책을 완성한 후에, 나는 그녀가 자신을 강 근처에서 살고 있는 한 마리 새로서 묘사한 자서전적 스케치를 우연히 발견했다.[3] 그녀 삶의 마지막 몇 달 동안에 그녀가 포틀랜드의 윌래밋 강둑에 있는 새로운 집으로 이주하였다는 것이 얼마나 놀라운가.

그녀가 마지막으로 언어로 소통했던 프로세스는 모든 종류의 질문을 제기한다. 어떤 유형의 지성(知性)이 그녀를 '공(空)'을 통해서 강과 청둥오리로 인도했는가? 처음에는 고동치는 심장에서 나중에는 청둥오리에서 나타났던 그녀 내부에 있는 그 지성의 본성은 무엇인가? 그 두려운 심장

박동은 죽음이 다가오기 때문에 나타나는 신체 효과이었던가? 아니면 그 것은 '펄럭이는 청둥오리'에 대한 그녀의 꿈꾸는 경험이었던가? 무엇이 우리의 환상과 꿈을 반영하는 신체 경험을 구성하는가? 또는 우리 신체 경험을 반영하는 우리의 꿈을 구성하는가? 그리고 그녀가 두려워하고 오 리를 발견하기 전까지 마지막으로 지나왔던 그 공의 의미는 무엇이었던 가? 의미심장하게도, 그녀가 결국에 그 공을 받아들였을 때 그녀의 일상 적 형태는 사라졌고 그녀는 그 청둥오리에 집중했다.

　아마도 사라가 두려워했던 공은 죽음이었을 것이다. 그러나 나는 그녀 가 공으로서 경험했던 것이 실제로는 그녀가 잘 알지 못했던 구성의 프로

---

3) 사라 할프린(Sara Halprin)의 사망 후, 포틀랜드 프로세스 워크 연구소(Process Work Institute of Portland)의 웹사이트(www.processwrok.org)에서 나는 그녀의 자서전을 발견하였 는데 몇몇 글과 구절을 보고 놀랐다. 그녀의 글은 다음에 고딕체로 나타냈다. 나는 제1장 을 마치기 전까지는 그녀의 자서전을 보지 못했다.

　나는 뉴욕시 브롱크스 자치구에 있는 병원의 허드슨 강이 내려다보이는 방에서 태어났다. 나의 모든 삶에서 나는 물 위에서 반짝이는 빛에 매료되었고 그리고 나는 바다, 호수 또는 강, 특히 강 물을 볼 수 있을 때 가장 편안함을 느꼈다. 강물은 아래로 흐르고 나는 얕은 물에서 이집트 부조 (浮彫)처럼 실루엣으로 이루어진 가느다란 몸으로 가만히 서 있는 왜가리(heron) 한 마리를 보 았다.
　내 안에 무엇인가가 왜가리처럼 움직이지 않고 강물과 내 주위의 세계에서의 사건들이 빠르게 흐 르는 것을 바라보고 있다가 물고기 또는 기회가 수면 아래서 은빛으로 반짝일 때 나는 그것을 잡 으려고 뛰어들었다.

　오랫동안, 책과 학교는 내 삶의 한계를 초월하는 기회를 내게 주었고 나는 토론토 대학교의 정년 보장 교수가 될 때까지 기꺼이 배움의 강을 따라왔다. 그러다가 강의 굽은 곳을 만났다. 여성학 연구와 영화 제작이 나를 사로잡았고 나는 두 분야에서 내게 주어진 공동 작업에 빠져들었다. 아 들이 태어났고 아들은 우리 집의 영화 스크린에서 빛과 그림자를 통한 영화를 바라보았다. 나의 『나의 못생긴 얼굴을 보세요! 여성의 모습에서 아름다움과 다른 모험적 측면에 관한 신화와 묵상 (Look At My Ugly Face! Myths and Musings on Beauty and Other Perilous Aspects of Woman's Appearance)』이라는 첫 저서의 발간 전에, 나는 흐르는 강물을 바라보며 동굴에 앉 아 있는 늙지도 않고 젊지도 않은 흰 여성을 보고 있는 꿈을 꾸었다　요즈음 나는 오리건주 포틀 랜드시에 있는 월래밋 강(Willamette River)을 내려다볼 수 있는 집에서 허브 롱(Herb Long) 박 사와 살며 일하는 사치를 누리고 있다.

[그림 1-1] 사라 할프린의 삶의 과정. 그녀는 공허함을 지나서
자신의 집 근처 월래밋 강의 청둥오리로 이동하였다.

세스마인드의 힘의 장이었다고 추측한다. 일단 프로세스마인드가 그녀를 이끌어서 그녀를 한 형태에서 다른 형태로 변화시키자, 그녀의 공포는 그녀의 비전에서 놀라움과 고요함으로 바뀐 것이다. 왜 이러한 장(場)이 그녀에게 그녀의 죽음이나 장례식 또는 그녀 주위의 사람들에 대하여 말하지 않았는가? 왜 그것은 대신에 그녀를 강가의 청둥오리에게로 이끌었는가?

우리 각자는 이러한 질문에 대해 각자의 답을 제시할 것이다. 나의 답변은 그녀의 프로세스마인드, 즉 그녀를 그녀 존재의 한 형태에서 다음 형태로 변화시키는 깊은 지성이, 처음에는 '공(空)'이지만 그 다음에는 강에서 펄럭이는 청둥오리와 같은 상징에서 나타나는 초(超)시간적인 힘의 장이라는 것이다. 내게는 삶과 죽음 같은 개념이 우리가 실재 또는 '일상적 실재(consensus reality)'를 정의하는 데 도움을 주지만, 그것들이 시간을 통한 우리의 여행에 대하여 유일하거나 최상의 설명은 아닌 것처럼 보인다. 다음 순간에서 임박한 죽음의 증상으로서 가장 사라를 놀라게 했던 공황 상태의 심장은 막 날아오르려는 펄럭이는 청둥오리의 아름답고 위안을 주는 이미지가 되었다.

사라의 삶은 삶에서 그녀의 마지막 경험들을 나타내는 그녀의 사진과 이미지에 의해 부분적으로 포착되어 있다([그림 1-1] 참조). 하지만 그녀는 이미지로 요약될 수 없다. 우리는 모든 우리의 실재와 꿈에서 우리의 개인적이며 상상적인 사진들을 합한 것보다 훨씬 그 이상이다. 사라의 프로세스마인드는 우리의 프로세스마인드와 같이 일종의 공허함, 중력이나 바람처럼 잠재적이며 보이지 않는 장(場)이다. 그것은 이렇게 또는 저렇게 우리를 이끌고, 우리를 변화시키며 항상 그곳에 있는 것이다. 일상의 삶에서 우리 보통의 마음은 배경에 있는 프로세스마인드를 부정한다. 우리는 꿈에서 우리가 보는 방식처럼 우리를 자유롭고 현명하게 변화시킬 힘과 능력인 그러한 공(空)을 두려워한다.

공간과 시간, 삶과 죽음

사라의 마지막 경험에서조차 그녀의 프로세스마인드가 죽음을 말하지 않았다는 것이 놀랍지 않은가? 보통 우리는 삶과 죽음에 대해 매우 관심이 많다. 하지만 죽음에 임박하여 프로세스마인드는 낮과 밤, 미래와 과거, 나와 당신, 삶과 죽음에 대한 우리의 일상적 차원을 넘어 또 다른 공간 '초(超)공간'을 가리키기 위하여 시간과 공간의 차원들을 무시하는 것처럼 보인다. 이와 더불어 우리가 태어나고 살아가고 죽는 이러한 세 부분의 연속으로서 삶에 대해 생각한다는 우리 꿈의 상징을 구성하는 강력한 통합 장 경험이 과소평가되는 것이다. 우리 자신을 살아 있거나 죽은 것으로, 깨어 있거나 잠든 것으로 또는 임시 상태나 나타남의 개념에서 또는 실패나 성공으로 생각한다는 것은 우리 본성의 많은 중요한 부분을 부정하는 것이다.

프로세스마인드의 관점에 따르면, 우리는 모든 명백한 조각들을 포함하는 전체적인 장이다. 우리는 단순한 이미지가 아니며, 우리는 이미지를 창조하고 때로는 새와 같은 상징으로 나타나는 힘과 존재다.

이것이 이상하게 들린다면, 우리 조상들뿐만 아니라 어느 곳이던 토착 원주민들은 '장(場)'을 느꼈고, 자신들이 토템 정령과 땅의 특별한 영역의 발현이라고 믿으면서 그러한 장의 힘을 토템 정령과 땅의 특정 영역으로서 인격화했다는 것을 기억하여라. 이러한 견해로부터, 사라는 아마도 단지 그녀의 사진에 의해 우리가 알았던 여성일 뿐만 아니라 물과 청둥오리의 이미지 이면에 존재하는 힘인 것이다. 우리는 임사 경험들을 인식하고 이해하기 위해서 이러한 가능성에 대해 개방적일 필요가 있다.

물리학과 심리학

『양자심리학(*Quantum Mind*)』에서, 나는 자연에는 '안내' 파동과 같
은 무엇인가가 있다는 물리학자 데이비드 봄(David Bohm)의 주장에 동의
하였다. 봄은 입자들을 인도하기 위해 자신의 안내 파동을 상상하였다. 나
의 관점에서는 프로세스마인드 장이 우리를 삶에서 안내하는 것처럼 보
인다. 우리는 우리의 일상적 실재뿐만 아니라 우리의 알아차림의 기원을
설명하는 존재의 더욱 완전한 그림을 발전시킬 필요가 있다. 우리는 삶과
죽음, 시간과 공간, 실재와 꿈에 대한 우리의 일상적 개념들을 포함하고
또한 확대시킬 프로세스마인드와 같은 개념이 필요하다.

후에 나는 프로세스마인드가 우리의 다양한 일상적인 기분과 능력뿐만
아니라 모든 우리의 잠재적인 꿈 이미지들의 합이라는 의미에서, 여러 상
태들의 중첩이라고 주장하였다. 살아 있으면서도 동시에 죽어 있는 가능
성으로 슈뢰딩거(Schrodinger)와 다른 사람들을 혼동했던 슈뢰딩거의 양
자 고양이처럼, 우리의 프로세스마인드는 동시에 살아 있으면서도 죽어
있으며 그 이상이다. 비록 이러한 이중적 상태의 관점은 보통의 평범한 삶
이 유일한 실재라는 우리의 의심 많은 일상적 마음을 혼란시키지만, 그것
은 말 그대로 우리의 신체가 우리의 프로세스마인드 장을 포함하는 확장
된 알아차림을 발전시키도록 하는 삶과 죽음의 문제(또는 최소한 건강과 안
녕의 문제)일 것이다. 우리의 일상적 자아는 항상 중요한 것이다. 우리는
그것이 우리가 의심하고 궁금해 하고 그리고 반영하는 것을 돕는 데 필요
하다. 그러나 그것은 단지 이야기의 일부분이며, 그것은 이야기의 전체가
아니다. 대신에 보이지 않는 프로세스마인드의 '공허한' 장은 우리가 삶
의 전체 차원을 이해하는 것을 돕는 것이고 죽음 가까이에서 일어나는 것
이다.

나는 선스승 스즈키(Suzuki)의 '무심(無心)'에 대한 선(禪) 비유를 좋아

한다. 그는 훌륭한 저서 『선 마음, 초심자 마음(*Zen Mind, Beginner's Mind*)』에서 다음과 같이 말했다. "이러한 무(無), 공(空)을 믿는 것은 필요하다. 하지만 나는 아무것도 없다는 것을 의미하지는 않는다. 그것은 어떤 것이다. 그러나 그 어떤 것이라는 것은 특정한 형태를 갖는 것에 대해 항상 준비되어 있는 어떤 것이다. 그것에는 그 움직임에 있어서 규칙이 있고, 이론이나 진리가 있다." 그는 주장하기를, "깨달음에 의해, 나는 이러한 무(無)에서 믿는다는 것을 의미한다. 그 어떤 형태나 색깔도 없지만 형태나 색깔을 가질 준비되어 있는 그 어떤 것을 믿는 것이다."[4]

선스승 스즈키의 '무(無)'는 내가 프로세스마인드 장이라고 부르는 것이다.

생각해야 할 것들

1. 프로세스마인드는 아인슈타인의 '신의 마음'과 '퀀텀마인드'의 개념을 확장한 것이다.

2. 프로세스마인드는 의미 있는 방식으로 우리의 신체와 꿈의 이미지들을 변화시키고 구성하는 보이지 않는 힘의 장이다.

---

4) 스즈키 순류(Shunryu Suzuki)의 『선 마음, 초심자 마음(*Zen Mind, Beginner's Mind*)』, 제34판. (New York: Weatherhill, 1995), 84.

3. 아마도 프로세스마인드 장은 삶과 죽음 사이의 경계에서조차 의식의 정상적
   상태와 비정상적 상태 모두에서 우리의 개인적인 삶을 구성한다.

4. 의문은 중요하다. 이것은 우리가 자기-반영을 하도록 돕는다.

5. 선 전통에서 무심(無心), 물리학에서 장에 대한 생각 그리고 심리학에서 프
   로세스마인드는 서로 연관되어 있고 부분적으로는 겹치는 개념들이다.

제2장
장, 번개 그리고 깨달음

당신은 지식을 쌓는 대신 당신의 마음을 정화해야 한다. 이것은 공(空), 전능한 자아 또는 모든 것을 알고 있음으로 불린다. 당신이 모든 것을 알게 될 때, 당신은 깜깜한 하늘과 같다. 때때로 한줄기 번개 빛이 깜깜한 하늘을 지나갈 것이다. 그 빛이 지나고 나면 당신은 그것에 대하여 모두 잊어버리고 그곳에는 깜깜한 하늘 외에는 아무것도 남지 않는다. 하늘은 갑자기 천둥 번개가 쳐도 결코 놀라지 않는다. 우리가 공을 가지면 우리는 항상 번개 빛에 대한 준비가 되어 있는 것이다.

– 선스승 스즈키(Shunryu Suzuki),
『선 마음, 초심자 마음(*Zen Mind, Beginner's Mind*)』

매일의 또는 '일상적' 실재 CR(consensus reality)에서, 당신은 단순히 주어진 장소와 시간에서 존재하는 실제의 신체이며 물질이고, 생물학적인 존재다. 당신은 몸무게를 가지고 있고, 공간을 차지하며, 시간이 지나면서 늙어 간다. 당신이 시간이 지나는 것을 믿지 않는다면 국세청(IRS)에서 세금을 내야 할 시기가 됐을 때 당신에게 연락해 오는 것을 보면 알 수 있다.

일상적 실재 CR에서 당신은 당신의 신체 속에 살고 있는 한 사람이다. 동시에 다른 관점에서, 당신은 부분적으로는 주위의 실제 물질들에 대한 실제 신체의 움직임으로서 나타나는 보이지 않으며, 비국소적인 장이다.

　나는 이러한 비국소적인 장에 대하여 혼수상태와 죽음 가까이에 있는, 즉 임사 상태에 있는 사람들과 상담하면서 많은 것을 배웠다. 예를 들어, 만일 혼수상태에 있는 한 사람이 어느 병원 침대의 자신의 신체 안에만 존재한다고 가정한다면, 내가 그 사람으로부터 인식할 수 있는 반응은 최소한의 신체 신호뿐일 것이다. 그러나 만약 내가 단지 그 신체의 사람에만 연관되지 않았다면, 나는 자유롭게 병실 어느 곳에서든 그 사람의 반응을 찾을 수 있을 것이다.

　물론 이것은 의사소통하는 사람들 누구에게나 마찬가지의 사실이다. 우리는 다른 사람들과의 비국소적 연결을 자주 경험한다. 당신은 누군가가 당신에게 전화하거나 이메일을 보내기 바로 직전 그 사람을 생각할 때도 있으며, 당신이 무엇인가를 직관적으로 느낀 잠시 후에 일상적 실재 CR에서 그것이 나타나는 것을 볼 수도 있다. 혼수상태에 있는 누군가와의 이러한 종류의 내면적 연결은 우리가 일상적 경험에서 그것을 최소화시키려고 하기 때문에 더욱 놀라운 것처럼 보인다.

　나는 자주 혼수상태의 사람에게 말하곤 한다. "당신이 내 말을 들을 수 있다면 응답을 하시오." 만약 침대에 누워 있는 신체가 움직이지 않지만 병실 창문에 걸려 있던 커튼이 갑자기 조용히 열린다면, 나는 말할 것이다. "아하! 대답해 주어서 감사합니다." 비록 이러한 접근방식의 가치를 입증할 만한 통계적 증거를 수집하지 않았지만, 내가 지금껏 일해 왔던 상황에서 누군가로부터 비국소적인 반응을 탐구하는 것은 놀라운 신체 깨달음을 가능하게 해 주었다. 나의 저서 『혼수상태: 깨어남의 열쇠(Coma: Key to Awakening)』에서 그러한 사례를 보고하였는데, 혼수상태에서 회복한 후 그 사람은 그때 나의 말을 들었고 나에게 '대답' 하였다고 확인해 주었다.

유사하게, 당신이 만약 신체적으로 아프거나 죽어 가는 누군가와 일체가 되다면, 당신은 아마 그들이 당신에게 자신의 경험을 이야기하는 것을 꺼려 할 수도 있다. 왜냐하면 그들이 누구인가 하는 것에 따라서 전체성이 과소평가되기 때문이다. 당신은 그들을 온전한 사람 대신 단지 아프거나 죽어 가는 사람으로 보고 있는 것이다. 같은 이유로, 매우 늙은 사람은 죽음이나 죽어 가는 것에 이야기하는 것을 주저한다. 그들은 다른 사람들이 그들을 하나의 국소성, 그들의 쇠락하는 신체의 생각에 가둘 것이기 때문이다. 이것은 내게 죽음에 가까이 있던 나의 어머니와의 경험을 생각나게 한다. 나는 어머니가 기력이 없는 상태로 누워 있을 때 그녀의 프로세스를 따르고 있었다. 분명히 그녀는 실제로 의식에서 멀어진 상태에 있었다. 왜냐하면 잠시 동안 깨어나 나에게 "우주의 검은 공간에서 별의 탄생을 볼 수 있을까?" 물었고 "이것은 너무나 황홀하지 않니!"라고 말했기 때문이다.

나의 요점은, 인간이란 물리적 신체 이상이라는 것이며 또한 프로세스마인드 장이라는 것이다. 이러한 사실을 깨닫는 것은 그들의 프로세스를 작업하는 우리의 능력을 변형시킨다. 필요하다면, 가깝게 인접한 힘들에 의해 영향을 받는 기계적이며 국소적 신체일 뿐만 아니라 물리적 신체 또는 신체 주위의 움직임으로 발현하는—언제 어디에서나 존재하는 지성으로의—프로세스마인드 장이라고 당신 자신을 기억하여라. 당신의 프로세스마인드를 지각하는 것은 존재, 잠재력 또는 경향성을 지각하는 것과 같다. 이 장(章)에서 우리는 어떻게 그러한 잠재력에 더 가까이 할 수 있는지 배우게 될 것이다.

번개의 장(場)

중력장, 바람을 형성하는 공기압 장 그리고 번개에 앞서 나타나는 전자기장과 같은 은유(隱喩)는 프로세스마인드가 눈에 보이지 않는 본질적 수준이기 때문에 우리가 프로세스마인드를 이해하는 데 도와줄 수 있다.[1] 마찬가지로, 눈에 보이지 않는 전자기장은 하늘과 땅 사이의 공간을 가득 채우고 있으며, 우리는 그것을 하늘에서 지나가는 번개의 형태를 통해서 만 볼 수 있다.

번개의 유사성에 대하여 생각해 보자. 번개의 모습은 초고속 카메라를 통해서 어떻게 발생하는지 알 수 있다. [그림 2-1]에서 볼 수 있는 전체 과정은 0.2초 사이에 발생한 것이다. 1은 전하(電荷)가 축적되는 전기장을 보여 주며 번개는 보이지 않는다. 2에서는 '인도 섬광(leader)'이라고 부르는 작은 섬광이 하늘에 나타난다. 이 섬광이 아직 땅에 도달하지 않은 것을 주목하여라. 아마 당신은 여름날 저녁에 이런 작은 섬광들을 보았을 것이다. 섬광은 발생했지만, 번개는 아직 발생하지 않았다. 3에서는 땅이나 나무로부터 '따르는 섬광(streamer)'이라는 섬광이 발생하여 '인도 섬광'을 마중하러 움직인다. 인도 섬광과 따르는 섬광은 4에서 연결되고, 번개가 완성된다.

마찬가지로, 프로세스마인드는 우리 자신의 부분 사이의 장이고, 우리

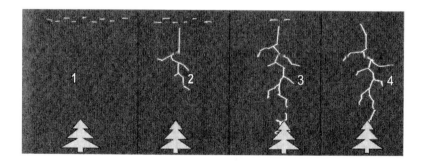

[그림 2-1] 전기장이 번개를 만드는 순서. 1에서 전기장이 형성된다. 하늘은 음(陰)전하를 가지고 나무는 양(陽)전하를 띠게 된다. 다음 2에서, 번개가 시작되며 다음으로 진행된다.

---

1) 널리 알려진 물리학의 역장(力場)은 비유다. 역장은 그것과 접촉하는 물체에 대해 국소적이며 즉각적인 영향을 준다. 프로세스마인드 경험 또한 이런 국소적 영향을 가지지만, 그것에 더해서 이 책에서 나중에 논의할 비국소적 영향도 가진다.

인간과 우리를 연결하는 다른 모든 사물 사이의 장이다. 그 '사이' 라는 공간은 우리가 부분, 사람, 환경 사이에서 언어적, 청각적 또는 시각적 신호를 보내도록 자극받기 전까지는 비어 있는 것처럼 보인다. 그러나 그 공간은 아마도 그러한 의사소통과 연결되어 있고, 사실은 그러한 의사소통을 '꿈꾸거나' 자극받았을 수도 있다.

밤에 잠들기 전에 당신 자신의 주의와 내부의 분위기를 주목하여라. 내가 '양자신호' 라고 부르는, 작은 '인도 섬광' 과 '따르는 섬광' 이 당신의 주의를 끌었는지 확인해 보아라. 그것들은 프로세스마인드의 '공(空)' 의 표현이며 종종 꿈에서 나타난다.

마찬가지로, 당신이 누군가와 실제로 의사소통을 하기 전에 관계의 분위기를 알아차리도록 하여라. 관계에서, 의사소통 신호들은 번개와 같다. 번개가 '인도 섬광' 과 '따르는 섬광' 에 의해 시작되는 것과 마찬가지로, 우리 인간의 신호는 일상적 의식으로는 잘 알아차리지 못하는 미묘한 신호, 작은 실룩거림, 자극과 같은 '양자신호' 에 의해 항상 시작된다. 우리가 우리의 알아차림을 훈련하지 않으면, 이러한 의사소통 '양자신호' 를 알아차리지 못한다. 그것은 우리 사이에 있는 장에서의 '긴장' 을 무시하는 것이다. 일반적으로 우리는 발생하고 있는 '번개' 에만 초점을 맞춘다. 그리고는 우리는 "아하!" 혹은 "나는 이런 저런 꿈을 꿨다." 라고 말한다. 또는 우리는 "당신이 이렇게 했다! 멋진 말이야!" 혹은 "당신이 이렇게 했고 그래서 내가 저렇게 했다." 라고 관계를 규정짓는다. 대부분의 경우, 우리는 다음에 오는 것을 우리가 느끼지 못하는 것처럼 행동한다.

알아차림에 대한 훈련 없이, 당신은 번개가 존재하기 전의 장의 상황을 알아차리지 못한다. 그 장은 보이지 않는다. 당신의 육체적 눈으로는 볼 수 없다. 한편으로 그것은 '무(無)' 다. 그러나 이러한 '무'도 느껴질 수는 있다. 두 사람이 연관되어 있을 때, 나는 그들 사이의 이러한 보이지 않는 장을 관계의 프로세스마인드라고 부른다. 개인, 커플, 그룹 그리고 원칙적으로는 전 세계의 모두가 공유하는 공간과 분위기, 느낌과 꿈꾸기를 특징짓는 프로세스마인드를 가지고 있다. 만일 우리가 더 많은 장의 알아차림을 가지고 있다면, 우리는 삶에서의 큰 충격으로 그렇게 놀라지도 않을 것이고, 조직은 미래를 위해 더 잘 준비될 것이며, 국가는 행운이나 급작스러운 공격과 자연재앙과 같은 불운에 의해 크게 혼란 상태에 빠지지도 않을 것이다. 만일 당신이 프로세스마인드 장과 연결되어 있다면, 당신은 어떤 일들이 일어나기 전에 미리 알아차릴 수 있을 것이다.

실습 1: 알아차림 훈련

당신 자신에게 지금 자신의 프로세스마인드를 실험해 보아라. 우선, 당신이 무엇이든 자신 주의의 힘이나 장이라고 생각하는 것을 단지 느끼도록 하여라. 당신은 당신을 어떻해든 움직여 보려고 하는 무엇인가를 느낄 수 있는가? 그 장에 대한 당신 자신의 경험들을 믿어라. 나는 이 실험에 대한 당신의 경험을 부록 B에 있는 콜라주 #1에 기록할 것을 추천한다.

그런 다음, 준비가 되면 다음과 같은 방법으로 당신의 신체를 따르도록 해 보아라. 먼저, 눈을 반쯤 감고 자신의 숨소리에 귀를 기울여라. 당신이 당신의 신체에 대한 느낌을 느낄 때까지 기다려라. 그리고 준비가 되면, 당신의 신체가 움직이거나 움직이려고 하는 방향을 느껴라. 그러한 경향성을 따라가라. 왜 당신이 그 방향으로 움직이고 있는지 알 때까지 그리고 무엇이 스스로를 표현하려고 하는지 알 때까지 당신의 신체가 움직이려고 하는 방향으로 움직여라. 만일 당신이 자신의 신체가 왜 당신을 그 방향으로 움직이기를 원하는지에 대한 정보를 얻었다면, 당신은 자신에 대하여 더 많은 것을 안 것이며, 당신은 당신의 순간적 심리학 또는 프로세스와 연결된 것이다.

　이 실습에서 당신은 자신의 신체를 움직이거나 움직이려고 하는 장을 어떻게 개인적으로 이해하거나 표현하는가? 그것은 힘인가? 아니면 당신의 '생물학' 인가? 일종의 중력 형태인가? '신' 인가? 이 모든 용어는 프로세스마인드, 즉 당신의 '프로세스' 이면의 '마음', 당신의 자발적인 꿈과 움직임의 양상을 묘사한다. 당신이 그 장의 알아차림을 깨닫고 그것을 따를 때, 당신은 더욱 '함께' 라는 것을 느낄 수 있다는 것을 주목하여라. 만일 당신이 그 장이 하고 있는 것의 의미를 감지할 수 있다면, 현재 삶의 상황은 더 많은 의미를 가지게 될 것이다.

　이제 또 다른 질문을 해 보겠다. 그것은 답이 하나만 있는 것이 아닐 것이다. "그 장은 어떻게 어느 주어진 시간에 어디로 당신을 움직이는지 알고 있는가? 그것은 당신의 심리학인가, 생물학, 물리학, 우연인가 아니면 무엇인가?" 이러한 가능성들에 대한 나의 대답은 예, 예, 당연히 예다. 나는 당신을 움직이는 것을 당신이 밤에 꾸는 꿈으로서 그리고 당신이 낮 동안 알아차리는 신체 신호로서 나타나는 장 또는 의식인 당신의 프로세스마인드라고 부름으로써 이러한 요인들을 요약 정리한다.

　프로세스마인드는 당신에게 당신의 심리학에 반영된 신호와 사건들보다 먼저 나타나는 감정 혹은 분위기로 가장 빈번하게 나타난다. 신경생리학자 벤자민 리벳(Benjamin Libet)의 연구에서, 우리는 우리가 하는 어떠한 것에 대해서 우리의 의식적이거나 자발적인 통제에 앞서 전기장이 발생한다는 것을 알고 있으며, 우리가 어떤 행동을 취하는 것에 대해 반대할 때조차도 그렇다.[2] 장은 우리가 자발적으로 어떠한 행동을 취하는 것에 선행한다. 프로세스마인드는 조직하는 장이고, 부분적으로 측정할 수 있으며, 당신이 다른 모든 것과 함께 살아가는 장인 '힘' 의 한 형태다.

---

2) 벤자민 리벳(Benjamin Libet), 앤서니 프리맨(Anthony Freeman), 키이스 서덜랜드(Keith Sutherland) 편, 『의지적인 뇌: 자유의지의 신경과학을 향하여(*The Volitional Brain: Towards a Neuroscience of Free Will*)』 Exeter: Imprint Academic 1999, 47-57.

우리가 알아차리지 못하는 이유

만일 프로세스마인드가 그렇게 중요하다면, 이 장의 서두에 있는 인용에서 스즈키가 의미한 것처럼 이러한 장, '깜깜한 하늘' 을 아는 것이 깨달음에서 그렇게 필수적이라면, 왜 우리는 그것을 내내 의식하지 못하는가? 하나의 답은 자연이 우리에게 장에 대한 우리의 알아차림을 과소평가하고 그것들을 무시하거나 잊어버리도록 하는 능력을 주었다는 것이다. 양자물리학의 개념에서, 사물을 관찰하고 측정하는 행동은 파동함수를 붕괴하고 실재를 창조한다. 우리는 말하자면 "나는 이런 것 또는 저런 것을 보고 행동한다. 나는 장, 파동함수, 깨달음이 싫다! 나는 그런 것들을 알거나 믿고 싶지 않다. 나는 나 자신의 주인이 되고 싶다!" 라고 말할 수 있다. 이런 표현이 있다. "눈에서 멀어지면, 마음에서 멀어진다!"

심오한 경험을 거부하는 우리의 능력은 사실 인간으로서 우리의 총체적 본성에 매우 중요하다. 이러한 거부는 우리를 우리의 가장 깊은 본성, 많은 부분들의 세계 그리고 반영(즉, 자기-반영)에 대한 가능성으로부터 분리시킨다. 그리고 우리 경험의 필수 단계에서 "아니요."라고 말하는 것은 우리가 눈에 보이는 신호와 세계의 실체적이며 일상적 실재 CR에 더욱 집중할 수 있게 해 준다. 따라서 프로세스마인드로부터의 분리는 우리에게 하늘과 땅 사이, 우리의 내부 부분들 사이, 인간과 사물들 사이의 공간을 포함하는 우리가 경험하는 것에 반영하고 일상적 실재 CR을 창조할 수 있는 능력 모두를 갖게 해 준다. 이러한 분리는 관찰하는 자와 관찰대상자 사이의 프로세스마인드 장을 인지할 수 있는 가능성을 포함하여 관찰의 가능성으로 인도한다.

프로세스마인드 장은 우리가 보는 무엇보다도 선행하기 때문에, 무엇인가에 대한 우리의 관찰은 실제로 관찰자와 관찰대상자 사이의 장뿐만 아니라 그 무엇 자체와도 연결되어 있거나 얽혀 있다. 나는 위대한 물리학자 존 휠러(John Wheeler)의 우주 그림을 좋아한다. 그중 이 책에서 인용한 [그림 2-2]는 우주가 우리를 통해 우주 자신을 바라보고 있는 그림이다. 우주, 그림에서 U는 모든 것의 총합일 뿐만 아니라, 자기 자신을 바라보고 있는 우리들 사이의 공간, 프로세스마인드다.

[그림 2-2] 스스로를 바라보고 있는 프로세스마인드로서의 우주. 물리학자 존 휠러의 그림에 의해 영감을 받고 그림

실습 2: 신체 경향성으로서 프로세스마인드

당신은 매일의 일상적인 실재 CR과 프로세스마인드의 알아차림 사이에서 상호 간의 전환을 포함하는 이 두 번째 실습을 수행하면서 당신 자신의 신체가 프로세스마인드를 더 많이 설명하도록 하여라. 먼저 당신의 매일의 실재로부터 시작해 보자. 당신은 요즘 자신을 보통 어떻게 확인하는가? 확인하기 위해 당신은 어떤 '일(work)'이나 임무를 가장 많이 하는가? 잠시 그 임무에 대해 생각해 보자. 그 일에 대해서 어떤 느낌을 알아차리는가?

이제 다시 움직임의 경향성 형태에서의 프로세스마인드 장에 대한 당신의 경험을 탐구해 보자. 앉아 있거나 서 있을 때 당신 신체의 알아차림을 유지한 채로 긴장을 풀어 보도록 시도하여라. 긴장을 완전히 풀어서 서 있거나 앉아 있을 때조차 거의 잠을 자고 있는 것처럼 느끼도록 해 보아라. 이제 준비가 되었으면 이러한 '거의 잠들어 있는' 상태에 있는 동안, 명료한 마음으로 당신의 신체가 만들려고 하는 움직임을 알아차려라. 그것의 움직임의 가장 작은 경향성을 알아차려라. 그것들을 1분이나 2분간 따르라. 그리고 준비가 되었으면 다시 당신의 일상적인 마음의 상태로 돌아와라.

　이 전체 실습을 당신의 매일의 실재와 동일시하는 것으로 시작하면서 다시 한 번 반복하여라. 당신이 당신의 신체가 어떻게 왜 어떠한 장의 미묘한 경향성에 의해 움직이는지 느낌을 가질 때까지 '잠듦'과 '깨어남'을 계속하여라. 당신은 이 장의 본성이 무엇인지 당신 자신의 언어로 표현할 수 있는가? 당신은 그 장의 메시지를 느낄 수 있는가? 아직 명료한 동안, 이 프로세스마인드가 어떤 목적을 가지고 있는 것인지 느끼려고 노력하여라. 당신의 경험을 부록 B 콜라주 페이지 #2에 스케치하거나 기록하여라.

———·—·—·—·—·—·—·—·—·—·—·—·—

　심각한 우울증에 빠진 내담자 중 한 명은 이 실습을 통해 자신의 신체 움직임의 경향성이 자기 자신을 움직이는 어떠한 현명한 손이 있었으며, 자신의 삶이 두려워했던 것만큼 절망적이지 않다는 것을 반복해서 경험하게 만들었다는 것을 발견했다. 우울증 느낌의 목적은 명백히 그가 매일의 실재에서 벗어나서 자신의 새롭고 더 심오한 부분인 이러한 '손'을 느끼게 하는 것이었다.

　내가 프로세스마인드라고 부르는 것은 아마 당신의 마음, 당신의 무의식, 당신의 가장 깊은 자아, 당신의 생물학, 당신의 드림보디, 당신의 지혜, 심지어는 신이라고 부르는 것일 것이다.[3] 당신이 그것과 깊이 교감할

---

3) '드림보디'는 꿈에서 반영되는 고통, 통증과 같은 우리의 자기수용적인 신체 경험을 의미한다. 이 주제에 대해서 나의 저서 『드림보디(Dreambody)』 참조.

때 당신은 그것을 당신을 움직이려하는 무엇인가로 느낄 수 있다. 어느 때나 당신은 눈을 감을 수 있고, 당신의 신체를 느낄 수 있으며, 당신이 가려고 하는 곳을 인지할 수 있다. 만일 당신이 자신의 신체 프로세스를 따른다면 당신은 당신의 프로세스마인드를 당신을 어떤 방향으로 '꿈꾸게' 하려는 장으로서 알 수 있게 된다. 그 프로세스마인드는 마치 보이지 않는 장이 번개를 앞서는 것처럼 당신의 꿈을 앞선다.

이것은 내게 스즈키가 이 장의 서두에서 이야기한 것을 다시 기억나게 한다. "당신이 모든 것을 알게 될 때, 당신은 깜깜한 하늘과 같다. 때때로 번개 빛이 깜깜한 하늘을 지나갈 것이다. 그 빛이 지나고 나면, 당신은 그것에 대하여 모두 잊게 되고, 깜깜한 하늘 외에는 아무것도 남지 않는다."

 생각해야 할 것들

1. 번개가 나타나기 전에 전기장이 앞선다. 경향성을 인지하고, 그 뒤에 있는 것을 탐구하여라.

2. 장(場)으로서 당신의 프로세스마인드는 일종의 깨달음이라는 것을 인지하여라

제3장
선(禪) 메타스킬

프로세스마인드에는 문화와 시대에 따라 여러 가지 이름이 주어졌다. 16세기 연금술사 제라르 돈(Gerhard Dorn)의 주도를 따르던 유럽의 연금술사들은 모든 것의 근원인 '하나의 세상(Unus Mundus)' 에 대해 말했다. 융은 연금술에 대한 연구에서 이 용어를 찾아내어, 자신의 연구에서 일상의 실재에서의 모든 사건 이면에 대한 가설적인 근원을 묘사하는 데 사용하였다. 융은 인식할 수 있는 동일함을 증명할 수 있는 원인 없이 연결된 사건들을 '의미 있는 우연' 혹은 '동시성' 이라고 불렀다.[1] 나는 융이 관찰자와 관찰대상이 하나의 세상이라는 같은 근원에서 나타났다는 것을 의미한다고 이해하였다.

우리가 아는 것처럼, 스즈키의 '깜깜한 하늘' 에 반영된 선(禪)불교 개념은 프로세스마인드의 능력과 잠재력을 나타낸다. 초기 선불교 승려는 '부

---

1) C. G. 융(Jung) 『동시성, 우연이 아닌 연결 원리(*Synchronicity, an Acausal Connecting Principal*)』 융 전집(Collected Works of C. G. Jung) 제8권, 허버트 리드 경(Sir Herbert Read), 마이클 포드햄(Michael Fordham), 거하드 아들러(Gerhard Adler) 편집, R. F. C. 헐(Hull) 번역(Princeton: Princeton University Press, 1953).

처의 마음' 이라는 개념에서 우리 심리학의 본질적인 수준을 언급하였다. 나무, 바위, 물고기, 동물 그리고 사람이 있기 전 창조의 첫 순간을 말할 때, 대부분의 창조 신화는 본래의 지성적인 프로세스마인드 장을 말한다. 예를 들어, 남아프리카의 줄루(Zulu)족은 자신들의 신화적 창조자, 운쿨룬쿨라(Unkulunkula)를 세상이 창조되었던 첫 번째 '씨앗(seed)' 의 인격화(人格化)로 묘사한다. 초기 중국인들은 모든 변화가 시작되는 신비한 장을 생각할 때 '말로 표현할 수 없는 도(道)' 를 말했다. 그들은 이것이 '하늘과 땅의 어머니' 다. '도를 따르라.' 고 했다.

나는 도에 대한 개념을 사랑하고 이를 따르는 방법을 배우기 원했다. 그러나 도는 너무 직관적이라서 오늘날 과정지향 심리학이라고 알려진 일종의 도-작업을 개발하였다. 프로세스마인드는 양자물리학 및 그것의 파동함수에 인간적 요소를 더하고 도에 관찰자 요소를 더하는, 그 다음 단계다.

비록 프로세스마인드가 일반적인 원리지만, 우리 각각은 모든 관계, 집단, 조직이 하는 것처럼 우리 자신만의 프로세스마인드를 가지고 있다. 지구 어디에서나 전기장이 형성되고 번개가 나타나지만, 특정 지점에서의 땅의 본질은 그곳에서 번개가 나타나는 방법을 결정한다. 또한 각 프로세스마인드 장은 자체의 고유한 특성을 가지고 있다. 당신은 어두운 저녁 길을 걸어오는 친구를 쉽게 알아차릴 수 있는데, 그것은 그 친구가 어떠한 '광채' 나 '아우라(aura)' 를 가지고 있기 때문이다. 따라서 프로세스마인드를 감지하는 것은 우리의 가장 깊은 느낌 기술의 하나다. 그러나 대부분의 경우, 우리는 스스로를 감지하는 프로세스마인드의 이런 능력을 알아차리지 못한다. 『메타스킬: 심리치료의 영적 접근(*Metaskills: The Spiritual Art of Therapy*)』을 저술한 나의 아내이자 파트너 에이미(Amy)는 이 책에서 이런 능력을 '메타스킬(metaskill)' 이라고 불렀다.

어떤 면에서, 메타스킬은 프로세스마인드의 심장이다. 메타스킬은 당신이 사신의 도구를 사용하는 빙법이며, 당신이 개념과 기술을 사용하는 방법이다.[2] 예를 들어, 모든 사람은 한 번쯤은 망치를 사용한다. 망치는 기술을 의미한다. 즉, 망치를 들어서 못의 머리를 때린다. 그러나 각각의 사람은 망치를 서로 다르게 사용한다. 어떤 사람은 망치를 들었을 때 목수처럼 보인다. 또 다른 사람은 댄서나 복싱선수 등으로 보인다. 그 기술은 같지만 각각의 사람은 그 망치를 자신만의 '메타스킬'인 독특한 방법으로 사용한다.

마찬가지로, 자신의 '깜깜한 하늘'을 알고 있는 어느 선 도사는 근엄한 도사이었다가, 다음에는 웃기는 코미디언 등일 수 있다. 만일 당신이 자신의 프로세스마인드를 안다면 또한 모든 종류의 상황에 대처할 수 있는 가장 강력한 방법을 알고 있는 것이다. 당신은 기술이 필요하지만, 인생에서 그 기술을 사용하는 방법은 메타스킬에 달려 있다. 잘못된 메타스킬의 올바른 스킬은 원래의 목적대로 작동하지 못한다. 다음 실습은 당신에게 당신의 가장 깊은 자아, 즉 당신의 프로세스마인드와 그것의 독특한 메타스킬에 대한 감각을 줄 것이다.

실습 3: 당신 신체에서의 프로세스마인드

이 실습은 서서 하는 것이 가장 좋지만, 어떤 자세도 가능하다. 시작하기 위해, 먼저 자신의 주의에 들어오는 신체 감각을 인식하고 탐색하면서 먼저 자신의 신체를 스캔하여라.

잠시 시간을 가지고 자신의 호흡을 알아차리고 따르라. 당신이 자신의 호흡이 어떻게 자동적으로 일어나는 지를 인식하고 있다면, 그때는 당신의 신체에서 자신의 가장 깊은 부분을 발견하고 느끼고 상상하여라. 이 자체가 당신 신체이겠는가? 당신은 아마도 그것을 당신 신체의

---

2) 에이미 민델(Amy Mindell)의 『메타스킬: 심리치료의 영적 접근(*Metaskills: The Spiritual Art of Therapy*)』 Tempe, AZ: New Falcon Press, 1995). Sold also by Lao Tse Press, Portland, OR.

모든 부분에서 느낄 수 있거나 당신 신체의 어느 한 지점, 여러 지점 또는 당신의 신체 주위에서도 느낄 수 있을 것이다. 당신의 경험은 당신에게 이 자체의 가장 깊은 부분이 어디라고 말하는가? 이제 당신 신체의 한 부분에서 이 자체를 찾도록 해 보아라. 아마도 그것은 당신의 머리, 당신의 발, 당신의 골반, 당신의 배나 당신의 가슴에 있을지도 모른다.

그것이 어느 곳이든, 그곳에서 당신의 가장 깊은 부분을 느껴라. 그곳으로 '호흡해 들어가고' 당신의 호흡이 어떻게 그 부분의 본질을 보다 더 생생하게 끌어내는지 알아차려라. 이것이 가장 자기 수용적이며 직감적인 경험이다.

당신이 자신의 가장 깊은 부분으로 호흡해 들어가면서, 이때 발생하는 경험이 당신의 전체 신체를 조금씩 움직이도록 하여라. 그것이 당신을 미묘한 방법으로 또는 좀 더 분명한 방법으로 움직일 수도 있다. 어떤 사람은 자기 자신에게 가장 깊은 자아로부터 발생하는 경험에 따라 움직이는 것을 허락할 필요가 있다. 계속해서 신체의 그 부분으로 호흡해 들어가고, 천천히 '움직여지고 있는 것에' 대한 실험을 하여라.

당신이 바로 그 움직임에 대해 선명한 감각을 가질 때, 무독 B의 콜라주 페이지 #3에 당신의 움직임 경험에 대해 재빨리 '에너지 스케치'를 하여라. 그리고 그 스케치를 보아라. 그 스케치를 묘사하기 위해 어떤 단어들이 떠오른다면 기록하여라. 나는 이런 경험과 스케치—당신의 가장 깊은 부분의 순간적인 출현—를 '당신 신체의 프로세스마인드'라고 부른다.

당신이 발산하는 에너지 또는 장에 대한 당신의 전형적인 에너지 스케치는 어떠한가? 다른 사람들이 당신에 대해 이것을 언급한 적이 있는가? 당신의 이 전형적인 에너지는 이떠한가? 다시 말해, 어떤 면에서 당신의 스케치가 자신의 가장 기본적인 느낌 스킬 중의 하나를 나타내는가? 비록 당신이 의식적으로 이런 프로세스마인드 메타스킬을 자신이 삶을 다루는 방법에서 많이 사용하지 않았다고 하더라도, 당신은 이미 그 자체에 대해 알고 있을 수도 있다.

당신은 자신의 인생에서 자신의 프로세스마인드 메타스킬을 좀 더 자주 사용하기를 바라는 자기 자신을 발견할 수도 있다. 그것은 당신의 가장 강력한 느낌 메타스킬(당신과 다른 사람을 움직이는 당신 내면과 당신 주위의 어떤 것) 중의 하나일 것이다.

예를 들어, 나의 전형적인 메타스킬(내가 항상 의식적이지 못했던 것 또는 적절하게 사용하지 못한 것)은 마치 물이 바위를 돌아가는 것처럼 부드럽게 올라가고 내려가는 움직임이다. 나에게 이 이미지는 움직임 한가운데 있는 정지(靜止)를 나타낸다([그림 3-1]).

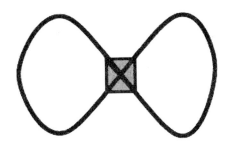

[그림 3-1] 바위와 그 주위의 흐름. 프로세스마인드 에너지 스케치

프로세스마인드 신체 위치

프로세스마인드는 항상 똑같은 신체 부위에 있지 않을 수도 있다. 어떤 사람들은 자신들의 프로세스마인드 지점을 눈 뒤의 머릿속에서 찾으며,

어떤 사람들은 목에서 찾기도 한다. 또 다른 사람들은 흉골, 심장, 명치, 척추 또는 다리나 발에서 프로세스마인드를 발견한다. 그리고 어떤 사람들은 배나 아랫배에서 발견하기도 한다. 중국과 일본 전통에서 '단전(丹田)'으로 알려진 이 부분은 그 사람의 영적 에너지 또는 '기(氣)'의 자리로 여겨지며 많은 영적 가르침의 목표가 여기를 중심으로 행동한다. 프로세스마인드 경험과 연관된 지점이 시간에 따라 변하더라도, 콜라주 페이지에다 그 위치를 기록하면 궁극적으로는 자신의 프로세스 경험에서 항상 당신과 함께 존재하고 있는 유사성을 볼 수 있을 것이다.

많은 경우, 사람들은 자신의 프로세스마인드를 만성적 증상으로 고통받고 있는 신체 부분과 동일시한다. 이러한 증상들은 아마도 프로세스마인드에 의해 그 신체 부분의 경험을 나타내기 위한 '만성적' 시도일 수도 있다. 그 증상을 증상으로 다루지 말고, 당신은 그것을 또한 자신의 프로세스마인드로부터, 본질적으로 "나를 잊지 말아요!"라고 말하는 신호로 여길 수도 있다.

컴패션(compassion)에 대한 프로세스마인드 메타스킬

프로세스마인드는 당신의 가장 깊은 자아에 대한 신체경험이며 당신이 무의적으로 발산하는 에너지 혹은 힘일 것이다. 장으로서, 이 힘은 사건에 선행하고 사건을 조직하며, 이것의 메타스킬은 이것이 작동하는 장에서의 특별한 스타일 혹은 방법이다. 나는 『땅을 기반으로 한 지기(地氣) 심리학(Earth-Based Psychology)』에서, 세계 여러 지역의 토착 원주민들이 어떻게 자신들이 움직여야 하는지를 알기 위하여 땅에게 물어보는지에 대해 논의하고 있다. 우리의 선조들은 지도나 도로가 없이도, 땅의 힘에 대한 관련성을 개발하여, 이러한 힘들이 자신들에게 '길'을 안내하도록 하였다.

땅의 이러한 힘들을 나는 프로세스마인드라고 부른다. 장으로서, 프로세스마인드는 당신이 어느 주어진 순간에 움직여야만 하는 방향을 구성한다. 즉, 그것은 당신을 이쪽으로 또 저쪽으로 움직이게 하며, 항상 당신과 '춤추려고' 노력한다. 당신은 아마도 실습 3에서 조금 경험하였을 수도 있다. 프로세스마인드는 마치 지구와 하늘 사이의 전자기장이 번개를 움직이게 하고, 그것들을 이것의 '힘'에 따라서 구성하는 것처럼 당신을 움직이게 한다. 당신의 통찰, 창조적인 아이디어와 자발성은 그 장에서 일어난다.

적어도, 프로세스마인드는 사건에 대한 당신의 인지와 알아차림을 구성한다. 대부분 프로세스마인드는 당신이 알아차리게 되는 모든 사건을 구성한다. 프로세스마인드를 알아차리도록 하여라. 프로세스마인드를 사용하여 당신이 당신 자신을 위하여 그것이 일어난 사건을 구성하거나, 발현하거나, 활용하는 것을 스스로 볼 수 있도록 하여라. 여러 경우에서 프로세스마인드의 능력과 메타스킬은 아마 당신의 인생에서 일어나고 있는 사건들을 다루는 가장 좋은 방법일 것이며 그리고 다음 장들에서 보여 주겠지만, 집단과 조직의 프로세스마인드는 또한 그들이 문제들을 가장 잘 다루도록 돕는다.

어떻게 프로세스마인드가 메타스킬로서 작동할까? 프로세스마인드는 컴패션적인 방법으로 또는 모든 것을 감싸 안는 방법으로 사건을 구성하고 '포용'한다. 내가 『땅을 기반으로 한 지기(地氣) 심리학(Earth-Based Psychology)』에서 제시한 것처럼, 컴패션(열린 마음)은 당신의 모든 신호, 당신의 모든 번개, 당신의 모든 방향을 감싸는 능력이다. 이 책의 제5장에서, 나는 인생에서 택하는 컴패션과 자발적인 방향 사이의 관계를 논의했다. 이 아이디어를 프로세스마인드에 적용하면, 우리는 프로세스마인드가 인생에서 당신의 모든 부분과 모든 단계의 방향에 선행하는 것이고, 총합이며, 컴패션을 갖고 있다고 우리는 말할 수 있다. 즉, 프로세스마인드는 우리 인생의 모든 역할, 단계와 시기의 '중첩'인 것이다.

중 첩

프로세스마인드의 특성 중의 하나인 중첩에 대해 설명하기 위해 프로세스마인드의 주요 주제를 잠시 보류하자. 이 수학적 개념은 무엇인가의 한 층위에 또 다른 층을 더하는 것을 의미한다. 만일 양자 세계에 여러 가지 상태가 있거나 또는 당신이 하룻밤 동안 여러 가지의 꿈을 꾼다면, 이러한 상태나 꿈의 '중첩'은 그것들의 총합이다.

만일 각 상태나 각 꿈의 부분이 특정한 방향으로 가고 있는 화살표로 나타낼 수 있다면, 중첩은 이러한 화살표들을 '더 하는' 것을 의미한다. 좀 더 기술적으로 설명하면, 중첩은 벡터를 '더 하는' 것이다.[3] 예를 들어, [그림 3-2]에서, 만일 당신이 화살표 1, 2, 3을 겹쳐 놓는다면, 최종의 화살표 또는 벡터 U를 얻게 된다. U는 1, 2, 3의 중첩이다. 내가 『땅을 기반으로 한 지기 심리학(*Earth-Based Psychology*)』에서 보여 준 것과 같이, 1, 2, 3은 각자의 꿈, 방향 또는 느낌일 수 있다. U는 새가 단순히 +표시가 있는 화살표 1의 시작점에서부터 *로 표시된 화살표 3의 끝 지점까지 날아가는 경로인 것이다.

비록 어느 주어진 순간에 프로세스마인드가 당신을 인생에서 특정한 전체적인 방향(U)으로 인도하려고 하더라도, 프로세스마인드는 당신을 가능한 한 많은 방향으로 또는 당신이 원하는 대로(1, 2 그리고 3), 그것들이 당신의 전체적인 방향으로 더해진다면 가도록 허용한다. 1, 2, 3 각각은 '어디에 있든지 자유롭고' 예측 불가능한 반면에, 당신 인생의 전체적

---

3) 나는 벡터라는 단어가 방향과 크기를 의미하는 것으로 사용하였다. 즉, 우리가 어떤 방향으로 어떠한 거리로도 우리를 움직이게 만드는 크기의 느낌이다. 벡터는 또한 항공(航空) 분야에서 '안내'라는 의미의 동사로도 사용된다. 벡터 단어는 라틴어 'vehere'에서 유래했는데, 웹스터 사전에 의하면 '운반한다.'는 의미다. 두 벡터의 합은 평행사변형의 대각선이다. 직각삼각형의 경우, 두 수직선 벡터의 합은 빗변이다.

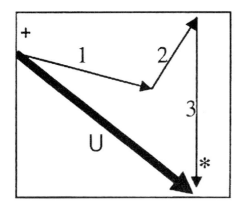

[그림 3-2] 화살표 1, 2, 3의 중첩으로서의 U

인 U의 경로는 예측 가능하다. 이 방향은 당신의 가장 깊은 자아와 일치하며, 당신의 기억 나는 어린 시절의 첫 꿈으로 나타날 수도 있고, 그 기억은 당신의 개인적인 신화를 나타내는 곳이다.

우리의 어린 시절 꿈이 우리 인생에 대한 전체적인 방향을 가리키는 경향이 있다는 것은 주목할 만한 사실이며, 나는 그것이 또한 신비롭다고 믿는다. 아마 기본적인 꿈 패턴과 우리의 전체적인 방향을 구성하는 프로세스마인드는 초(超)시간적이다. U와 컴패션, 즉 모든 방향으로의 개방성에 대해 『땅을 기반으로 한 지기 심리학(*Earth-Based Psychology*)』 제5장을 보아라.

아무튼 비유로서 수학에 기초하여, 우리는 컴패션에 대한 프로세스마인드의 메타스킬이 인생에서 순간순간의 모든 지그재그를 인식할 수 있다고 말할 수 있다. 당신의 모든 잠재적이며 가능한 방향의 전체적인 합이 그들이 가는 길과 관계없이 그들 모두에게 '열려' 있는 것처럼, 당신의 프로세스마인드도 역시 당신의 다양성을 포용한다. 프로세스마인드는 당신이 동시에 2개 또는 그 이상의 일들을 비록 그것들이 서로 반대라고 하더라도 느끼고 인식하게 해 준다. 당신은 동시에 누군가와 싸울 수도 있고 사랑할 수도 있다. 그러나 이 심오한 진실을 알고 그것을 가장 가능한 최선의 방법으로 살아가기 위해서, 부분으로서 많은 경우 다른 부분과 갈등을 빚는 당신의 일상적인 자아가 아니라 자신의 프로세스마인드와 가까워져야 할 필요가 있다.

이 고양이는 죽었는가? 살았는가?

양자이론의 창시자 중 한 사람인 에르빈 슈뢰딩거(Erwin Schrödinger)는 자신의 이론에서 중첩과 같은 경우에서처럼 어떤 것이 동시에 두 가지 상태에 있을 수 있다는 것을 제안한 이후 처음에는 자신의 이론이 틀렸다고 생각했다. 어떻게 사람이나 양자 시스템이 동시에 아주 다른 상태에 있을 수 있을까? 그러나 사실, 양자이론은 옳다. 딜레마에 대한 고전적인 설명은 슈뢰딩거의 고양이로 알려진 역설이다.

[그림 3-3]은 그 역설을 설명한다. 고양이 한 마리가 우연히 쏟아져 고양이를 죽게 할 수 있는 독극물과 함께 상자에 넣어졌으며 뚜껑이 닫혀 있

[그림 3-3] 슈뢰딩거의 고양이. 관찰 전에 그 고양이는 동시에 죽어 있으며 또한 살아 있다.

다. 양자이론에 따르면, 누군가 살펴보기 위해 그 상자를 열기 전까지는 그 고양이는 살아 있기도 하고 죽기도 한, 두 가지 상태의 중첩에 있다. 그러나 고양이가 관찰될 때, 두 상태의 중첩은 죽었거나 살아 있는 한 가지의 상태로 붕괴된다.

양자물리학은 실제로 그렇게 이상한 것은 아니다. 비록 우리가 대체로 두 가지 상태 중 어느 하나를 선호하더라도, 우리는 동시에 의식의 두 가지 상태에 모두 있을 수도 있다는 점에서 양자물리학은 심리학과 유사하다. 그래서 또한 당신은 살아 있거나(잠든 물질적 유기체로서) 동시에 당신이 죽었다고 꿈꾸며 자신의 무덤에서 스스로를 쳐다보며 자신의 묘지에 서 있는 것일 수도 있다! 우리는 또한 매일매일의 경험에서 의식의 이러한 역설적인 상태를 알고 있다. 우리는 '죽을 만큼' 피곤한 때조차 '생기 있는' 방식으로 행동할 수 있다. 어떤 사람들은 예를 들어, 피곤의 신호로서 우리의 이중 신호에서 이차적 '죽은' 상태를 인식할 수도 있다. 그래서 어떤 면에서 슈뢰딩거의 고양이처럼, 우리는 동시에 죽어있기도 하고 살아 있을 수도 있다.

아마도 모든 본질에는 모든 것을 동시에 둘 또는 그 이상의 상태에 있도록 허용하는 프로세스마인드를 가지고 있다. 어떤 초자연치료사나 네 살 이전의 아이는 당신에게 나무는 나무인 동시에, 나무는 말하는 영혼이라고 당신에게 말할 것이다.

당신 자신이 중첩을 탐구하기 위해 [그림 3-4]를 보아라. 아마도 처음에 당신은 흰 컵이나 검은 얼굴을 볼 수 있을 것이다. 그러나 만일 당신이 긴장을 풀고 오랫동안 응시하면, 당신은 동시에 두 가지의 형태를 모두 볼 수 있을 것이다.

우리의 일상적 마음이 하나 또는 다른 상태에 집중하는 동안, 우리의 프로세스마인드는 응시하고 꿈꾸고 있으며 그리고 컴패션의 방법으로 모든 상태, 경로, 방향에 대해 열려 있다. 당신의 프로세스마인드는 당신의 일상적 정체성이나 '일차적' 과정에만 개방되어 있는 것이 아니라 또한 당

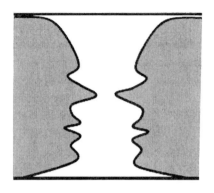

[그림 3-4] 얼굴인가, 컵인가?

신이 동일시하지 않는 '이차적' 또는 다소 덜 의식적인 과정에도 개방되어 있는 것이다. 게슈탈트 심리학자들은 그러한 과정들을 전경과 배경이라고 언급하기도 한다. 비록 우리가 보통 과정들을 나누어서 한 번에 단지 하나의 과정에만 집중하더라도, 좀 더 자의식적 관점을 가지면 동시에 두 상태를 인식하는 것과 심지어는 그 두 상태 사이의 흐름까지도 인식하는 것이 가능해진다.

메타스킬로서 프로세스마인드의 사용

프로세스마인드의 메타스킬 개념에서, 프로세스마인드는 일반적인 인생의 방향(U) 이면의 능력이나 장일 뿐 아니라 모든 가능성에 대한 개방성과 컴패션이기도 하다. 따라서 사건을 다루는 가장 쉬운 방법은 그 사건을 '긍정, 부정, 아마도, 항상 그리고 결코 그렇지 않다.'라고 하는 모든 것이 정도의 차이는 있지만, 대체로 존재하는 프로세스마인드로 경험하는 것이다. 프로세스마인드의 견지에서, 당신이 부분인 모든 사건은 '전체' 프로세스 또는 전체 이야기의 일부다.

예를 들어, 만일 A와 B의 두 가능성이 발생한다면, 당신의 일상적인 마음은 자신이 무엇을 해야 하는지 의아하게 생각할 것이다. 당신의 프로세스마인드는 아마도 "모든 경로를 다 시도해 보아라."고 말할 것이다. 사실, 당신이 어떤 것을 할까 고민하기 전에 당신의 프로세스마인드는 이미 두 가지 통로를 생각하고 있었으며, 그렇지 않다면 당신은 그 두 가능성을 인식하지 못했을 것이다. 프로세스마인드는 '당신'이라고 불리는 그 시냇물이 아래로 흐르고 있음을 잘 알고 있다! 그럼에도 불구하고 당신이 어떻게 가고 있는가 하는 세부 내용은 시냇물의 경로에 바윗돌, 나뭇가지, 벌레와 식물에 달려 있는 것이다. 컴패션에 대한 프로세스마인드의 메타스킬은 그 순간의 모든 변형을 시도하며 모든 방향, 수준과 부분을 포용한다. 당신은 단순히 그 무게를 느끼고, 프로세스마인드를 기억하고, 그것의 당김을 느끼고, 그 순간이 당신을 이끌도록 하여라.

소호의 검

전설적인 일본 선불교 승려이며 간화선[看話禪, 우주와 인생의 근원을 규명해 나가는 데 있어 화두(話頭)라는 문제를 가지고 공부해 나가는 참선법] 부문의 대가 다쿠안 소호(Takuan Soho, 1573-1645)는 나의 표현으로 "당신들의 프로세스마인드에게로 개방하여라."라고 말했다. 소호의 말은 다음과 같다. "마음을 멈추지 않는 것이 목적이며 본질이다. 어디에도 두지 말아라. 그것은 어디에나 있을 것이다. 마음을 신체 밖으로 움직이는 것에서조차 만일 그것이 하나의 방향으로 보내진다면, 그것은 다른 아홉의 방향에서 부족하게 될 것이다. 만일 마음이 어느 하나의 방향으로 제한되지 않는다면, 모두 10개의 방향이 될 것이다."[4] 만약 당신이 프로세스마인드를

---

4) 다쿠안 소호(Takuan Soho), 『속박되지 않은 마음(*Unfettered Mind*)』, 윌리엄 스코트 윌슨(William Scott Wilson) 번역(Tokyo: Kodansha International, 1986), 47.

들을 수 있다면, 당신은 어느 하나의 사건에 갇히지 않을 것이다. 예를 들어, 당신이 논쟁 중에 있다면 당신은 모든 측면을 포함하는 방법으로 상황을 볼 수 있는 자신을 발견할 것이다.

소호에 따르면, "검객이 자신의 적과 마주 서 있을 때 그는 상대방이나 자신 또는 상대방의 칼의 움직임에 대해 생각하지 않는다. 그는 단지 모든 기술을 잊고 잠재의식의 명령을 따를 준비가 되어 있는 자신의 칼을 가지고 그곳에 서 있는 것이다. 그 검객은 자신이 칼의 주인이라는 것을 지워 버린 것이다. 그가 칼을 휘두를 때, 휘두르는 것은 그 검객이 아니라 그의 잠재의식의 손에 있는 칼인 것이다."[5]

나는 당신을 소호의 세계로 초대한다. 당신의 '잠재의식' 인 당신의 프로세스마인드가 당신 대신 무엇인가를 하도록 하여라. 당신과 갈등관계에 있는 누군가를 생각해 보아라. 한 손에는 당신 자신의 에너지를 그리고 다른 손에는 그 사람의 에너지를 표현해 보아라. 그리고 잠시 긴장을 풀고 이 제3장의 실습 3에서의 자신의 프로세스마인드 경험을 기억하여라. 당신 신체에 있는 프로세스마인드의 느낌과 당신의 몸을 이리저리로 움직였던 방식을 기억해 보아라. 이제 그것이 당신의 신체를 움직이는 것을 느껴라. 콜라주 페이지 #3에 그렸던 스케치를 보아라.

이제 당신의 프로세스마인드 상태가 당신과 갈등관계에 있던 누군가(또는 무엇인가)의 에너지를 어떻게 다룰 것인지 상상해 보아라. 이렇게 하기 위해 당신의 프로세스마인드 경험을 가까이 하여라. 말하자면, 그 경험에 복종하고, 자신의 프로세스마인드 메타스킬이 반대하는 에너지라고 당신이 생각한 것을 어떻게 다루는지 알아차려라. 콜라주 페이지 #3에 기록하여라.

만일 당신이 논쟁에서 프로세스마인드를 사용한다면, 그것은 기회가 되며 그 과정은 매우 놀라운 것이 될 것이다! 어떠한 것도 영원한 문제는

---

5) 위와 같음(강조 첨가).

[그림 3-5] 소호의 마지막 글씨, 꿈이라는 의미의 한자

없으며, 아마도 죽음조차도 그럴 것이다. 이것은 나에게 소호의 또 다른 이야기를 기억나게 한다. 소호는 인생의 마지막 순간에 꿈이라는 의미의 한자어 '몽(夢)' 이라고 쓰고 바로 바닥에 누워 임종하였다([그림 3-5]).

아마도 소호는 자신의 프로세스마인드인, 가장 깊은 꿈에 근접해서 스즈키가 말했던 '깜깜한 하늘', 모든 꿈과 모든 사건에 선행하는 힘, 그 힘을 느꼈을 것이다['몽' 이라는 한자로]. '꿈' 에 대한 상징을 그림으로써, 아마도 소호는 우리에게 삶과 죽음을 포함하는 시작과 끝이 우리의 프로세스마인드의 견지에서는 단지 순간적인 상황이라는 것을 말하고 있는 것이었다. 거기에는 시작과 끝 그리고 그 이상을 포함하는 더 큰 방향이 있다.

죽음까지도 포함하는 모든 상황에서 우리를 움직이는 장(場)인, 잠자는 깃과 깨어남에 선행하는 것이 초(超)시간적인 꿈꾸는 장인 것인가? 소호는 우리에게 휘두르는 것은 검객이 아니라 검객의 잠재의식의 손에 있는 칼이라고 말하는 것이다. 소호의 메타스킬은 그의 붓을 움직이게 하고 '몽' 이라고 쓰게 한 힘이었다. '몽' 이라는 단어의 한자어와 일본어의 근원인 무(無) 혹은 무심(無心)은 '마음이 없는 마음' 이라고 해석되어 왔다.[6]

---

6) '무심' (Mushin, 2008년 10월 8일) http://en.wikipedia.org/wiki/Mushin 참조.

생각해야 할 것들

- -

1. 당신의 프로세스마인드는 당신의 신체에서 가장 깊은 부분에 대한 자신의 감각이다.

2. 프로세스마인드는 싸움을 포함하여 많은 것들을 다루는 방법인 당신의 가장 훌륭한 메타스킬이다. 이 메타스킬은 스스로에게 진실로 남아 있으면서 모든 행동과 사건을 인식하고, 포용하며, 함께 흐른다.

제4장
당신 존재의 힘

이 장은 2009년 1월 오리건 주의 포틀랜드시에 위치한
프로세스 워크 연구소에서 열렸던 저자 민델 박사의 강연 내용을 편집한 것이다.

나는 오늘 여러분의 존재의 관점에서의 프로세스마인드 장에 관해 이야기하고자 합니다. 그런데 오늘 제가 기침을 좀 하는데, 아마도 감기에 걸린 것 같습니다. 여러분들도 감기에 걸려 본 적이 있나요?(청중의 절반 정도가 손을 든다) 내가 오늘 아침에 일어났을 때 이런 생각을 하였습니다. '오늘 강연은 할 수가 없겠다. 목노 산시립고, 김기 때문에 나의 정신 상태가 변해 버렸어.' 그러나 그때 나는 이러한 변형된 감기 같은 기분이 옳은 느낌이며, '세상 밖으로 나가는 게 옳은 방법'이라고 간밤에 꾼 꿈을 기억하였습니다.

나는 그것이 무슨 뜻인지 압니다! 나의 일상적인 마음은 나의 더 큰 부분, 나의 프로세스마인드, 즉 말을 하고 건강하며, 동시에 기침하고, 지쳐 있고, 의기소침해 있으며, 내적 경험에 의해 움직여지는 나의 부분에 복종할 수 있습니다. 나의 평상적인 자아는 이 강연을 할 수 없다고 느낍니다.

그것은 나의 프로세스마인드에 달려 있습니다. 그래서 나의 일상적 마음은 평소보다 덜 활동적이었을 것입니다. 여러분이 괜찮다면, 내가 기침을 할 때마다 나는 그 기침에게 복종하고 또 명상을 하겠으며 하지만 너무 과다하게 그 모습을 대중에 드러내지는 않을 것입니다.

(잠시 강연을 멈춘 후) 오늘 나의 프로세스마인드는 마치 물속의 바위같이 느껴집니다. 음… (물속의 바위인 것처럼 잠시 명상을 한다) 내 주위로 물이 부딪히도록 하는 것이 정말 기분 좋게 느껴집니다.

> 교육생: 어쨌든 우리는 언제나 당신 안의 그 본질을 보고 있습니다.
>
> 아놀드 민델: 그렇습니다. 전혀 새로운 것이 아닙니다… 그렇지 않나요?
>
> 교육생: 네.
>
> 아놀드 민델: 그것은 물속의 바위입니다. 그 바위는 내가 이곳에 오기 전부터 그곳에 있었습니다. 나는 가끔 그것을 부정하기도 했지만, 그러다가 나는 기억합니다. 그것은 나의 존재의 일부분이었습니다. 그것은 내가 아플 때도, 아마 내가 여기 있지 않을 때도 그곳에 있을 것입니다.

존 재

당신의 존재는 당신 주위에 나타나며 또한 때로는 땅의 지점들과 연결되어 있을 뿐만 아니라 당신이 머물고 있는 공간과 방에서도 나타나고 있다. 예를 들어, 앞에 언급했듯이 나의 개인적 존재는 물속의 바위와 같다. 당신 존재의 본질은 다른 사람들에게는 명백할 수도 있지만, 그것은 당신의 의식과는 상당히 거리가 있을 수 있다.

존재는 3차적 과정이다. 그것은 1차 과정이 아니다. 즉, 그것은 당신의 정체성 과정이 아니다. 그것은 당신의 2차 과정의 부분이 아니며, 그것은 당신이 내보내지만, 동일시하지 않는 신호들의 부분이 아니다. 당신의 프로세스마인드와 존재는 3차적이며 더 직관적 본질의 수준이다. 그것은 당신의 모든 신호 이면에 있으며, 어쩌면 모든 신호보다 선행한다. 비록 모든 사람들이 일상적 실재 CR에서 가려져 있더라도, 당신의 최고 존재—실제로, 당신의 가장 놀라운 자아—는 프로세스마인드다. 그 프로세스마인드는 당신이 지닌 가장 미묘하면서도 가장 강력한 힘 또는 에너지다.

만일 당신이 자신의 존재를 알지 못한다면, 당신은 왜 사람들이 당신을 그렇게 대하는지 혼란스러울 수 있다. 어떤 사람들은 당신을 사랑하지만 당신은 누군가를 짜증 나게 할 수도 있다. 당신이 자신의 존재에 대해 더 자세히 알게 될수록 당신은 덜 혼란스럽고 덜 짜증 날 것이다. 왜냐하면 당신이 자신의 존재와 일치되게 살수록, 그것은 덜 강요하기 때문이다. 예를 들어, 만일 당신이 수줍어하는 존재를 가지고 있고 그것과 일치하면서 생활한다면, 그것은 아름다운 숲의 꽃과 같이 논란의 여지없이 명백하게 된다. 그러나 당신이 자신의 수줍은 본성을 인식하지 않는다면, 당신은 대신 실제로는 아무하고도 말하고 싶지 않지만 다른 사람과 연결되어 있는 것처럼 행동하는 사람으로 보일 것이다. 왜냐하면 다른 사람들은 이러한 분리를 인지할 것이고, 그들은 실제로 자신들과 함께하지 않는 것에 대해 혼란스러워 하거나 당신을 비난할 수도 있기 때문이다.

모든 사람은 깨달음에 관한 자신만의 정의를 가지고 있어야 한다. 어떤 사람들은 사랑과의 연결이라고 하고 또 다른 사람은 그것을 진실이라고 부른다. 어떤 사람은 그것을 '무심'이라고 한다. 나에게 깨달음이란, 당신의 일상적인 마음에 대해 개방적인 것과 더불어 당신의 프로세스마인드를 알아차리는 것이다.

당신이 일상의 실제로 들어가고 그것과 동일시할 때 당신의 깊은 자아와 접촉이 끊어지는 것은 당연한 것이다. 모든 사람이 보통의 실제로부터 분리되며 프로세스마인드와 연결되었다가 다시 그것들을 잃고 엉망이 되면, 다시 프로세스마인드를 기억해 내는 순간을 가진다. 왜 이러한 모든 변화와 동요(動搖)가 발생하는가? 나는 우리의 깊은 자아와 깊이 접촉하는 것 그리고 그 깊은 자아와의 접촉을 잃는 것과 같은 마음의 변화하는 상태들이 다양성의 부분, 컴패션 또는 관용의 부분, 프로세스마인드의 부분이기 때문이라고 추측한다. 프로세스마인드는 당신의 일상적인 마음을 분명히 사랑한다. 그래서 그런 일들이 그렇게 많은 이유다! 나는 자신들이 일상의 실제로부터 분리되어 있다고 말했던 사람들을 만났었지만, 일상의 실제로부터 항상 분리되어 있는 사람은 거의 없었다.

　존재란 정확하게 무엇인가? 우리가 "그는 그녀의 존재에 얼굴을 붉혔는가?" 또는 "그녀는 위험의 존재를 느꼈는가?"라고 말할 때 우리는 무엇을 의미하는 것일까? 이 말에서 '존재'란 무엇을 의미하는 것인가? 왜 나는 누군가의 존재에 얼굴을 붉혀야만 하는가? 존재를 뜻하는 단어가 내가 아는 모든 언어에 있는 것으로 봐서 모든 사람은 그 의미를 아는 것 같다.

　나는 존재를 뜻하는 presence는 pre-sense라고 생각한다. Pre는 'before(먼저)'를 뜻하고, sense는 'feeling(느낌)' 또는 'perceiving(지각, 知覺)'을 의미한다. '존재'란 무엇인가를 당신이 느낌으로 설명하기 전에 당신이 먼저 느낄 수 있는 것이다. 당신의 프로세스마인드는 'pre-sense(먼저-느끼는 것)'다. 당신은 당신 자신이 되기 위해서 당신의 내부 세계와 외부 관계를 증진시키기 위해서 그리고 심지어 세계 상황을 개선하기 위해서도 당신이 누구인가 하는 이러한 'pre-sense'를 알아야 할 필요가 있다.

　어떤 종류에서도 좋은 의사소통 전달자가 되기 위해서, 당신은 반드시 당신의 존재를 알아야만 한다. 그렇지 않다면 당신의 존재는 당신을 앞서 갈 것이고, 내가 앞에서 말한 것처럼 의사소통을 혼란시킬 것이다. 당신의 존재는 당신이 무엇을 보냈는지 알기도 전에 다른 사람들에게 신호를 보내는 일종의 정령과 같다. 당신이 사랑했던 선생님들을 생각해 보아라. 당신은 선생님들이 했던 말들을 기억할 수도 있지만, 보통은 그러한 선생님들에 관해 가장 우리를 움직이게 한 것은 바로 그분들의 존재다.

만약 당신이 자신의 존재를 알고 있다면, 당신은 다른 사람들에게도 그게 무엇인지 설명해 줄 수 있다. 당신 자신의 존재를 알고 있는 것은 의사소통을 쉽게 한다. 그것은 당신의 다른 모든 의사소통 이면의 거의 보이지 않는 신호로서 어쨌든 존재하고 있기 때문이다. 만일 당신이 자신이 말하는 것과 행동하는 것만 동일시한다면, 그것은 당신의 전체가 아니기 때문에 당신은 잘못된 의사소통을 할 수도 있다.

예를 들어, 오늘 나의 일부분은 쇠약해진 상태다. 그 순간 나는 비록 내려다보는 것이 익숙하고 진정시키기는 하지만 볼 것이 별로 없는 바닥을 내려다본다. 나의 존재는 이렇게 '내려다보는' 신호, 내가 처다보고 있는 땅과 연결되어 있다. 나는 내가 그러한 땅과 동일시하지 않는다면 항상 조금씩 조화되지 못한다. 모든 것은 매일 변화해 간다. 우리의 신체는 변화를 나타내고, 우리의 열정도 변화하며, 우리는 늙어가는데, 프로세스마인드의 존재는 시간이 지나도 별로 변하지 않을 것이다. 존재는 항상 당신 주위에 있다.

존재의 바다에서의 헤엄

존재에 관해 내가 제일 좋아하는 이야기는 '작은 물고기'다. 이것은 수피(Sufi)교의 승려 이나야트 칸(Inayat Khan)이 전한 힌두(Hindu)교 이야기다.[1]

옛날에 작은 물고기가 한 마리 있었다. 그 작은 물고기는 여왕 물고기를

---

1) 폴 렙스(Paul Reps), 뇨겐 센자키(Nyogen Senzaki) 『선육(禪肉), 선골(禪骨): 선과 선 이전 글 모음(*Zen Flesh, Zen Bones: A Collection of Zen and Pre-Zen Writings*)』에서 이나야트 칸(Inayat Khan)의 '작은 물고기' 이야기, (North Clarendon, VT: Tuttle Publishing, 1998), 211.

찾아가 말했다. "바다에 대해 들었는데, 바다가 무엇입니까? 바다는 어디에 있습니까?"

여왕 물고기가 작은 물고기에게 설명했다. "너는 바다에서 살고 움직이며 존재하고 있다. 바다는 너의 내부와 외부이며, 안과 바깥이다. 너는 바다에서 태어났고 바다에서 죽는다. 바다는 너를 둘러싸고 있으며 너 자체의 존재다."

작은 물고기가 말했다. "네?"(사실은 "네?"는 칸의 이야기에 없다. 내가 첨가하였다.)

그러자 여왕 물고기가 말한다. "만일 네가 바다를 안다면, 넌 영원히 목마르지 않을 것이다."

만일 우리가 바다, 우리 주위의 장(場)에 대해 알지 못한다면, 우리는 목마르고, 배고프며, 가난해질 것이다. 만일 장이 우리 주위 모두에 있다면, 우리는 왜 그것을 볼 수가 없는가? 왜냐하면 장은 존재이기 때문이다. 그것은 우리가 헤엄을 하는 바다이고, 우리가 살고 있는 공간이며, 우리가 숨 쉬는 공기다. 우리는 바다임에도 불구하고 우리는 바다가 아니라 물고기를 동일시한다. [그림 4-1]의 사진에서처럼, 물고기의 존재는 그 주위를 둘러싸고 있는 힘이다. 물고기는 훌륭하지만 또한 전체 환경도 훌륭하다.

[그림 4-1] 물고기와 그 존재

지난 수백 년 동안 물리학자들은 에테르 또는 에더(aether, ether)라고 부르는 우주의 부분으로 헤엄치는 존재에 관해 말해 왔다. 에테르는 그리스어로 '공기' 또는 '대기' 를 의미하며, 장(場)과 같은 것으로 여겨져 왔다. 한동안 과학자들은 에테르가 전체 우주를 채우며, 모든 사건이 묻혀 있는 존재의 하나인 전자기파들을 운반하는 매개체라고 생각했다.

아인슈타인은 처음에 이러한 개념에 반대했지만 말년에는 이를 되돌렸으며, 오늘날에는 '아인슈타인의 에테르 이론' 이라고 불리고 있다. 많은 물리학자들이 아직도 여전히 우주는 매개체 또는 장으로 채워져 있다고 제안한다. 그러한 것(매개체 또는 장)을 입자 중력 또는 '영점(Zero point)' 장이라고도 하는데, 모든 것이 창조되는 가상 입자의 바다와 같은 것이다.

아인슈타인에게 에테르는 시공(時空, space time)의 본질이었으며 모든 일이 일어나는, 이를테면 물질을 탄생시키는 매개체였다. 1930년에 그는, "이제 공간은 일차적인 것으로 여겨져야 할 것이며, 물질은 그것으로부터 말하자면 이차적 결과로 파생된 것처럼 보인다. 공간은 말하자면 지금 복수를 하고 있는 것이며 물질을 소모하고 있는 것이다."라고 말했다.[2] 많은 과학적 이론들이 여전히 우리가 살고 있는 공간, 우주를 다른 모든 것을 생성시킬 수도 있는 매개체 또는 에너지로 묘사하고 있다.

나는 물리학자들의 에테르에 관한 우리의 경험을 '존재', 비국소적 또는 보편적이며 동시에 공간과 시간에 국한될 수 있는 효과를 가지고 있는 신(神)의 마음 노는 우리 자신의 프로세스마인드라고 부른다. 그 프로세스마인드는 우리 모두가 사람들과 사물들 주위에서 느끼는 어떤 것과 일치하며 어떤 방법으로든지 그것들을 발생시킨다.

우리는 그것과 비슷한 개념들을, 봄(Bohm)의 양자 포텐셜 이론, 융

---

2) 엘, 코스티로(L. Kostro), (1998), '아인슈타인(Einstein)과 에테르(Ether), Electronics & Wireless World 94: 238-39.

(Jung)의 집단 무의식 개념, 셸드레이크(Sheldrake)의 형태발생학적 장, 라이히(Reich)의 오르곤(orgone) 에너지, 요가 수행의 프라나(prana), 도(道) 사상의 도와 기(氣) 등에서 볼 수 있다. 그리고 유사한 개념들을 지구상의 거의 모든 문화에서 찾을 수 있을 것이다. 나의 저서들에서 나는 당신이 제2장의 연습에서와 같이 당신의 움직임에 대한 명상을 통해 발견할 수 있는, 의도를 가지고 당신을 움직이게 하는 무엇인, '의도적인 장'에 관해 이야기하였다.[3] 의도적인 장이란 힘의 장이다. 나의 저서 『양자심리치료(*Quantum Mind and Healing*)』에서, 나는 이 프로세스마인드 주위의 장을, 초자연치료사 돈 후앙의 제자였던 카를로스 카스타네다(Carlos Castaneda)의 저서 『침묵의 힘(*The Power of Silence*)』에서 영감을 얻어 '힘의 침묵'이라고 이름 붙였다.

나의 모든 저서에서 공간, 시간 그리고 인과관계의 세계—우리가 일상생활을 통해 알고 있는 세상—를 일상적 실재 CR이라고 불러 왔다. 이와는 반대로 꿈세계(dream world)는 예를 들어, 꿈과 같은 주관적 경험의 시간 및 공간과 유사한 세계다. 알아차림의 본질적 수준은 다른 모든 것을 발생시키는 것처럼 보이는 비(非)이원론에 근거한 경험이기 때문이다.

호주 토착 원주민의 꿈꾸기

본질적 세계는 아인슈타인의 에테르와 다르지 않게 토착 원주민의 능력의 장소 또는 존재의 장소로서의 땅에 대한 느낌에 의해 알 수 있다. 예를 들어, 호주 토착 원주민들의 '꿈꾸는 땅(Dreaming land)'은 그들이 두 발로 걷는 '실제' 땅과 본질적 특성인 땅의 '느낌' 또는 '힘'에 대한 그들

---

3) 나의 저서 『양자심리치료(*Quamtum Mind and Healing*)』(Charlottsville, VA: Hampton Roads Publishing, 2004)(이규환, 양명숙 공역, 2013, 학지사) 참조.

의 주관적 경험 모두다. 지구의 힘은 흔히 실제 장소, 장 또는 힘일 수도 있는 토템 땅의 정령으로 묘사된다.

우리가 알고 있는 가장 오래되고 가장 길게 유지되고 있는 영적이고 문화적 역사는 호주 토착 원주민의 전통에서 찾을 수 있다. 호주 토착 원주민의 지지자이며 연구자인 스태너(Stanner) 교수에 따르면, 호주 토착 원주민은 그가 '모든 길(everyway)'이라고 번역하는 것을 믿는다고 한다.[4] 그들에게 꿈꾸기는 물질적 실재에서 사물과 사람을 한꺼번에 생성시키는 객관적 실재다. 캥거루와 같은 물체는 '캥거루 꿈꾸기'라는 존재를 가지고 있다. 그들은 드림타임(Dreamtime)을 존재와 창조적 힘이라고 이야기한다.

스태너 교수에 따르면, 호주 토착 원주민들은 일상적 시간을 주관적이라고 생각한다. 시계를 따르는 것은 '주관적'이다. 반면에 꿈꾸기는 원주민들의 객관적인 일상적 실재와 비슷하다. 원주민들은 존재를 느낄 수 있으며 그들은 도(道)와 꿈꾸기, 개인과 공동체의 프로세스마인드 장을 알고 있다. 그들은 누구든지 꿈꾸기의 존재를 느낄 수 있다고 말한다. 또한 이들은 공간과 시간 그리고 오늘날의 일상적 실재 CR을 인정하고 있다. 그러나 드림타임의 실재에 관한 일치된 의견도 있다. 그들은 모든 사람 중의 일부는 영원히 존재하고, 그것은 사람이 태어나기 전에도 있었으며, 죽은 후에도 지속된다고 믿는다. 내가 존재라고 부르는 것을 그들은 토템 정령이라고 언급해 왔을 것이다.

---

4) W. H. 스태너(Stanner), '꿈꾸기 이후(After the Dreaming)', 보이어 강좌 (The Boyer Lectures), ABC 라디오 방송, 호주 방송위원회(ABC radio, Australian Broadcasting Commission), 1968, 44.

당신의 땅 지점과 그곳의 토템 정령

여러 토착 원주민 신화에 따르면, 당신의 어머니가 임신해서 5개월째 되던 달에 나무나 동굴이나 작은 강가 주변을 산책했었을 수 있다. 그 나무나 동굴이나 강에서 토템 정령인 당신이 튀어나와 그녀의 자궁으로 들어간 것이다. 그것이 당신이 지금 여기에 있는 이유다. 당신은 어느 주어진 지점의 토템 정령이며, 그곳의 꿈꾸기 또는 프로세스마인드다. 상상해 보아라! 당신 어머니가 임신 5개월째가 되었을 때, 그 지점의 드림타임이 나타나서 사람이 되었다. 왜 5개월 때일까? 그때가 당신이 자궁에서 움직이기 시작한 때이기 때문이다.

스태너 교수에 따르면, 지난 수천 년 동안 호주 토착 원주민들은 땅을 신성한 것이라고 느껴 왔다. 땅은 실재의 존재이며 근래의 개념으로, 꿈 같고 살아 있으며 영적인 곳이다. 또한 오늘날에도 많은 사람들이 나무 주위, 바닷가 또는 사막 한가운데를 걸을 때 영감을 받거나 어떤 방법으로든지 감동이나 영향을 받는다고 느낀다.

인간의 생식에 관한 현대적 지식이 없다고 상상해 보아라. 그리고 임신 5개월 내 태아가 움직이며 발길질을 하기 시작한다는 것에 대한 당신의 알아차림을 땅이 살아 있으며 생명이 있는 유기체라는 선명한 믿음과 함께 해 보아라. 이러한 개념에 따르면, 사람들이 어떻게 특정 땅의 지점이 바로 그 순간에 신체화되고 있었다는 것을 믿을 수 있는지 이해할 수 있다. 어쨌든 사람은 신체화된 땅의 지점의 정령이라는 믿음이 널리 퍼져있었으며 일부 지역에서는 아직도 믿는다.

당신은 단순한 인간 유전적 유산이 아니다. 만일 당신의 어머니가 숲속에 있었다면, 아마도 당신은 숲의 토템 정령일 것이다. 그 정령은 당신의 존재, 당신의 에테르이며 당신의 프로세스마인드다. 당신은 당신의 어머니가 임신 5개월이 되었을 때 땅으로부터 튀어나온 어느 주어진 대지, 강,

[그림 4-2] 바다의 정령과 숲의 정령

바다, 토템 정령, 자발적 창조의 존재이며 아우라다([그림 4-2] 참조). 나는
이 놀라운 사람들에게 토템 정령의 존재에 관한 이러한 영감에 대해 감사
한다. 우리의 실재와 꿈꾸는 우주의 부분으로서 우리가 누구인지를 이해
하는 데 그러한 영감으로부터 큰 도움을 받았기 때문이다.

　토착 원주민들은 땅으로부터의 명령을 경험한다. 나는 이 명령을 벡터
(vector)라고 부른다. 이 사람들은 그 장소의 본질과 연결되어 있다고 느끼
고, 자신들의 근원을 그 땅의 토템 정령과 동일시한다.

　『무엇 하나 중요하지 않은 것이 없다(*Lame Deer, Seeker of Visions*)』
(2004)라는 책에서 우리는 비슷한 땅에 근거한 개념을 찾을 수 있다. 위대
한 정령에 관해, 아메리카 수우족 인디안 원주민이며 라코타의 성자(聖者)
인 레임 디어(Lame Deer, 절름발이 사슴)는 말한다. "위대한 정령은 사람들
이 이 땅의 좋아하는 특정 지점에 끌리는 것처럼 느끼도록 만든다. 사람들
은 그곳에서 '이곳이 너를 행복하게 만드는 곳이며, 내가 속하는 곳이야.'
라고 스스로에게 말하면서 안녕의 특별한 느낌을 경험한다."[5]

　오늘날 많은 사람들이, 심지어 토착 원주민 조상과 동일시하지 않는 사

---

5) 존 파이어 레임 디어(John Fire Lame Deer), 리차드 엘도즈(Richard Erdoes), 『무엇 하
　나 중요하지 않은 것이 없다(*Lame Deer, Seeker of Visions*)』 (New York: Simon &
　Schuster), 1972, 197. 이 정보를 전해 준 오리건 포틀랜드의 로버트 킹(Robert King)에
　게 감사한다.

람들조차도 땅이 자신들에게 말을 하는 것을 느낀다고 한다. 많은 사람들
이 특정한 지역의 관리인이나 보호자가 되는 것을 자신들의 평생의 임무
라고 생각한다고 느껴 왔다. 그 특정 지역은 아마도 토템 정령이 자신들의
어머니의 자궁으로 뛰어들 때, 어머니가 서 있었던 그곳일 것이다. 그 지
역을 돌보는 것이 우리의 임무다. 그 지역의 힘과 존재는 우리가 항상 되
돌아가야 할 평형 위치이며 우리의 본거지다.

이것은 당신의 프로세스마인드 존재가 당신의 가장 안정한 평형 위치
라고 말하는 것과 같다. 당신의 보통 자아는 마치 [그림 4-3]에서와 같이
뾰족한 끝이 바닥에 서 있는 연필과 같다. 이 연필은 살짝 밀기만 해도 넘
어진다. 이것의 평형 위치는 불안정한 것이다. 이제 벽에 박힌 못에 무거
운 그림이 걸려 있다고 생각해 보아라. 당신이 그 그림을 밀면 약간 흔들
리겠지만 곧 평형 위치인 그 시작점으로 되돌아올 것이다. 벽에 걸린 그림
이 앞의 연필보다 더 안정된 균형을 가지고 있다.

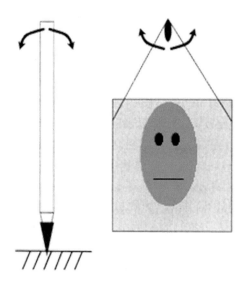

[그림 4-3] 불안정한 평형과 안정한 평형. 세워져 있는 연필은 불안정하며 쉽게 쓰러지
지만, 걸려 있는 그림은 흔들리다가 안정한 평형 위치로 돌아간다.

당신의 일상의 마음은 조그맣고 뾰족한 끝으로 서 있는 연필과 같아서 당신의 존재나 프로세스마인드보다 덜 안정적이다. 두 가지 다 변화하겠지만, 프로세스마인드는 유동성을 가지고 흔들리며 좀 더 예측 가능하게 그 출발점으로 되돌아온다.

달리 말하면, 당신의 일상의 마음에서 자신의 중심을 잡는 것이 프로세스마인드에서 자신의 중심을 잡는 것보다 훨씬 불확실하다는 것이다. 당신의 일상의 마음은 예측 불가능한 사건들에 의해 쉽게 불안정해진다. 사실, 예측 가능한 사건들조차도 그것, 즉 당신의 일상의 마음을 쓰러뜨릴 수 있다. 반면에 프로세스마인드는 소위 말하자면 그것이 사건들과 함께 '흔들리도록' 허용하는 또 다른 중심에 초점을 맞춘다.

실습 4: 안정된 존재로서의 프로세스마인드

이제 존재에 대한 당신 자신의 감각과 그것의 안정화 효과를 탐구해 보자. 당신에게 움직임, 아주 미세한 움직임에 대한 접근을 할 수 있도록 앉거나 서라. 그리고 당신이 제3장의 실습에서 했던 것처럼 스스로에게 "내 신체의 어디가 내 자신의 가장 깊은 부분일까?"라고 물어보아라. 그 부분에 대한 당신의 감각을 증폭하기 위해 그 부분에 당신의 호흡을 집중하여라.

당신 신체에서 호흡에 의해 증폭된 당신의 프로세스마인드의 경험을 인식하면서 잠시 그 감각을 즐겨 보아라. 당신은 당신이 그 느낌을 좀 더 명확히 인식하는 데 도움이 되도록 소리를 내거나 움직여도 된다. 그 경험, 소리 그리고 나타나는 이미지를 관찰하여라. 그것들이 어떤 종류의 존재들을 발생시키는가? 어떤 종류의 존재가 이러한 당신의 가장 깊은 부분의 특성인가? 당신은 그것을 상상할 수 있는가? 그것을 느끼거나 들을 수 있는가? 그것의 냄새를 맡을 수 있는가?

당신이 그러한 느낌을 가질 때 자신에게 물어보아라. "땅의 어떤 종류의 지점이, 어떤 종류의 장소가, 이 존재와 연관되어 있을까?" 존재를 느끼고, 그것이 당신을 움직이게 하며, 그것을 통해 얻어진 경험을 땅의 지점과 연관시켜라. 그러한 장소가 여러 곳일 수도 있지만, 지금은 한 곳만 선택하여라. 이제 당신 상상 속의 그 지점으로 가서 둘러보고 그 장소가 되어라. 그러한 땅의 지점이 된 것이 어떠한가? 그곳은 어떠한 힘 또는 존재를 가지고 있는가? 그곳은 조용한가? 시끄러운가? 어두운가? 밝은가? 광대한가? 고립되어 있는가? 높은가? 깊은가? 등등 그 지점의 존재에 대해 기록하여라.

우리는 그것을 당신의 프로세스마인드의 존재이며, 그 땅 지점과 연관된 토템 정령의 경험인 존재라고 부른다. 그냥 그 장소를 즐겨라. 그곳이 당신을 움직이고 영감을 주도록 하여라. 당신이 이 지점으로부터 얻는 느낌과 당신의 일상의 자아로서 평범한 일상에서 느낌 사이의 차이점은 무엇인가?

당신의 프로세스마인드 또는 그 땅 지점의 토템 정령은 아마도 오랜 기간에 걸친 당신의 가장 전형적인 것, 가장 좋은 기분 또는 '집'과 같은 기분을 느끼는 장소일 것이다. 당신은 자주 그곳으로 돌아갈 수도 있다. 그곳은 아마도 당신이 항상 살망해 오던, 당신의 가장 안정적인 지점일 수도 있다. 이 존재에 대해 이 책의 끝부분에 있는 부록 B 콜라주 페이지 #4에 기록하여라.

이제 당신이 평소 당신의 일상적 자아와 어떻게 동일시하는지 생각하여라. 그리고 당신의 프로세스마인드 땅 지점 주위를 둘러보아라. 당신의 평소 정체성은 그곳에서 당신이 경험한 것과 어떻게 일치하는가? 예를 들어, 만일 당신이 당신의 일상적 자아가 굳어 있다고 느낀다면, 아마도 당신은 그 땅 지점 근처에 있는 바위에서 그 이유를 찾을 수 있을 것이다. 또는 만일 당신의 일상적 자아가 상냥하다면, 아마 당신은 그 지점에서 꽃을 발견할 것이다. 그 프로세스마인드 지역을 둘러

보고 비록 그것이 사막 한가운데 있다고 하더라도 그 다양성을 인식하
여라. 그 지역이 당신의 존재다.

———————————————————————————

당신의 존재를 알기

당신을 사랑하는 사람들은 아마도 당신의 존재도 사랑할 것이다. 하지
만 당신이 더 이상 만나지 않는 친구들을 생각해 보아라. 아마도 그들은
당신의 평소 모습을 좋아했었지만, 그들이 제대로 보지 못한 당신의 프로
세스마인드 때문에 화가 났을 수도 있다. 당신을 별로 좋아하지 않았던 누
군가를 생각해 보아라. 만일 당신이 그때 당신의 존재를 알고 있었고 그걸
명확하게 말했다면 어려움을 피하는 데 도움이 되었을까? 아마도 당신은
이 사람을 당신 일상의 자아와 연관시키고 당신의 참된 자아로 그 사람을
놀라게 했을 것이다. 보통 우리는 우리 자신의 한부분과 연관시키며, 우
리의 존재는 충분히 명백하게 관계로 끌어들이지 않는다. 만약 당신의 존
재를 좀 더 명확하게 끌어들인다면, 일들을 더 쉽게 만들 것이다.

예를 들어, 수년 전에 나는 나의 보통의 부모적 자아로만 행동함으로써
나 자신과 몇 친구들을 속였다. 보통의 부모적 자아는 나의 큰 부분이었지
만, 나의 전부는 아니었다. 그것에는 좀 더 큰 것, 곰과 같은 것이 있었다.
곰의 으르렁! 그것은 파도가 바닷가의 바위에 부서지는 것 같다. 파도의
철썩! 나에 대해 잘 몰랐던 그 친구들 또한 그러한 파도의 철썩!을 나에게
서 발견하고 놀랐다.

교육생: 제 프로세스마인드는 비어 있는, 나의 가슴과 내장 사이의 가
장 깊고 알려지지 않은 부분인 텅 빈 공간입니다. 제가 관계에 있
을 때, 그 공허감이 마치 땅속의 동굴에서처럼 때때로 충동적으

로 튀어나옵니다. 제가 동일시할 수 없는 무엇인가가 나타나서 저를 곤란에 빠뜨립니다. 저는 괜찮은데 다른 사람들이 충격을 받습니다.

아놀드 민델: 당신은 그들에게 이렇게 말하는 게 좋을 것 같습니다. "제 존재는 어떤 것이든 나타낼 수 있는 광대하고 예측할 수 없는 공허함입니다." 그들에게 말하세요. "저는 무엇이든지 튀어나오는 과정이며 빈 공간입니다. 저는 그 무엇 자체는 아닙니다."

교육생: 네, 알았습니다. 누군가 그 빈 공간을 사랑한다면, 그들은 저도 사랑할 것입니다. 그들은 예측 불가능한 동굴을 사랑할 것입니다.

당신이 거주하는 공간에서의 당신의 존재

당신의 프로세스마인드를 기억하여라. 그것을 상상하여라. 내가 프로세스마인드의 장과 존재를 상상할 때, 나는 가끔 브레드 앤드 퍼펫 극장(Bread and Puppet Theater)의 놀라운 그림을 생각한다. 그 그림은 아래에 콘트라베이스를 연주하는 사람과 나무의 배경으로 엄청난 크기의 얼굴을 가진 실물보다 큰 인형을 보여 주고 있다. 일상의 삶에서 우리는 콘트라베이스를 연주하는 사람에 집중하는 반면에, 우리 중의 몽상가이자 예술가는 프로세스마인드가 아마도 음악가 뒤쪽의 어렴풋한 형상으로 상징된 전체적인 숲의 배경으로부터 우리가 얻는 꿈꾸는 감각에 있다는 것을 알고 있다.

당신의 프로세스마인드와 연관되어 있는 특정한 땅 지점의 힘은 관계에서 당신의 태도를 포함하는 당신 본성의 구성 측면인 그 땅 지역으로부터 나온다. 실제로 그것은 당신의 인생 전체, 심지어 당신이 가장 좋아하는 개인 장소의 공간과 분위기까지도 구성한다.

집에서 당신 자신의 방, 당신이 좋아하는 방 또는 방의 구석을 한 번 둘

러보아라. 당신은 그 방을 당신 마음의 눈으로 볼 수 있는가? 어떤 모습인
가? 방은 어떤 색이고 어떤 물건들이 있는가? 무엇이 당신 앞, 옆, 뒤에 있
는가? 당신은 창문 너머 무엇을 볼 수 있는가? 당신이 가장 사랑하는 이
방에 관해 가장 특징적인 것은 무엇인가? 그 방의 분위기는 어떠한가? 그
리고 그것이 당신의 토템 정령과 땅 지점에 어떻게 연결하는가?

　[그림 4-4]는 커피포트, 게시판, 책장, 벽에 붙은 포스터, 램프, 의자, 책
그리고 여기저기 종이들이 널려 있는 대학생의 방일 수도 있는 그림이다.
당신은 당신이 살아왔던 공간을 어떻게 구성했었는지 생각해 보아라. 당
신은 이 집에서 저 집으로, 이 아파트에서 저 아파트로, 이 도시에서 저 도
시로 옮겨 갈 때, 아마도 거의 비슷한 방법으로 공간을 구성해 왔을 것이
다. 당신의 프로세스마인드 또는 땅의 존재는 당신의 물리적 공간의 건축
가로 작용을 한다.

[그림 4-4] 대학생의 방. 어떠한 힘이 이 방을 구성했는가?

당신이 공원, 극장 또는 누군가의 집에 갈 때 당신은 그 장소의 존재에 있다. 당신이 누군가의 방으로 들어갈 때 당신은 그 사람의 마음, 그들의 프로세스마인드, 그들의 힘의 지점으로 들어가는 것이다. 나는 지금까지 당신을 움직이는 장으로서, 당신의 메타스킬 이면의 힘으로서 프로세스마인드에 관해 이야기해 왔다. 이제 나는 당신이 그것을 토템 정령으로서, 당신이 살고 있는 이 세계를 구성하는 땅의 한 부분으로서, 당신 존재 안에서 느끼기를 바란다.

 생각해야 할 것들

1. 모든 건 변하지만 당신의 존재는 당신의 가장 안정된 측면이다. 이 프로세스마인드, 이 본질이 바로 당신이 살고 있는 '바다'다.

2. 원주민들은 프로세스마인드를 특정한 땅 지점과 그곳으로부터 발산되는 보이지 않는 힘과 연결시킨다. 이 힘이 당신의 모든 생활 공간을 구성하는 것이다.

제5장
당신의 프로세스마인드,
도(道) 그리고 아기 옹알이

앞 장에서 프로세스마인드가 우리의 전체적인 방향을 구성하면서 우리의 일상적인 마음의 선택과 필요에 따라 우리를 삶에서 지그재그로 움직이도록 허용한다는 것을 설명하였다. 따라서 큰 규모에서 삶은 '자기-구성' 되고 예측 가능한 순간순간의 사건들에서는 어느 정도 자유롭고 불확실한데, 이러한 순간순간의 사건들은 변하지 않는 전체적인 U방향에 의해 구속되는 것처럼 보인다.

만일 당신이 프로세스마인드의 전체적인 방향을 느낄 수 있다면, 다른 방향의 순간적인 움직임이 비록 당신의 전체적인 방향과 반대라고 하더라도 수용할 만한 것이거나 괜찮다. 그러나 만일 당신이 프로세스마인드를 느낄 수 없고 당신의 일상적 자아에게만 동일시된다면, 당신은 큰 규모이거나 작은 규모이거나 일시적인 움직임에 대해 혼란을 더 크게 느끼게 될 가능성이 있다. 이 장에서 나는 방향의 관점에서 프로세스마인드에 대해 이야기하지만, 먼저 그것의 파장과 입자성에 관하여 논의할 것이다. 그리고 우리는 프로세스마인드가 역경(易經)과 아기 옹알이에서 어떻게 나타나는지 알아볼 것이다.

프로세스마인드는 최소한 두 가지 특성을 가지고 있다. 첫째, 그것은 장(場)과 같다. 그것을 느낄 수는 있지만, 쉽게 말로 표현할 수 없다. 둘째, 그것은 입자와 같다. 당신은 신체 경향성, 꿈 이미지, 첫 번째 움직임이나 방향적 움직임과 같은 특정한 것을 보고, 듣고, 감각하고, 냄새 맡고, 느낄 수 있다.

도(道)는 비슷하게 두 가지의 본질을 갖는 것으로 묘사된다. 가장 오래되고 기본적 경전(經典)인 도덕경(道德經)의 첫 글은 "말로 표현할 수 있는 도는 진정한 도가 아니다."다. 하지만 도덕경은 이어서 도를 여러 가지로 설명한다. 도교신자에게 도는 창조의 근원인 '하늘과 땅의 어머니'다.

장과 입자, 도와 프로세스마인드 모두의 이러한 두 가지 본질은 내게 또다시 양자 파동함수를 생각나게 한다. 양자 파동함수는 복소수(複素數), 즉 실수(實數)와 허수(虛數)로 구성된 수로 표현되는 패턴이기 때문에 볼 수 없거나 말할 수 없지만, 무한한 수의 가능한 경로를 결정하고 발생시키는 패턴이다.[1] 이 모든 경로의 총합은 우리가 시간과 공간의 실재에서 볼 가능성이 가장 큰 바로 그것이다.

당신이 보는 것은 관찰자로서 당신 자신의 본성에 의존한다. 양자물리학에서 입자의 인식은 물리학자가 입자를 관찰하는 방법에 의존한다. 만일 당신이 물리학자라면 그리고 입자 하나를 틈새(slit, 입자를 빠른 속도로 통과시켜 한 방향으로 움직이는 입자의 행동을 관찰할 수 있도록 한 실험 장치)를 통해 빠른 속도로 보낸다면 입자는 하나의 모래입자처럼 행동한다. 더 많은 입자들을 틈새를 통해 빠르게 보낸다면 모래의 작은 더미처럼 보이는 입자의 무리가 틈새 아래 상자의 바닥에 쌓이게 된다([그림 5-1]의 왼쪽을 보아라).

만일 스크린에 두 개의 틈새가 있어 입자가 둘 중 어느 하나의 틈새를

---

1) 수학에서, 복소수(複素數)는 i로 표시되는 허수를 더함으로써 실수(實數)를 확장한다. i는 제곱하면 -1이 된다고 정의된다. 복소수는 $a+bi$의 형태를 가지며 a와 b는 각각 복소수의 실수 부분과 허수 부분을 나타내는 실수다.

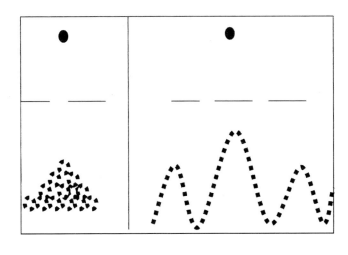

하나의 틈새로 만들어진 더미　　　양자 입자를 위한 이중 틈새

[그림 5-1] 이중 틈새 실험

통해 움직인다면([그림 5-1]의 오른쪽을 보아라), 당신은 입자가 상자의 바닥에 쌓여 두 개의 '모래' 더미를 볼 수 있을 것이라고 기대할 수도 있다. 하지만 아니다! 두 개의 더미 대신에 당신은 파동 모양의 패턴을 얻게 된다. 만일 입자가 하나의 틈새를 통해 움직인다면 그들은 입자처럼 행동하고 모래처럼 더미를 이룬다. 그러나 만일 두 개의 틈새를 통해 움직인다면 입자들은 파동인 것처럼 더미를 이룬다. 양자성은 그것들이 관찰되는 방법에 따라 입자와 파동 두 가지 모두로 나타난다.

심리학은 당신이 보는 것이 관찰자의 본성, 즉 당신이 대상을 보는 방법에 달려 있다는 것에 동의한다. 예를 들어, 만일 당신이 당신을 움직이는 무엇으로서 신(神)의 느낌에 집중한다면, 당신은 신을 중력과 같은 장으로서 경험할 수도 있다. 만일 당신이 어떠한 이미지를 기다린다면 당신은 신을 인간 세계의 부분 또는 인간 같은 형태로서 경험할 수도 있다. 만일 당신이 잠들었을 때 꿈에서 나타날 때처럼 융이 '무의식'이라 불렀던(그리고 나는 '프로세스마인드'라고 부르는) 것을 본다면, 그것은 아마도 강력한 장이거나 특정한 이미지인 것처럼 보일 수 있을 것이다. 그러나 만일 당신이 그것을 신체에서 본다면 그것은 신체 경향, 방향 또는 훨씬 더 현실적인 겉모습에서의 신체 증상으로도 나타난다. 종교에서 무의식 또는 프로세스마인드는 하늘의 신화적 형상으로 묘사될 수도 있다. 과학에서 이는 파동과 입자 이면의 신비처럼 보인다.

프로세스마인드도 비슷하다. 당신의 그것을 보았을 때 보이는 것은 당신이 그것을 볼 때의 당신 마음 상태에 달려 있다. 우리가 말할 수 있는, 즉 꿈, 신체 경험 또는 땅 지점으로 나타나는 프로세스마인드가 있지만 그것이 프로세스마인드의 전체 모습은 아니다. 그리고 말로 표현할 수 있는 이 모든 것이 발생하는 장과 같은 아우라도 있다. 어쨌든 프로세스마인드의 장과 같은 아우라는 말로 표현할 수 없는 도와 같다.

도(道)

고대 중국 사람에게 도는 하늘과 지구에 걸쳐 작용하는 일종의 '통합 장이론'이었다. 초기의 도교신자들은 도가 사건 또는 방향에서 자발적으로 발현했다는 것을 이해하였다. 그 다음에 무엇을 해야 하는지 알기 위해 그들의 지침은 '도를 따르라.'는 것이었다. 그리고 그들은 도를 결정하기 위해 특별한 기술을 개발했다.

'변화의 책' 또는 역경(易經)에 기록된, 세계에서 가장 오래된 예언 과정 중 하나를 사용하면, 초기 도교신자들은 막대기를 던지거나 동전을 던져서 동전의 어느 면이 나오는 것을 음(陰)과 양(陽)의 에너지라고 부르는 것과 동일시했다.[2] '말로 표현할 수 없는' 도는 동전이 떨어지는 방식으

---

2) 리차드 빌헬름(Richard Wilhelm) 번역 『역경 또는 변화의 책(*The I Ching or Book of Changes*)』 케리 F. 베인즈(Cary F. Baynes) 영어 번역(Princeton: Princeton University Press), 1990). p. 264 참조.

로 도 자체를 나타낸다고 생각되었다. 깜깜한 하늘이 번개에 앞서는 장
(場)인 것과 마찬가지로, 도는 이러한 자발적인 사건 이면의 일종의 장으
로서 이해될 수 있다(역경, 빅 U, 벡터 개념의 상세한 내용에 대해 나의 저서
『땅을 기반으로 한 지기 심리학(Earth-Based Psychology)』 부록 9, 10, 11 참
조).

  동전을 던져서 나타나는 방법에 따라 고대 중국인들은 세 개의 각각 음
과 양의 기운을 나타내는 실선(—)과 점선(--)으로 구성된 '괘(卦)'를 만
들었다. 이것을 가지고 그들은 한 괘에 다른 괘를 중첩시킨 두 괘로 구성
된 육효(六爻)를 만들었다. 예를 들어, [그림 5-2]에서 왼쪽의 그림은 역경
에서 '영양분의 공급' 또는 '입언저리'로 불리는 육효 27번을 나타낸다.

  도덕경 제42장에서, 도는 '태극(太極)' 또는 우주 장(場)으로서 요약되
었는데, "도는 태극이라는 초인간적인 존재로서 발현되었다." 태극은 우
주의 초기에 존재했던 거대한 우주(universal) 장(場)이며, 만물이 흘러나오
는 근원을 상징한다. [그림 5-2]의 오른쪽에서 당신은 만물이 출현하는 강
력한 근원이며, 위대한 결론인 태극을 나타내는 원형의 형태를 볼 수 있

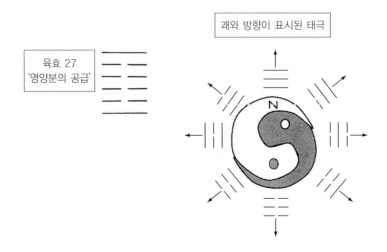

[그림 5-2] 역경에서의 괘, 육효와 방향

다. 태극 주위에 놓인 괘의 가능한 8개의 형태는 동, 서, 남, 북, 북동, 남동, 북서, 남서 등과 같은 8개의 방향과 대응한다.

어느 하나의 '도' 또는 육효는 두 괘의 합이기 때문에, 도 또는 '길'은 원칙적으로 두 방향의 합(또는 중첩)인 것이다(나는 이것에 관해 『땅을 기반으로 한 지기 심리학(*Earth-Based Psychology*)』 부록 8에서 상세히 설명한다). [그림 5-3]에서, 나는 육효 27번을 만드는 괘들과 연관된 두 방향벡터(북쪽과 북동쪽)를 함께 합쳐서 육효의 전체적인 벡터 방향을 보여 주었다. 굵은 선으로 표시된 그 벡터 방향은 당신이 역경에서 바로 그 육효의 아래에서 읽을 수 있는 도의 방향인 것이다.

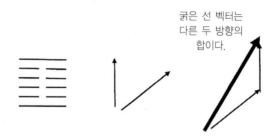

굵은 선 벡터는
다른 두 방향의
합이다.

[그림 5-3] 육효: 괘 방향들의 벡터 합

내가 왜 당신 독자들에게 이 모든 벡터를 보여 주고 있는가? 수천 년 전 도교신자들의 사고에서 의미된 벡터 합의 똑같은 생각은 오늘날 양자이론의 수학에서도 발견된다. 전체 패턴(또는 양자파동함수)이 분리된 상태들의 합인 것처럼, 도는 둘 이상의 상태들의 합이다. 나는 또한 양자물리학과 도교가 둘 다 더 일반적인 프로세스마인드 패턴, 우연한 사건과 무작위적 방향처럼 보이는 것을 통해 순간순간 우리를 움직이는 장과 같은 힘의 징후라고 제안하고 싶다.

도와 마찬가지로, 프로세스마인드도 방향 이면의 보이지 않는 장이다. 프로세스마인드의 개념은 양자 마음과 도교 신자 마음에 관한 최근의 개념인데, 이 도교 신자의 마음은 순간과 우주 모두와 연결되어 있고 따를 수 있는 도교 현자의 마음인 것이다.

물리학은 장이 근처에 있는 물체에 작용하는 잠재적 힘을 일컬으며 부분적으로 힘의 선(力線)의 개념으로 장을 설명한다. 고대 도교 신자들은 도를 '용선(龍線)'이라고 불리는 굽은 장의 곡선의 개념으로 도를 설명하였다. 그들은 도의 용선을 사용하여 농경지, 묘지, 거주지 등을 찾기 위해 땅에 기반한 방법인 풍수를 개발하였다. 풍수는 스스로를 환경과 정렬시키거나 조화를 창조하는 방법을 알아차리는 기술이다. 초자연치료사는 풍수가 최선의 가능한 장소에서 어디서, 언제, 어떻게 있어야 하는지를 알아차리는 기술이라고 할 것이다.

풍수 방법은 땅에 기반한 장으로서 도를 알고 도와 접촉하며, 그에 따라 우리 자신과 우리 공간의 조정의 중요성을 인식하는 우리 인간의 능력을 가리킨다. 메시지는 간단하다. 도, 힘 장의 느낌, 자연과 프로세스와 하나가 되는 것을 따르라. 일어나고 있는 것과 하나가 되도록 프로세스마인드를 따르라.

지구의 자기장

전하를 띠고 있는 물체나 자석은 자신 주위에 다른 물체에 대한 자신의 영향력을 나타내는 힘의 선을 가지고 있다. 지구 그 자체도 자신 주위에 장(場)을 가지고 있는 자석과도 같다. [그림 5-4]의 왼쪽 이미지는 장의 힘의 선을 보여 주는 지구 주위에 그려진 전자기장(電磁氣場)을 보여 주고 있다. 선들이 가깝게 그려진 곳은 힘 선들이 물체에 작용하는 힘이 더 강하다. 선들이 멀리 떨어진 곳은 지구장에 있는 물체에 발휘하는 힘이 약하다. 그러한 장 선들은 자석의 N극과 S극으로부터 나오는 선과 같은 것으로 생각할 수 있다(그림 오른쪽 이미지를 참조). 다른 말로 표현하면, 우리

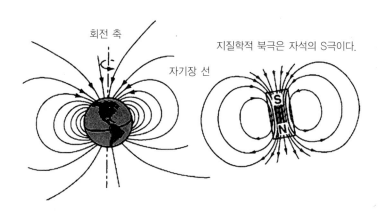

회전 축

자기장 선

지질학적 북극은 자석의 S극이다.

[그림 5-4] 지구의 전자기장. 지구의 전자기장은 막대자석의 장과 같다.

행성은 여러 가지 면에서 막대자석인 것이다. 지구의 중심에서 용융되어 흐르고 있는 뜨거운 금속이 지구의 자기장을 만든다. 지구의 장은 항상 진행 중이며 항상 위치를 움직이고 있고, 어느 날 양극이 뒤바뀔 수도 있다. 지구의 자북(磁北)은 미래에 자남(磁南) 쪽이 될 수도 있으며, 그렇다면 당신은 당신의 나침반에 대해 반대로 생각해야만 할 것이다.

역장은 과학자들이 물체 상호 간의 영향을 가시화하도록 해 주고 무형의 본질 같은 장에게 형태를 부여해 주는 수학적 개념이다. 우리가 자기학(磁氣學) 이론에 대해 알게 되기 오래전에 우리 조상들은 도, 태극, 중력, 전자기(電磁氣)와 같은 장이 우리를 움직인다는 것을 이해하였다. 우리가 지구의 장에 대해 생각할 때, 우리의 상상력은 우리가 말로 나타낼 수 없는 특성을 이해하도록 도와준다. 우리는 힘의 선, 용선, 무한대, 대칭, 공(空) 등을 본다. 우리는 장을 객관적으로 그리고 주관적으로 장을 느낀다.

실습 5: 당신 주위의 프로세스마인드 장

우리는 지금까지 장에 대해서 논의해 왔다. 이제, 당신의 프로세스마인드 장을 탐구해 보자. 당신 주위의 장은 어떠한가? 만일 당신이 당신의 프로세스마인드 장에 대한 느낌을 가지고 있다면, 당신은 다른 어떠한 사진이 보여 줄 수 있는 것보다 당신 자신의 더 완벽한 사진을 가지고 있는 것이다.

종이와 연필을 준비해서 당신 자신을 봉선화(棒線畵, 머리 부분은 원, 사지와 체구는 직선으로 나타낸 인체 그림)로 그려 보아라(이 그림을 이 책 끝부분의 부록 B 콜라주 페이지 #5에 그리는 것을 잊지 말아라). 1~2분간 당신의 호흡을 따르라. 그리고 실습 3에서와 같이 자신의 가장 깊은 부분을 찾기 위해 당신의 몸을 스캔하고, 그곳을 찾으면 그 부분 속으로 호흡하여라.

당신이 준비가 되었다면, 당신에게 의미가 있을 수 있는 어떠한 것을 찾아 당신 신체 주위의 부분을 느껴라. 당신이 하고 있는 동안, 동시에 당신의 봉선화를 보면서 당신의 손이 당신의 봉선화 주위의 일종의 선이나 부분으로 당신의 가장 깊은 자아의 '장' 을 빠르게 그리도록 하여라. 당신의 활기찬 마음이 간단하게 당신이 당신의 신체 주위에서 느끼는 것을 그리도록 하여라. 당신의 그림은 아마도 당신조차도 놀라게 할 것이다.

당신이 끝냈으면 그 장을 탐구하여라. 그것을 바라보아라. 당신은 신체일 뿐만 아니라 그 장이라는 생각을 하며 즐겨라. 그리고 당신이 그 장인 것처럼 가장하고 장의 움직임을 보여 주는 작은 움직임을 만들어라. 장이 되는 것과 당신의 보통의 자아가 되는 것 사이의 차이를 인식하여라. 당신의 장이 당신을 약간 움직이도록 하여라. 그것이 원하는 대로 윙윙 소리를 내게 하거나 움직이도록 하여라. 당신의 장의 본질은 무엇인가? 그것에 대해 명상하여라. 그것은 당신의 더 큰 자아에 대해 당신의 일상적 자아에게 무엇을 가르치는가?

예를 들어, [그림 5-5]에서 주위에 장을 가지고 있는 봉선화는 그림을 그린 여성에게 그녀가 자신의 삶에서 더 많이 회전해야 한다고 말하고 있었다. 그녀는 그녀의 봉선화처럼 직선이어서는 안 되며 유연해야 하고 약간 어지럽고 그녀가 '천국'이라고 부르는 것을 따라야만 하였다.

당신의 프로세스마인드 장을 포함하는 것으로 당신 자신을 아는 것은 당신이 실제로 보이는 것을 아는 것이다. 당신의 그림은 당신의 '실제' 그림의 하나다.

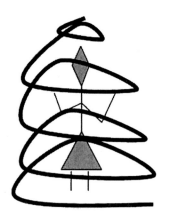

[그림 5-5] 프로세스마인드 에너지 그림: 주위에 장이 있는 봉선화

공감각(共感覺)과 아기 옹알이

이제 그 그림은 옆으로 제쳐 두자. 왜냐하면 나는 당신이 공감각(共感覺)이라는 또 다른 방법을 이용하여 장을 더 탐구하고 묘사하도록 격려하

기 바라기 때문이다. 먼저 공감각을 설명하도록 하자. 당신이 아침에 깨었을 때, 당신은 때때로 깨어 있는 것도 아니고 잠들어 있는 것도 아닌 것처럼 느낄 때가 있었을 것이다. 당신은 생각하기, 말하기, 느끼기, 움직이기, 보기, 듣기, 맛보기, 꿈꾸기 그리고 또 다른 감각들이 겹치는 상태에서의 공감각 모드에서 '반(半)은 여기에 반은 저기에 있는' 것이다. 프로세스마인드의 직접적인 경험은 또한 '반은 여기에 반은 저기에 있는' 변형 상태인 것이다.

공감각을 나타내는 말 'synaesthesia' 에서 'syn' 은 그리스어로 합(sum)이고 'aesthesia' 는 그리스어로 감각이다. 공감각은 말 그대로 '감각들의 합' 을 의미한다. 공감각은 감각들의 중첩이다. 느끼는 것과 보는 것은 보통 분리될 수 있지만, 공감각에서는 중첩되어 있다. 실제로 대부분의 신체 증상은 아마도 여러 가지 감각들의 중첩이나 조합으로 가장 잘 표현될 것이다. 예를 들어, 편두통에 대해 생각해 보자. 편두통을 겪을 때 많은 사람들이 망치가 때리는 것 같은 느낌을 받으며 동시에 편두통의 '아우라' 또는 장 그리고 편두통의 통증과 윙윙 소리를 보고 듣기도 한다.

몇몇 사람들은 어떤 형태, 문자, 숫자와 연관해서 색깔을 본다. 예를 들어, 공감각은 문자 S를 핑크색으로 볼 수도 있다. 이런 재능을 가진 사람들은 읽을 때 색깔을 보거나 소리를 듣는다. 몇몇 단어들은 또한 맛과 연관되어 있다. 나의 내담자 한 사람은 내가 영감(靈感)이라는 단어를 말하지 못하게 했는데 그것이 너무 짜기 때문이라고 했다.

모든 사람이 이러한 감각들의 중첩에 접근한다. [그림 5-6]을 보아라. 이 두 이미지는 게슈탈트 심리학자 볼프강 쾰러(Wolfgang Koehler)가 공감각을 설명하기 위해 사용하였던 것이다. 그는 당신이 이 두 형태 중 어느 것을 '키키' 라고 부르고 어느 것을 '부바' 라고 부를 것인지 물었다. 대부분 '키키' 는 왼쪽의 날카로운 이미지와 연관되었고 '부바' 는 오른쪽의 부드러운 이미지와 연관되었다.

우리는 형태를 소리와 신체 느낌을 가시화(可視化)와 연관시키는 감각

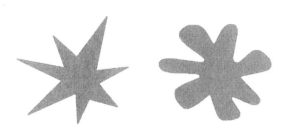

[그림 5-6] 공감각을 나타내는 두 이미지.
어느 것이 '키키'이고 어느 것이 '부바'인가?

에서 모두 공감각적이다. 예를 들어, 다음과 같은 표현을 생각해 보자. "당신의 셔츠가 너무 요란하다(your shirt is loud)." 또는 "그러한 상황은 냄새가 좋지 않다(That situation just does not smell right)." 공감각은 우리가 서로 의사소통하는 방법의 본질적 측면이다. 아기들은 부분적으로 이런 방식으로 의사소통을 하는데, 이것이 아마 어른들이 아이에게 말할 때 언어 이전의 소리, 움직임, 얼굴 표정을 만드는 경향이 있는 이유일 것이다.

이제 실습 5로 되돌아가 보자. 당신의 신체를 나타내는 봉선화 주위의 장 그림을 보아라. 이제 잠시 당신 스스로가 아기인 것처럼 하여라. 당신이 말을 하기 전의 시간으로 되돌아가서 잠시 아기와 같은 느낌에 대해 실험하여라. "구우, 구우, 키티" 등과 같은 아기 옹알이를 사용해 보아라. 인생에서 그러한 "구우, 구우" 시기를 기억하여라.

이제 당신의 사진을 보고 아기 소리와 아기 움직임에서 그것을 표현하려고 시도해 보아라. 아기가 하는 것처럼 당신의 장을 표현하여라. 그런 다음 당신이 준비가 되었을 때, 당신의 장이 당신에게 어떠한 의미이든지 그것을 춤추고 노래하여라. 최종적으로 그 장을 이름 짓고 말로 당신의 경험을 표현하여라. 용기를 갖고 아기의 소리와 움직임을 만들고, 이 움직임을 춤추며, 마지막으로 이 모든 것을 말로 표현하여라.

당신이 만든 당신의 그림, 소리 그리고 움직임은 당신의 어린 시절의 경험을 기억나게 하거나, 아이로서 당신의 행동 일부를 이해하도록 할 것이

다. 이러한 프로세스마인드 장 경험이 당신의 어린 시절 언젠가에서 나타
났는가? 이 장이 어떻게 당신의 신체에서, 당신의 관계에서 그리고 당신
의 인생 상황에서 나타나려고 했는가? 이러한 프로세스마인드 장 경험이
되고 특히 당신의 마음에 있는 것들에 대해 당신 자신에게 충고를 하여라.
마지막으로, 부록 B 콜라주 페이지 #5에 당신의 그림과 내용을 기록하는
것을 잊지 말아라.

　　나의 아내 에이미가 그녀의 프로세스마인드 장 그림을 그렸을 때([그림
5-7]), 그녀는 빠르게 자신의 그림 주위에 여러 물결 모양의 선들을 그렸
고 그녀의 아우라가 "솜털 같고 따뜻하며 마법 같다."라고 말했다. 그녀는
"나는 우구수 소리를 내는 귀여운 작은 마법사, 프로세스마인드다. 마법
을 사랑하는 것이 나의 운명이다."라고 말했다. 에이미는 말과 행동을 동
시에 했으며, 그녀 자신에게 말했다. "귀여운 것, 너는 날 수 있어! 만일
네가 스스로를 사랑하고 안으로 들어가면, 넌 무엇이든 할 수 있어." 그런
다음 에이미는 말했다. "와우, 그 말들은 나의 '길'과 같아. 내 안의 비평
가가 나타났을 때, 나는 그를 일상적인 방법으로 대할 필요가 없어. 단지
그에게 마법을 걸면 돼."

[그림 5-7] 에이미의 프로세스마인드

당신의 프로세스마인드는 특별한 힘과 메타스킬을 가지고 있다. 그것은 존재와 방향을 가지고 있다. 그것은 당신의 꿈과 당신이 추구하는 땅의 장소의 관념에서 당신의 공간, 당신의 도, 당신의 장 그리고 심지어는 기(氣)의 옹알이의 관념에서 자신을 알려고 추구한다. 당신이 어디를 가든지 당신의 프로세스마인드를 기억하여라. 그것은 장으로서, 방향으로서, 전체적인 힘으로서 나타나는 큰 그림이며, 길을 안내하는 '지도'다.

 ### 생각해야 할 것들

1. 양자파동함수, 자기장, 도, 태극 그리고 땅의 풍수 힘은 모두 프로세스마인드의 힘의 선(力線)의 측면과 은유다.

2. 당신의 프로세스마인드는 아마도 아기의 옹알이로 가장 잘 표현될 수 있을 것이다.

제2부
증상, 관계, 세계에서의
프로세스마인드

여러분 모두는 지금의 당신으로서 완벽하지만,
조금은 더 개선될 수 있습니다.

– 선스승 스즈키 순류(Shunryu Suzuki)

제6장
당신의 징후의 장(場)이
문제를 극복하는 방법

이 책의 제1부에서 나는 당신의 프로세스마인드의 특유한 특성을 논의하고, 이러한 특성을 알아내는 것을 돕는 다양한 내적-작업 실습을 제안하였다. 제2부에서 나는 당신에게 관계 문제나 개인, 신체 및 세계 문제들을 다루기 위하여 당신이 자신의 프로세스마인드 장 경험을 사용하는 방법을 제시하려고 한다. 특히 이 장에서는, 당신의 프로세스마인드의 '징후의 장(場)'이 (앞 장에서 본 것처럼) 단지 당신 주위의 힘의 선(力線)일 뿐만 아니라 당신이 땅의 특정한 장소와 연관되어 있는 느낌이라는 것을 보여 줄 것이다. 또한 당신의 분위기를 다루기 위해 이러한 연관성을 어떻게 사용할 수 있는지를 설명할 것이나.

과소평가

만일 프로세스마인드가 삶 이면(裏面)의 안내 지성이라면, 왜 우리는 프로세스마인드를 우리의 삶에 적용하기 위해 무슨 일이든 해야 할 필요가

있는 것인가? 그것은 이미 모든 것에 작용하고 있지 않는가? 그렇다. 프로
세스마인드는 우리가 우리의 밤낮의 삶 동안 만나는 과정과 사건들을 구
성하는 지성(知性)인 것처럼 보인다. 그러나 일상의 삶에서 프로세스마인
드는 또한 그 자체의 신비하거나 가상적인 부분을 과소평가한다. 왜 그럴
까? 양자물리학자는 그 이유를 수학에서 볼 수 있다고 할 것이다. 관찰은
여러 가지 가능한 상태들의 중첩을 하나의 상태로 붕괴시킨다. 이것이 우
리의 자연, 정말로 모든 자연이 작동하는 방법인 것이다. 우리가 우리 자
신을 관찰할 때, 대부분 우리는 오늘의 우리의 문제, 내일 일어날지도 모
르는 우리의 문제들을 우리의 신체와 동일시한다. 우리의 깊은 자아와 그
것의 다양한 상태들은 마치 그것들이 마치 '단지 꿈'인처럼 붕괴한다.

　이러한 과소평가 이면에는 어떤 목적이 있는 것인가? 나는 확실한 답을
알고 있지 않다. 그러나 나는 중첩이 붕괴할 때 우리는 관찰자와는 동일시
하지만, 우리의 '외부'에 있는 것처럼 보이는 관찰대상과는 동일시하지
않는다는 것을 지적할 수 있다. 이것은 내게 거대한 고래가 자신의 꼬리
부분을 구부려서 쳐다보고 있는 물리학자 존 휠러(John Wheeler)의 그림
을 생각나게 한다([그림 6-1] 참조). 현재의 순간에 지구에 서 있는 우리 인
간 관찰자들은 우주가 저 멀리 137억 광년(光年) 떨어져 있으며, 그것은
우리가 아니라고 느낀다! 그러나 더 심오한 프로세스마인드 인식으로 보
면 우리는 우리 자신의 다른 부분을 관찰하고 있는 고래(우주)의 일부분이
라는 것을 깨닫는다. 우리는 끊임없이 스스로를 깨닫는 우리의 가족, 친
구, 공동체, 국가, 지구이며 우주인 것이다. 우리가 이 책에서 앞으로 나
가면서, 나는 이러한 인식이 어떻게 많은 다른 수준들에서의 문제들을 해
결하기 위해 우리를 도와줄 수 있는지 보여 줄 것이다.

　어쨌든 프로세스마인드는 스스로를 구체화하기 위해 우리의 일상적인
마음, 우리의 수치스러운 '자아' 혹은 일차 과정을 필요로 한다. 꿈과 같
고 양자 본질에 대한 과소평가는 마치 그것이 우리가 아닌 것처럼 우리에
게 실재를 관찰하고 측정하고 창조하는 것을 허용한다. 그러나 그 다른 것

[그림 6-1] 자신을 보고 있는 우주.
물리학자 존 휠러의 그림에 영감을 받음

이 '내가 아닌 것'과 '나'인 것의 갈등에서 일어나는 감정은 결국에는
불편해진다. 더 나쁜 것은, 이러한 일상적 실재 CR 관점은 자신을 우울하
게 한다는 것이다. 우울증은 무엇인가가 일상적 마음을 압박하고 있다는
것을 의미한다. 때때로 우울증에서 벗어나는 것은 억누르고 있다는 것을
알게 되거나 통합하는 데 있다. 때때로 긴장을 풀고 벗어나거나, 포기하
거나, 지구를 느낀다는 의미에서 '아래로 내려가는' 것은 우울한 분위기
를 해소하는 데 매우 도움이 될 수 있다.

지구가 '아래에(Under)-서서(Stands)' 이해하는 방법

이해한다는 것은 말 그대로 '아래에 서 있다(under-standing).'는 것을
의미한다. 매우 확실하게 지구는 자신의 표면에서 일어나고 있는 모든 것
들의 공통적으로 '아래에 있다.' 따라서 지구 경험은 우리의 내부 과정과
외부 과정 모두에 대해 필수적이 된다. 개인적, 개인 사이의, 조직 사이의,

그리고 세계의 갈등에 대한 나의 작업으로부터 나는 이러한 땅의 '아래에 서 있다.'는 의미가 얼마나 중요한 것이 될 수 있는지 깨닫게 되었다. 사실 나는 내가 우리의 심리학에서 지구의 중대한 역할을 깨닫는 데 그 많은 세월이 걸렸다는 것에 놀랐다. 이러한 '아래에 서 있다.'는 프로세스마인드 경험은 우리가 오늘날 지구가 직면하고 있는 문제들을 대하기 위해 필요한 것이다. 역설적이지만, 지구는 지구 스스로를 도울 수 있다.

생각해 보아라. 이 지구는 대략 45억 년 전에 만들어졌다. 1997년 추정에 따르면, 인류는 대략 1,000~10,000세대 정도다.[1] 이것은 인류의 발생이 약 20만 년 정도라는 것을 의미한다. 인간은 이 지구에서는 최근에 나타난 것이다. 우리는 (지구에 비하면) 아기인 것이다! 안데스 토착 원주민에 의해 여신(女神) 파차마마(Pachamama, 종종 '어머니 지구' 또는 '어머니 우주'로 번역)로 숭배되었던 우리의 지구는 우주에 대한 우리의 연결이다. 그것은 말 그대로 우리의 공통 근거인 것이다. 우리는 종종 우리의 파차마마에 대한 공통 연결을 잊은 채 '내' 땅과 다른 사람의 땅 사이의 경계선을 놓고 서로 싸운다. 나는 우리 지구에 대해 말할 때 지구의 내부, 지각(地殼, 지구의 외피), 계곡, 숲, 사막, 빙하, 바다, 하늘, 도시, 길모퉁이, 카페 모두 실제의 존재와 꿈같은 존재로서 생각한다. 지구의 부분들은 측정 가능한 장소이자 동시에 토템 정령 표상과 존재로 상상될 수 있는 장인 것이다.

징후의 장(場)과 토템 정령

우리는 제5장에서 우리 각각이 특정한 존재나 장(場)을 가지고 있다는

---

1) F. 콜린스(Collins), M. 가이어(Guyer), A. 차크라바티(Chakravarti), '주제의 변환: 인류 DNA 시열 변환(Variations on a Theme: Human DNA Sequence Variation)', 『*Science*』 1997, 278권, 1580-81.

것을 알았다. 이러한 존재를 어떤 땅에 기반을 둔 장과 연관시키는, 즉 내가 당신의 '징후의 장'이라고 부르는 것은 당신 본질의 특별한 특성인 일관된 힘을 창조한다. 인간으로서 우리 모두는 같은 '어머니 지구'를 공유하지만 우리 각자는 '어머니 지구'의 특정한 부분을 나타내고 있다. 당신이 어떤 것을 하는 방법은 당신의 '징후의 장'의 표현이며, 당신을 움직이는 능력이고, 당신이 '태어난' 땅의 장소다.

[그림 6-2]는 아인슈타인의 가능한 '징후의 장'을 시각적 감각으로 나타내고 있다. 나는 아인슈타인을 개인적으로는 알지 못하지만, 나는 그가 요트 항해를 좋아했다는 것을 알고 있다. 그것이 내가 아인슈타인이 휴식과 회복을 위해 자주 갔었던 뉴욕 북부 아드론댁(Adirondack) 산맥의 사라낙(Saranac) 호수에서 요트를 타고 있는 아인슈타인의 이 사진을 선택한 이유다. 그 호수 지역은 땅과 하늘에 대한 그의 관심을 반영하며, 요트 항해는 (돛배, 바람, 물과 지구 사이의) 움직임의 상대성에 대한 그의 느낌을 나타낸다. 아마도 그러한 장소는 아인슈타인에게 자신의 본질과 우주의

[그림 6-2] 아인슈타인의 징후의 장.
사라낙 호수에서 요트 항해를 하고 있는 아인슈타인

본질에 관해 깨닫는 것을 도왔을 것이다.

우리는 보리수나무 아래에서의 부처의 깨달음에 대한 이야기와 묘사로 부터 그 성스러운 무화과나무 아래의 땅이 얼마나 중요한 것인지 알고 있 다. 부처의 깨달음을 이 나무에 자주 연관시키는 것으로 판단할 때, 우리 는 이 나무 지역이 자신이 '부처의 본성' 혹은 '부처의 원칙[불성(佛性), Buddha-dhatu]'의 땅 기반 징후의 장이었다고 말할 수 있다. 이러한 본 성과 원칙은 "참으로 실제이지만, 깨달음을 통하여 부처가 되기 위해 모 든 자의식적 존재에 현존하는 마음의 가장 순수한 깊은 곳 내부의 감춰진 가능성 또는 요소라고 가르쳐진다."[2]

부처의 깨달음의 이야기 끝부분에서 부처는 자신이 땅이라고 주장하는 모든 세상 정욕의 화신인 거대한 악마 마라의 도전을 받았다. 그러나 부처 는 마라로부터 자유롭게 깨달음이 일어날 수 있고 일어나게 할 수 있다는 것을 보이며 땅을 만졌다.[3] [그림 6-3]에서 당신은 오른손 손가락으로 땅 을 만지고 있는 부처의 앉아 있는 그림을 볼 수 있다. 어떤 이야기에 따르 면, 부처가 땅을 건드렸을 때, 땅은 "그렇습니다. 땅은 마라가 아니라 부 처에게 속하고 있습니다."라는 의미로서 지진으로 응답했다고 한다.

또한 땅을 만짐으로써 부처는 땅이 바로 중점(中點)이라고 말하고 있는 것이 가능한 것처럼 보인다. 부처의 참된 본성과 불성은 징후의 장이며 그 자신과 보리수나무 아래 땅으로부터 발산되는 힘이다.

불교 신자는 이러한 불성의 영원한 의식(意識)인 열반(nirvana)의 관점 에서 깨달음을 이야기한다. 열반의 상태에서는 병이 없다. 오히려 그곳 열 반의 상태에는 마음의 평정과 삶과 죽음 사이 순환의 끝이 있다. 일본의 선불교에서 사람의 참된 본성, 그 자체로서의 본성의 이러한 측면은 견성 (見性, 사람의 본성을 본다는 의미)이라고 불린다. 사토리[satori, 오도(悟道)]

2) http://en.wikipedia.org/wiki/Buddha_nature
3) 땅을 만지는 부처의 손에 대해 상기시켜 준 오리건 포틀랜드의 주디 챔버스(Judy Chambers)에게 감사한다.

는 깨달음의 영구적인 형태다.

나에게 프로세스마인드를 알고 동일시하는 것은 견성, 열반 또는 사토리의 형태다. 모든 사람은 프로세스마인드 혹은 부처의 마음을 찾다가도, 그것을 잃어버리기도 하는 순간들을 갖는다. 대부분의 사람들은 자신들의 부처 마음을 발견할 때 기분이 아주 좋으며, 부처 마음을 잃을 때 그들의 일상의 마라 같은 마음은 사람들이 어떤 면에서는 실패했다고 말한다. 그러나 마라는 단지 깨달음 과정의 한 부분인 것이다. 마라는 우리를 '아래'로 가도록 하고, 땅에 더 가까이 하도록 하는데, 이를 프로세스작업 관점으로 보면 부처는 그러한 '아래로 내려감'에 의해 깨달음을 얻은 사람이다.

[그림 6-3] 땅을 만지고 있는 부처

'깜깜한 하늘'의 장(場)인 당신의 참된 본성의 알아차림을 성취하는 방법들은 문화에 따라 달라진다. 어떤 문화는 꿈작업을 강조하고, 다른 문화는 호흡을 따르며, 어떤 성스러운 것으로 명상하거나 기도하는 등의 방법도 있다. 땅을 기반으로 하는 사람들에게 부처 마음이란 사람들이 가장 편안하게 느끼는 땅의 위치와 대체로 비슷하다. 당신의 프로세스마인드나 땅을 기반으로 하는 '토템 정령'을 안다는 것은 일부 사람들에게 새로운 경험이지만, 그것은 또한 사물들 사이의 공간 및 사물을 둘러싸고 있는 공간과 연결된 의식(意識)의 오래된 형태다.

나는 제4장에서 당신 어머니가 임신 5개월이었을 때, 토템 정령이 땅의 어떤 지역에서 그녀의 신체 안으로 들어갔다는 호주 토착 원주민 신앙에 대해 말했다. 이러한 원주민의 생각은 인간에 대한 가장 오래된 신화(神話)적인 이해 중의 하나이며, 당신이 누구이고 어떻게 여기까지 왔는지에 대한 하나의 설명이다. 그것은 당신이 가장 사랑하는 땅을 기억할 때마다 당신은 '집'에 있다는 것을 의미한다. 우리는 이 땅의 관리자이며 헌신자다. 우리는 이러한 땅 영역과의 동일시를 세계 어느 곳이나 원주민 전통들에서 발견한다. 미주(美洲) 원주민과 유럽 원주민들은 모두 자신의 후손들을 땅의 장소를 따서 이름을 지었다. 깃털, 검은 엘크, 태양 곰, 숲 지대, 숲, 빙산, 암식 등이 모두 땅위의 물체 또는 물질과 연결된 이름이다.

실습 6A: 당신의 징후의 장

이 실습의 목표는 당신의 징후의 장, 당신의 땅 지점에 집중된 명상적인 마음 수행을 개발하기 위한 것이다. 이 장의 두 번째 실습에서 우리는 당신이 나쁜 기분을 잘 다스릴 수 있도록 돕는 데 당신의 징후의 장을 사용할 것이다. 이 실습을 하려면 기록과 스케치를 하기 위해 종이와 펜이 필요하다. 부록 B 콜라주 페이지 #6A와 #6B에 두 실습을 기록하는 것을 잊지 말아라.

　준비작업으로 잠시, 어느 순간 땅이 당신에게 의미가 있는 무엇이든, 당신 아래의 주위의 땅을 느껴 보아라. 그 순간에 자연적으로 느껴지는 어떠한 방법으로 그것과 연관시켜라. 이제 당신이 삶에서 회상할 수 있는 가장 초기의 기억이나 꿈을 종이에 기록하여라. 단 하나만 선택하여라. 그리고 그 기록을 옆에 놓아라. 일어나 자리를 조금 이동하고 그 순간에 당신에게 의미가 있는 무엇이든 당신 자신의 가장 깊은 부분을 느껴 보아라. 비록 당신이 앞에서의 실습에서 이것을 했더라도 실습의 이 부분을 마치 전에 전혀 해 본 적이 없었던 것처럼 '초보자의 마음'으로 접근하여라. 반복적인 실습은 당신의 깊은 부분에 대한 당신의 연결을 좀 더 자동적으로, 따라서 접근 가능한 과정으로 만들 것이다.

　지금 당신의 신체에서 당신의 가장 깊은 부분은 어디인가? 이것은 직관적인 것이다. 당신의 신체가 그 부분이 어디인지 말할 수 있도록 믿어 보아라. 그 부분으로 호흡해 들어가고 그 성질과 에너지를 느껴 보아라. 그 부분에서 들려오는 소리를 주목하여라. 아마도 지금 하나의 멜로디 혹은 노래가 들려올 것이다. 당신이 느끼고, 움직이며, 소리를 만듦에 따라 당신의 모든 감각과 공감각(共感覺)—즉, 당신의 중복적인 감각—을 사용해 보아라. 예를 들어, 당신은 바다나 바람 등과 같이 호흡하고 소리를 만드는 자신을 느낄 수 있을 것이다.

　당신이 준비가 되면, 당신 자신에게 실제건 상상이건 땅의 어느 지점에 당신이 이러한 경험, 소리, 비전을 연관시키는지 물어보아라. 만일 여러 장소가 떠오르면 그중 하나를 선택하여라. 당신이 준비가 되면 당신의 상상 속으로 들어가라. 당신 자신이 그곳에 있다는 것을 느끼고, 이 장소에 연결된 땅의 존재나 혹은 힘을 느껴 보아라. 이 장소의 장(場) 영역, 그 존재와 힘을 느껴 보아라. 당신은 어떻게 그것을 묘사할 것인가? 이제 이러한 땅을 기반으로 한 장 영역과 힘이 당신을 움직이거나 '춤추게' 하여라.

움직이거나 춤추는 동안, 이 장이 당신의 최근 기억이나 꿈에서 당신에게 무엇인가를 생각나게 하는지 당신 자신에게 물어보기 바란다. 당신이 준비가 되었다면, 장에서 일어나 경험을 콜라주 페이지 #6A에 빠르게 스케치하여라. 그리고 그것의 이름을 붙여라. 땅의 일부나 이것의 힘은 바로 당신의 프로세스마인드의 에너지나, 당신의 징후의 장의 주요 측면이다.

이제 그러한 땅 지점의 장 영역이 되어라. 그것의 존재와 힘을 느끼고, 그러고 나서 긴장을 풀고 알아차림을 열고, 형태변형하고—당신의 인간 형태를 잠시 벗어놓고—그리고 자신이 장이 되는 것을 상상하는 것을 허용하여라. 장이 당신을 움직이도록 기다려라. 당신의 비전, 느낌, 기분이나 충동과 생각들을 주목하여라.

만일 어느 순간 당신의 마음이 산만(散漫)해지면, 단지 당신의 징후의 장 에너지와 스케치로 되돌아가서 당신의 다른 부분이 그러한 산만함을 따르는 동안 그러한 프로세스마인드 장 영역이 명상을 계속하게 하여라. 당신이 당신의 징후의 장에 대해 배웠던 것에 대하여 콜라주 페이지 #6A에 기록하여라.

나쁜 기분

당신의 의식 속에 있는 프로세스마인드와 함께, 어쩌면 당신은 일상적 사건들로부터 더 분리되어 있고 '당신의 신체 안에' 더 있는 것처럼 느낄 것이다. 이제 땅에서의 한 방향으로 당신의 최악의 나쁜 기분을 연관시킴으로써, 그러한 프로세스마인드 징후의 장을 더 탐구하여 나쁜 기분들과 작업해 보자. 이전에 먼저 벡터에 대하여 설명을 하겠다.

내가 한 호주 토착 원주민 원로에게 벡터작업을 보여 줬을 때, 그녀는 "오! 아주 좋습니다. 우리는 오랫동안 이 일을 해 왔습니다."라고 말했다. 땅을 기반으로 방향을 따르는 관습은 오래되었다. 비록 그 개념이 당신에게는 새로운 것이라고 해도, 당신의 신체는 징후의 장과 벡터에 대해 당연히 알고 있다. 당신의 신체가 어느 방향으로 가야 하는지 안내하는 것을 믿어라. 당신 자신 스스로의 직관력이나 꿈꾸는 신체는 당신이 그 방향으로 가고 있는 이유를 설명할 것이다.

어떤 사람들은 실제의 북쪽, 남쪽, 동쪽 또는 서쪽을 향하여 움직이며 그 방향에서의 어떠한 특정 장소에서의 특별한 경험을 연관시킨다. 다른 사람들은 그들이 움직이고 있는 방향이 비록 나침판은 그렇게 나타내지 않지만 서쪽이나 북쪽 등이라고 느낀다. 그것은 그럴 수 있다. 당신이 가고 있는 장소에 대한 당신의 주관적인 경험이 중요한 것이다. 당신은 또한 단순히 방에서 어느 한 곳으로 또는 나무나 그림을 향하는 것처럼 단지 맞다고 느껴지는 그 어느 곳으로 가고 있는 당신 자신을 발견할 수도 있다. 그것이 당신을 아주 작은 방으로 이끌든 또는 광대한 전망이 있는 장소로 이끌든, 큰 곡선을 그리며 움직이는 어릴 적 추억의 한 작은 방이나 한 장소로 이끌게 되고, 당신에게 최대한 적합한 방향으로 당신을 안내하는 당신의 신체에서 당신의 가장 심오한 부분을 신뢰하여라.

실습 6B: 기분과 벡터 걷기

다음의 두 번째 실습을 위해서 당신은 두 개의 작은 종이 조각이 필요하다. 종이 하나에는 플러스 기호(＋)를, 다른 하나에는 별 기호(＊)를 표시하여라.

우리는 내가 '벡터 걷기'라고 부르는 이 실습을 거의 모든 경험에 대해 사용할 수 있다. 그러나 나는 여기에서는 나쁜 기분에 집중하기를 원하는데 그러한 나쁜 기분이 대처하기 어려운 경험이기 때문이다. 최근 당신을 괴롭히고 있거나 당신의 최악의 기분을 생각해 보아라. 지금 생각이 떠오르는 하나를 선택하여라. 그러한 기분을 설명하고 당신이 그런 기분에 빠져 있을 때 당신이 어떻게 행동하는지를 나타내는 몸짓을 만들어 보아라. 당신이 그 몸짓을 기록했을 때, 당신 자신에게 그 기분에 의해 당신의 어떤 부분이 가장 힘들었는지 물어보아라. 그것이 당신의 알아차림 속으로 떠오르게 하고 또한 이것에 대해 기록하여라.

다음 단계는 흥미롭다. 그 방향에 반대하는 당신의 기분과 부분에 대해 땅이 당신에게 주는 '방향'을 찾고, 그것을 '벡터 걷기' 프로세스에서 사용해 보자. 땅의 출발 위치를 더하기 기호로 표시한 종이로 표시하여라(당신이 서 있거나 걸을 수 없다면, 종이에 출발점을 표시하고 그 종이 위에서 전체 벡터 걷기 프로세스를 수행할 수 있다). 당신의 최악의 기분을 회상하고 느끼며 그것에 맞는 표정을 만들어 보아라. 그리고 당신을 당신이 직관적으로 느끼는 그러한 최악의 기분과 연관되어 있는 방향으로 돌리도록 땅에게 요청하여라(또는 이러한 방향을 나타내도록 종이 위에 선을 그리고 느껴 보아라). 그러한 기분의 방향으로 몇 걸음 걸어 보아라. 당신의 신체는 몇 걸음이 적절한지 알게 될 것이다.

그러한 '기분 벡터'의 끝 지점에서, 그러한 기분에 의해 가장 방해받았던 당신의 부분을 기억하고 당신의 신체에서 그 부분의 에너지를 느껴 보아라. 그것에 맞는 적절한 표정을 만들어라. 그리고 땅이 당신 자신의 그 부분과 연관된 방향으로 돌리도록 하고 그 방향으로 몇 걸음 걸어 보아라. 당신의 신체는 몇 걸음을 걸어야 하는지 알고 있을 것이다. 별 표시가 된 종이를 가지고 땅에 당신의 마침점을 표시하여라.

이제 이 두 '기분 벡터'를 함께 더해 보자. 분리된 벡터로서 그것들은 지그재그 경로를 형성한다. 그것들을 더하기 위해, 새 한 마리가 단순히 출발점(+)으로부터 도착점(*)까지 날아가는 것을 생각해 보아라. 그 새의 비행경로를 찾아보자. 출발점(+)으로 되돌아가서 천천히 도착점(*)으로 직접 이동해 보자. 당신이 이 벡터를 찾았다면, 천천히 (+)지점에서 (*)지점까지 자의식적으로 천천히 몇 번 혼자 걸어 보아라. 당신이 걸을 때 떠오르는 어떠한 아주 작은 감각, 느낌 또는 이미지를 잡아라. 걷는 동안, 당신은 그 새의 비행경로의 의미를 감지할 수도 있다. 이 경로를 '빅 U'라고 부르자.

이제 다시 이 U를 따라 걷고 그것의 존재와 그 분위기를 감지해 보아라. 만일 당신이 이 방향의 의미를 감지할 수 있다면, 그것을 글로 설명해 보아라. 이 '빅 U' 경로를 느끼고 그것에 따르는 어떤 동작이나 소리를 만들어 보아라.

당신이 준비가 되었을 때, 그러한 느낌과 동작 혹은 소리를 땅의 지점과 연관시켜 보아라. 이 지점은 당신이 실습 6A에서 확인했던 징후의 장과 같거나 다를 수 있다. 그 땅 지점에 서 있다고 상상해 보아라. 그곳에서 분위기와 장을 느끼고 당신 신체에 대한 그것들의 영향을 인식하여라. 그 장소가 소리를 만들고 당신을 춤추게 하도록 하여라. 당신이 준비가 되었을 때, 이 춤과 에너지가 생각나도록 콜라주 페이지 #6B에 간단한 스케치를 그려라. 몇 개의 단어로 그것의 이름을 붙여라. 이러한 분위기는 당신의 징후의 장의 한 측면이며 아마도 당신이 #6A에서 찾은 것과 유사할 것이다.

지금 당신이 싱후의 장의 한 측면에 있는 동안, 당신의 프로세스마인드가 당신의 최악의 기분을 경험하고 다루도록 하여라. 그러한 최악의 기분을 기억하여라. 당신의 프로세스마인드의 징후의 장은 그것을 어떻게 다루어야 하는지를 알 것이다. 이것은 매우 비(非)인지적 과정이 될 것이다. 당신의 통찰과 벡터 그리고 경험에 관해 콜라주 페이지 #6B에 기록하도록 하여라.

한 예로, 나의 최악의 기분은 몇 달 전 유행성 감기에 걸리고 난 후에 일어났다. 나는 지쳤었고, 그러한 탈진된 상태에 의해 가장 영향을 받은 나의 부분은 나의 활동적인 자아(自我), 나의 정상적인 활발한 에너지였다. 그러한 나쁜 기분 벡터는 곧장 북쪽을 향했고, 그 분위기에 의해 가장 영향을 받은 에너지 부분에 대한 벡터는 내가 성장했던 동부 해안인 동쪽을 향했으며, 그곳에서는 생존하기 위해서는 강인해야 했다. 그러나 나는 U 벡터를 따라 (+)에서 (*)로 걸었을 때 빅 U 경험의 존재를 느꼈고, 나는 징후의 장인 오리건 해안에서 나 자신을 발견했다. 때는 밤이었으며, 나는 나를 춤추게 하는 그 장소의 힘을 느낄 수 있었다. 나의 경험은 파도와 같은 것이었다. 이처럼 어떻게 나의 프로세스마인드 징후의 장과 빅 U 경험이 나의 탈진을 다루었는가?

오리건 해안처럼, 나는 그 바다가 어떻게 올라갔다가 내려가는지, 어떻게 바다가 에너지를 가지고 있다가 조용해지는지 느낄 수가 있었다. 그 프로세스마인드는 높지도 낮지도 않고, 활발하거나 탈진하지도 않는다. 바다는 단순히 자연적인 명상 리듬에서 높은 파도에서 낮은 파도로 흐르는 것이다. 바다는 조용했다가 갑자기 에너지를 가지고 튀어 오른다. 나는 나의 탈진과 나의 에너지 모두가 하나의 통합된 흐름의 일부분이라는 것을 깨달았다. 거기에 '나쁜' 기분은 없었다. 그것은 단순히 내가 접촉하지 않았던 더 큰 그림의 일부인 것이다. 나쁜 기분의 벡터와 에너지의 벡터를 더하는 것은 프로세스마인드의 징후의 장과 연관된 빅 U 방향을 형성한 것이다([그림 6-4] 참조).

아마도 당신은 당신의 최악의 기분이 실제로는 프로세스마인드 본성의 일부분이라는 것을 알아차렸을 것이다. 문제는 알아차림에 도달하기 위해 노력하는 프로세스마인드의 한 측면인 것이다. 문제로서 당신의 일상적인 자아가 경험하는 것은 당신을 '균형' 잡게 하기 위해 필요했던 것일 수도 있다. 프로세스마인드 경험은 당신의 측면들과 감각들의 다양성을 통해 부분적으로 그 자체를 나타내고 있다. 당신의 징후의 장, 당신의 땅

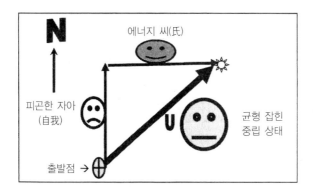

[그림 6-4] 아놀드 민델의 프로세스마인드 징후의 장에서의 역동. 나의 나쁜 기분(피곤한 자아)는 북쪽을 향하고, 나의 부분인 '에너지 씨'는 동쪽을 향하고 있다. U 벡터를 걷는다는 것은 프로세스마인드의 중립 상태를 초래했다.

지점은 당신이 경험하는 어떠한 것도 다루고 포용하고 이해하는(understand, 아래에–서서) 능력을 가지고 있다.

우리는 이제 당신의 깊은 자아에 도달하기 위한 두 가지의 서로 다른 방법을 알고 있다. 당신은 실습 6A에서와 같이 직접 뛰어들어 당신의 땅 지점의 징후의 장을 확인하기 위해 명상할 수 있다. 또 다른 방법으로, 실습 6B와 같이 당신은 당신의 최악의 기분으로 시작해서 그것을 최악의 기분에 영향을 받은 당신의 측면에 더하여, 당신의 깊은 자아에 도달할 수도 있다. 어느 방법을 사용하는지는 그 순간에 당신이 무엇을 느끼는가에 달려있다. 그것들은 모두 당신의 프로세스마인드에 동등하게 강력한 방법이다. 문제가 없다는 것은 좋은 것도 아니고 나쁜 것도 아니다. 문제를 알고 있다는 것은 견성의 경험이 될 수가 있다.

생각해야 할 것들

----

1. 당신은 당신이 당신의 프로세스마인드의 땅을 기반으로 한 징후의 장과 접촉하고 있을 때 '이해한다(under-stood, 아래에-서서).'는 것을 느낀다.

2. 땅을 가리키는 것은 부처의 깨달음 과정의 일부분이었다.

3. 프로세스마인드의 관점에서 당신의 최악의 기분이나 문제는 단지 그 자체의 하나의 측면이거나 부분이다.

제7장
관계에서 존재와
사토리[satori, 오도(悟道)]의 근거

에이미와 내가 관계라는 주제로 큰 세미나에서 발표를 시작할 때 오리건 해안은 폭풍의 날씨였다. 다음은 내 발표의 서론이다.

오늘 이 해안에는 강한 바람이 불고 있습니다. 나는 나무들 사이로 지나가는 바람의 포효를 들을 수 있습니다. 쏟아지는 비와 우리 머리 위의 지붕을 때리는 강한 바람 때문에 나는 내 자신이 말하는 것도 잘 들을 수 없습니다. 아마도 대자연이 말하기를 원하는 것 같습니다. 왜 자연은 오늘 이렇게 거칠까요? 아니면 왜 내가 아주 조용히 있으면서 자연이 이렇게 거친 것이라는 것을 관찰하고 있는 것입니까? 나는 내가 목소리를 높일 필요가 없도록 자연이 더 조용해지기를 바랍니다. 음… 관계… 나는 저들을 사랑하지만, 저들은 때때로 나를 미치게 만듭니다.

바람은 관계의 주제에 있어서 나를 더 놀라게 합니다(바깥의 바람이 잔잔해진다). 관계란 무엇인가요? 만약 그것이 연인과의 관계라면 우리는 그것을 사랑의 과정이라고 부릅니다. 사업상 만남에서는 그것은 사업 관계입니다. 적과의 관계라면 그것은 전쟁입니다. 그러나 당신이 관계를 뭐라고 하든, 내용과 주제가 어떻게 변하든 간에 사람들을 함께하게 만드는 것 같은 본질 또는 꿈같은 프로세스마인드 장은 항상 같은 상태를 유지하는 것처럼 보입니다.

일상적 실재 CR에서, 관계는 둘 또는 그 이상의 사람들에 관한 것입니다. 그것은 문제(issue)에 관한 것이며, 사실의 알아차림과 가시적인 신호에 관한 것이고 또한 그것은 당신이 만들지만 동일시하지 않는 꿈이며 꿈꾸기-신호에 관한 것입니다. 그러나 가장 깊은 본질 수준에서, 관계는 거의 비언어적인 경험이고 그 자체의 마음인 프로세스마인드를 지닌 장입니다.

앞 장에서, 나는 사람이 그들의 가장 깊은 자아가 땅과 연결되어 있는 것과 같이 사람들에게 그들의 깊은 자아와 접촉하는 연결할 수 있는 방법들을 보여 주며 주로 개인에게 집중해 왔다. 이 장에서는 관계와 관련해서 프로세스마인드 또는 장에 집중하겠다.

선스승의 프로세스마인드

각각의 관계가 어떻게 그것만의 특별한 장을 가지고 있는지 이해하기 위해 예를 들어 보자. 에이미는 선스승으로 린자이 선 교파의 주지인 케이도 후쿠시마에 대한 다음과 같은 이야기를 들려주었다. 그는 현재 일본 교토 토후쿠지 수도원에 있다. 이 이야기는 또한 그의 전기에서도 볼 수 있다.[1]

---

1) 이시와 C. 해리스(Ishwar C. Harris) 『토푸쿠지의 웃는 부치: 선스승 게이도 후쿠시마의 삶(The Laughing Buddha of Tofukuji: The Life of Zen Master Keido Fukushima)』, Bloomington, IN: World Wisdom, 2004.

그는 수련 과정 중 두 스승을 모셨는데, 한 분은 매우 엄격하고 다른 한 분은 매우 온화했다. 어느 날 그가 엄격한 스승 곁에 있을 때, 그는 온화한 선스승에 대해 말했었다. 그 엄격한 스승은 "너는 온화한 그를 좋아하느냐?"라고 물었고, 그는 "그분은 저를 평온하게 만드는 분입니다."라고 대답했다. 그리고 자신 앞의 엄격한 스승을 가리키면서, "당신은 나를 불안하게 만듭니다!"라고 덧붙였다. 그 순간 그와 그의 엄격한 선스승은 둘 다 바닥에 거의 쓰러질 정도로 웃었다. 그들의 관계에서 그들 공동의 선 마음, 부처의 본성은 그들의 다양성을 인식하고 심지어 그것에 대해 농담하는 것을 허용하였다.

이 이야기에는 두 가지의 메시지가 있다. 첫째, 선 마음은 단 한 종류만이 있는 것이 아니다. 어떠한 선 또는 프로세스마인드는 달콤하고 온화한 반면 다른 것들은 거칠고 엄격하다. 둘째, 당신의 프로세스마인드에 접근하는 것은 당신이 당신 가까이 있는 사람들에게 공개적이고 정직하도록 허용한다. 많은 사람들이 예의를 지키며 존경하는 스승에게 엄격하다고 말하지 않는다. 그러나 당신의 프로세스마인드와 함께, 당신은 그렇게 말할 수 있고 어떠한 행동도 할 수 있다. 왜냐하면 '무(無)'[즉, 장(場)]는 그것을 행동하는 것이기 때문이다. 이것이 내가 이 장에서 말하려는 요지다. 관계에서 즐기고 더 유동적이 되어라. 당신 자신의 프로세스마인드 그리고 관계의 프로세스마인드를 찾아라.

관계의 장에 초점 맞추기

관계의 장은 또한 관계 문제를 치유하는 열쇠가 된다. 『초자연치료사의 신체(The Shaman's Body)』에서 나는 아프리카의 치유자인 초자연치료사들이 어떻게 커플과 작업하는지 기술하였다. 한 커플이 관계 문제로 그들에게 왔을 때 초자연치료사는 상황을 '느끼면서', 그들이 무엇을 해야 할

지 깨달을 때까지 기다리고, 그러고 나서 집으로 돌려보낸다. 나중에 초
자연치료사가 그 커플을 부르면 관계는 항상 더 좋아져 있었다. 초자연치
료사는 관계의 프로세스마인드 장과 작업을 한 것이며, 따라서 비록 그것
들이 관계에서는 매우 핵심적이기는 해도 관계의 부분들이나 개인들에게
초점을 맞출 필요가 없었다. 단지 관계의 장에서 그리고 그것의 존재와 가
장 깊은 부분에서의 명상이면 충분했던 것이다.

나는 1960년대 말 함께 살고 있던 다섯 사람들의 관계 상황에 대한 상
담을 기억한다. 그들의 관계는 일종의 집단-혼숙-관계였다. 그때 나는
상담을 막 시작했던 때였고 내가 무엇을 하고 있었는지 잘 알지 못했다.
나는 그들의 상호 간 대화를 촉진시킬 수 없었다. 엉망이었다! 그들은 서
로에게 소리쳐서 나는 문제를 확인할 수 없었다. 결국, 그들 중 하나가 그
들의 '상황'에서 유일하게 좋은 것이 매우 크고 부드러운 침대소파(침대
와 소파 겸용 가구)였다고 말했다. 그러자 침묵이 흘렀고 그 순간 나는 그들
이 무엇을 말하고 있었는지 깨달았다. 그들이 진정 함께했던 유일한 것은
그들의 혼숙 경험이었던 것이다. 드디어 나는 처음으로 성공적인 중재를
할 수 있었다. 나의 작은 격려로 그들은 모두 그 침대소파의 본성에 대해
서 말하기 시작했다. 잠시 후 그들은 더 '유연해지고' 더 행복하게 되었
다. 우리는 상상할 수 있는 모든 세부사항에 관해 침대소파에 대해 이야기
를 나누었다.

그때 나는 모든 사람이 왜 갑자기 더 행복해졌는지 이해할 수 없었으나
그러나 이제는 알 수 있다. 그들의 침대소파는 그들 관계에서의 프로세스
마인드를 상징했다. 강인해야 한다는 것은 그들의 일상적이며 일차적인
집단 프로세스였으며, 침대소파는 그들에게 일시적으로나마 휴식을 주었
다. 만약 그들이 오늘 나와 상담했다면, 나는 그들이 서로에게 이야기할
때 침대소파(또는 그것의 땅에 기반한 연합)를 생각하고 느껴 보라고 제안했
을 것이다.

관계의 심오한 민주주의

민주주의는 모든 사람이 평등하고 동등한 권리를 가져야 한다고 말한다. 나는 『무예가로서의 지도자(*Leader as Martial Artist*)』에서 심오한 민주주의는 의식의 모든 수준이 동등한 가치를 가지며 또한 동등한 권리를 가져야만 한다고 정의함으로써 민주주의의 개념을 확장하였다. 나는 특별히 의식의 세 수준, 즉 일상적 실재 CR, 꿈 영역 그리고 본질적 수준에 대해서 말하고자 한다. 일상적 실재 CR에서, 관계는 관련된 둘 또는 그 이상의 사람, 그들의 말과 문제에 대한 것이다. 관계의 꿈 영역 측면에서— 사람들 사이의 자주 과소평가된 주관적 연결에서—당신은 그들의 신체 신호와 그들의 꿈을 발견한다. 관계의 본질적 수준에는 프로세스마인드 장이 있다. 그 장은 관계의 진정한 고향이며, 그것은 '부처의 본성', 즉 각 개인의 공통 근거다.

당신은 그 장을 어떻게 알아내는가? 당신은 함께하는 사람들을 듣고 느끼고 보면서 인식한다. 예를 들면, 만약 당신이 해변에서 달리기를 하는데 앉아서 바다를 바라보는 커플과 마주친다면, 그 순간은 그들이 함께하는 바다다. 이것을 안다는 것은 당신에게 그들을 알지도 못하지만 그들에게 말을 걸 수 있도록 한다. 만일 당신이 그들 관계의 공통 근거인 것처럼 바다에 관해 말함으로써 그들의 주의를 부드럽게 끈다면 또한 그들은 아마도 바나에 관해 이야기를 할 것이다. 사람들 사이의 장에 관해 이야기하여라. 그렇게 할 때, 그들은 침해당했다고 느끼지 않고 함께할 것이다.

관계의 프로세스마인드 장은 단지 공유하는 사건일 뿐만 아니라 관계 내부와 관계 주위에서 살고 있는 존재다. 보기에 따라서 관계는 그 자체를 보여 주는 비(非)국소적 장이다. 그것은 관계 상황을 다루는 미묘한 힘과 메타스킬(metaskill)을 가지고 있다. 이는 사람들 사이의 의사소통이 장과 신호로 이루어져 있기 때문이다.

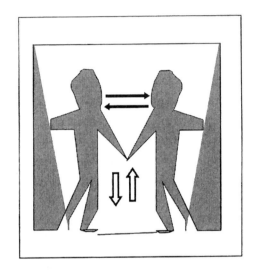

[그림 7-1] 인과적이며 얽혀진 관계 신호와 장

[그림 7-1]에서 수평의 화살표는 우리가 보내고 우리가 상대방으로부터 돌려받은 신호를 나타낸다. 당신은 비디오카메라를 사용하여 이러한 신호, 음성, 몸짓의 물리적 근원을 확인할 수 있다. 예를 들어, 어떤 사람은 "나는 이렇게 말했어요."라고 말하면 다른 사람은 "아닙니다. 당신은 다르게 말했어요."라고 응답할 수도 있다. 이 수순에서 ⏌ 교환은 한 사람이 다른 사람에 대한 반응을 준다는 점에서 국소적이고 신체-지향적이며 인과적이다. 그러나 사람들 사이에서 발생하는 것들의 대부분은 비디오카메라를 이용하여 볼 수 없는 것이고, 인과적도 아니다. 나는 이러한 꿈같은 의사소통을 그것의 양자이론과의 유사성 때문에 '얽힘' 이라고 부른다. 그들은 비국소적이며 어떠한 가시적인 국소적 신체 신호 없이 같은 순간에 여러 장소에서 나타나고 있다. 그림에서 이러한 비국소적인 얽힌 신호들은 두 사람 사이에서 위, 아래로 움직이는 수직의 화살표로 표시되었다.

원격작용: 관계에서의 얽힘

우리 인간(그리고 아마도 우주의 다른 모든 존재)들은 주어진 국소성—즉, 우리의 신체를 통한—그리고 비국소적으로 얽힘을 통하여 연결된다. 물리학에서, '얽힘'은 동일한 근원에서 발생하거나 동일한 양자 시스템의 부분들인 입자 또는 분자들이 어떠한 가시적인 신호 교환 없이 서로를 연결하는 방법을 말한다. 어떻게? 어느 누구도 이러한 질문에 대해 최종적인 해답을 가지고 있지 못하다. 과학자들은 단지 물리학으로부터의 문구를 이용해 '원격작용(action at a distance, 서로 떨어져 있는 두 물체가 중간 매질을 통하지 않고 순간적으로 힘을 주고받는 현상)'이라고 말한다(양자 얽힘에 대해서는 제15장에서 더 설명하고자 한다).

심리학자로서, 나는 사람을 심리학적 시스템—관계 또는 감정의 연결—과 양자 물체와 같이 행동하는 그러한 시스템에서의 부분들로 보기 위해 얽힘의 개념을 사용한다. 만약 우리가 다른 사람들과 연결되었고 느낀다면, 우리의 경험과 신호의 일부는 우리가 서로 얼마나 멀리 떨어져 있는가는 상관없이 연결되어 있다. 원칙적으로 양자 세계에서 양자 시스템의 부분들은 비록 그들이 서로 우주의 반대편 끝에 있다 하더라도 연결된 채로 남아 있는 것이다.[2]

사람들 사이의 비국소적 연결에 대해서 확실한 일화(逸話)적인 증거들이 많이 있다. 오늘날 많은 사람들은 누군가를 생각하고 있을 때 갑자기

---

2) 양자 얽힘은 둘 또는 그 이상의 물체의 양자 특성이 비록 각각의 물체가 시간과 공간에서 멀리 떨어져 있더라도 서로의 관계에 대해 설명되어야 할 때 발생한다. 하나의 상태는 항상 다른 것의 상태에 연결되어 있다. 예를 들어, 양자 역학은 입자의 회전이 그 회전을 측정하기 위한 어떠한 물리적 간섭이 있을 때까지는 불확실하다. 그 순간의 회전은 아래 방향일 것과 마찬가지로 똑같이 위 방향일 수 있다. 그러나 한 입자의 회전이 측정되면, 두 번째 입자의 회전도 알게 된다.

그 사람으로부터 전화나 이메일로 연락을 받은 경험을 가지고 있다. 그러나 여기에서 나는 주로 얽힘의 실용적인 측면에 집중할 것이다. 예를 들어, 몇몇의 신호들은 반작용이 있으며 인과적이다. 반면에 다른 신호들은 마치 두 사람 사이의 장으로부터 나타나는 표현인 것처럼 '얽힌' 것처럼 보인다. 하나의 가능한 결과는 누가 무엇을 먼저 또는 나중에 했는지에 관한 모호함이다. 각각의 파트너들은 "당신이 그렇게 했기 때문에 나도 이렇게 했다."라고 느낄지도 모른다. 그러나 막상 그렇게 구별하려고 할 때 그들은 누가 무엇을 먼저 했는지 구별하기가 불가능하다는 것을 알게 된다.

얽힘은 또한 물체와도 발생한다. 우리는 마치 물체가 우리로 하여금 그 물체를 관찰하게 만드는 것처럼 종종 "이런 저런 것이 내 주의를 끌었다."라고 말한다. 이전 저서에서 나는 이러한 경험을 '양자신호 교환'이라고 설명하였다. 우리가 당신과 관찰자와 관찰대상을 얽어매면서 당신의 주의를 자발적으로 끄는, 물체를 포함하는 '공유된 장'의 존재를 고려할 때 이 단어는 은유를 가능성으로 바꾼다. 비록 우리가 어떤 물체를 관찰했다고 생각하더라도, 아마도 그 물체는 정말로 우리의 주의를 '끌었을 것이고', 장 그 자체는 관찰자와 관찰대상의 개념에서 자체를 보여 주고 있는 것이다.

내가 설명하려는 의미를 이해하려면, 다음의 내면작업 실습을 해 보아라. 준비가 되었다면 눈을 감고 긴장을 풀어라. 그리고 당신의 눈이 저절로 다시 떠지도록 하고, 그때 눈을 반쯤 뜨고 당신이 지금 있는 공간 주위를 둘러보아라. 무엇인가가 당신의 주의를 끌도록 하여라. 만일 당신이 어느 것인지를 모르겠다면 당신의 무의식적 마음이 선택하도록 하여라. 그 물체를 바라보고, 그 자체가 된다는 것을 상상하여라. 당신은 바라보고 있는 물체가 어떻게든 당신의 한 부분이라는 것을 느낄 수 있는가? 당신은 당신의 주의를 끈 물체와 무엇을 공유하는가? 이렇게 공유한 물체는 당신 안에서 또한 당신 주위 전체에서, 적어도 당신과 당신의 주의를 끌었던 물체 사이에서 어떠한 의미인가? 이러한 공유한 특성은 마치 당신이 앞에서의 실습으로부터 알았던 것처럼 어떤 방법으로 당신 자신의 프로세스마인드의 측면이 되는가?

사람과 사물 사이에서든 또는 사람들 사이에서든 일상의 관점에서 관계는 사람에 의해 만들어진다. 그러나 본질적 수준의 관점에서 보면 관계는 둘 또는 그 이상의 사람들 또는 사람과 물체의 다양성을 통해 발생하는 특정한 국소성 없이 공유하는 "무엇인가?"에 대한 반응으로 나타난다. 관계를 바라보기 위한 이러한 방법은 실제적인 통찰을 줄 수 있다. 예를 들어, 친구, 커플, 가족 혹은 당신이 포함되어 있는 큰 집단을 스스로를 나타내려고 하거나 스스로를 알아차리려고 하는 장으로 보려고 하는 실험을 해 보자. 당신은 자신이 친구들이나 집단원들을 배신할 가능성이 별로 없다는 것을 발견할 것이다. 만약 당신이 집단의 지도자라면 이것은 결정적인 생각이다. '이것은 집단의 좋거나 나쁜 부분이다.'라고 생각하는 대신 알아차림에 도달하려고 노력하는 참가자들 사이의 장이라는 것을 생각하여라.

관계와 존재의 근거

사람들 사이의 관계에 대해 작업하기 위해서는 사람들이 함께 공유하는 것으로부터 시작하고 문제에 관해 이야기하는 동안 그것을 기억하여라. 그들로 하여금 관계의 특정 장에 관한 그들 각각의 경험을 이야기할 수 있는 시간을 제공하여라. 당신 자신의 관계를 예로 들고, 각각의 관계와 연관되어 있는 선호하는 공간에 대하여 이야기하도록 하여라. 당신 자신과 친구, 또는 파트너에게 "당신은 우리 관계 중에 어느 부분을 가장 좋아하는가?"라고 물어보아라. 모든 사람은 좋아하는 관계의 장소를 가지고 있다. 그 장소와 그것의 장을 알도록 하여라. 아마도 이것이 신비주의자들이 '존재의 근거(ground of being)'에 연결한다고 말할 때를 의미하는 것이다.

예를 들어, 독일-미국 기독교 신학자 폴 틸리히(Paul Tillich)는 그리스도가 "그녀이든지 그이든지 누구이든지 간에 더 이상 존재의 근거에서 소외된 사람은 아니다."라고 말했다. 그리스도에 대한 그의 시각은 이러한 최고의 원리로부터 더 이상 소외되지 않는 당신의 부분이라는 것이다. 이러한 의미에서 프로세스마인드는 당신 안에서 또는 관계에서 '근거'다. 13세기 페르시아의 시인, 이슬람교 율법가 그리고 신학자였던 루미(Rumi)는 관계의 프로세스마인드가 최선이라고 묘사했다.[3]

옳은 행동과 잘못된 행동의 개념 너머에, 장이 있다.

나는 그곳에서 당신을 만날 것이다.

그 잔디에 영혼이 머물 때,

세상은 너무 채워져서 언어, 개념에 관해 말할 수 없고,

심지어 '서로'라는 문구조차도 의미가 없다.

여기에서 프로세스마인드는 말 그대로 '영혼이 머무는' 곳인 '장'으로서 묘사되었다. 루미가 말한 것과 같이 여기에서 '서로'라는 용어는 아무런 의미가 없다.

- -

실습 7A: 우리 주위의 존재의 근거

초점을 맞출 관계를 선택한다. 이것은 현재, 과거 또는 잠재적인 미

---

3) 몰리 샐런스(Molly Salans)의 『위기의 어린이들에게 하는 이야기(*Storytelling with Children in Crisis*)』London: Jessica Kingsley, 2004, 223로부터 루미(Rumi)를 인용하였다. 이 인용은 인터넷 여러 곳에서도 볼 수 있다.

래 관계일 수 있다. 그 관계에서의 도전, 문제 또는 잠재적인 문제 중 하나를 찾아서 콜라주 페이지 #7A에 기록하여라. 당신이 그 사람과 함께 문제 상황에 빠진 경우 당신의 표정은 어떨 것 같은가? 그 표정을 나타내는 얼굴, 몸짓 그리고 설명을 만들어라. 그 문제에 대해 기록을 하고 #7A의 상단이나 모서리에 그 표정을 스케치하여라.

이제 관계의 존재 근거, 프로세스마인드를 찾아보자. 어느 공간 또는 공간의 어느 부분이 그 관계의 가장 특징적인 부분인가? 특징적인 부분이 될 수 있는가? 어느 하나의 공간 또는 부분이 떠오르게 하여라. 관계가 얼마나 형식적인지, 무심한지 또는 밀접한지에 따라 그곳은 사무실, 당신의 집, 단골 레스토랑 등의 장소가 될 것이다. 이제 그 공간을 느끼고 그 본성과 접촉하여라. 그것은 어떠한가? 벽들과 가구들은 어떤 것들인가? 그 냄새와 느낌은 어떠한가? 밖을 볼 수 있는가? 그렇다면 무엇을 보고 있는가? 그 공간의 분위기를 느끼고 준비가 되었으면 그것이 당신을 조금 움직이도록 해 보아라.

분위기가 당신을 움직일 때, 그 공간의 분위기와 가장 잘 대응하는 실제 또는 가상의 땅의 부분을 상상하거나 연상하여라. 그것은 그 공간이 있는 대지일 수도 있으며 또한 지구의 다른 부분일 수도 있다. 당신이 그 지점을 알게 되면 당신의 상상 속에서 그곳으로 가서 그 존재와 능력을 느껴 보아라. 그 존재와 힘이 당신을 움직이도록 하여라. 그것은 형태를 변형하여 이러한 땅의 부분, 그 장과 프로세스마인드가 되는 것이다. 이 장이 어떻게 그 관계의 특성이 되는가? 이것과 그 장의 빠른 에너지 스케치를 콜라주 페이지 #7A에 기록하고 나중을 위해 기억하여라.

당신이 그 장이 되어 있는 동안 당신에게 어떤 의미가 되든지 그 장이 당신을 움직이거나 춤추게 하도록 하여라. 이러한 프로세스마인드 경험을 당신의 내면 경험을 따르면서 관계에 대해 명상하기 위해 사용하여라. 어떤 느낌에서 맞거나 틀린 것을 넘어서 프로세스마인드의 장인 이러한 관계의 장이 '존재의 근거'가 될 수 있는 것일까? 당신이 준비가 된다면, 프로세스마인드로서 당신의 정상적인 자아, 그 관계의 문제의 가운데서 당신을 전형화하기 위해 당신이 만드는 표정과 동작을 되돌아보아라. 앞으로 당신은 관계의 '관리(housekeeping)'를 위해 필요할 때 당신은 이 존재의 근거로 돌아올 수 있다.

나는 이 경험을 에이미와 나의 관계에 적용해 보았다. 때때로 그녀는 자신이 내면 비판자라고 부르는 '악마'가 자신을 비판하기 때문에 불행한 상태에 빠지곤 했다. 잠시 후 나 또한 비참한 기분이 되었다. 왜냐하면 내가 그녀의 비판가의 관점에 동의하지 않고 비판가를 비판하였기 때문이다. 나는 그녀 내부 비판가와 논쟁을 했다. 당신이 상상할 수 있듯이 이것은 관계에 도움이 되지 않았다.

따라서 내가 어떻게 변했는가? 나는 우리 관계의 상징적인 공간이 오리건 해변에 있는 우리 집의 거실이라는 것을 알았다. 그 공간에서는 바다를 바라볼 수 있다. 집이 지어지기 전에 그 땅에는 해안을 관찰하는 레이더 관측소가 있었다. 따라서 바다를 관찰하는 에너지가 그 공간을 특징지었다. 그곳의 풍경과 공간과 땅은 나에게 무한대를 나타내는 기호를 그리는 것같이 느끼게 한다(그림 7-2) 참조). 내가 해안을 바라보는 언덕의 그 공간에 있으면서 문제 가운데의 나 자신을 돌아보면, 나의 프로세스마인드는 다음과 같이 제안한다. '그 순간에 얽매이기보다는 그 관계의 정신과 연관하여 파도의 철썩임, 오르고 내려가는 바다를 기억하고 함께 흘러가

[그림 7-2] 무한대

라. 함께 공유하는 근거의 기적을 느끼고 바다가 나머지를 해결하도록 하여라.'

당신이 혼자 작업할 때는 그 공간과 연관된 땅의 지점을 찾는 것이 도움이 될 것이다. 파트너와 함께 작업할 때면 각각에게 먼저 개별적으로 관계의 프로세스마인드를 찾도록 시간을 허용하여라. 당신 각각은 그 땅의 지점에 대한 각각의 관점을 갖게 될 것이다. 중요한 것은 당신이 다른 사람과 함께하는 동안 그것을 알아차리고 있는 것이다.

당신이 관계에 있는 동안 프로세스마인드를 기억하는 것은 '반은 안에, 반은 밖에' 있는 것을 요구한다. 즉, 당신 자신과 다른 사람의 일상적 실제와 연관하고 있는 동안 당신의 프로세스마인드와 연결을 유지하고 있는 것이다. 이것이 심오한 민주주의의 본질이다. 당신이 절반은 안에, 절반은 밖에 있을 때, 당신은 좀 더 조화적이며 혼란스러운 이중 신호를 더 적게 보낼 것이다.

- -

실습 7B: 관계에서 벡터작업

관계 벡터를 사용하여 관계의 프로세스마인드에 접근하는 또 다른 접근법이 있다. 이 접근 방법은 관계의 다양성에 대해 더 많은 것을 보여 준다[필요하다면 제6장의 '벡터 걷기' 내용을 다시 보아라]. 당신은 이 실습을 개별적으로 또는 파트너와 함께 할 수 있다.

잠시 동안 땅에 대한 당신의 일반적인 감각에 대해 명상하여라. 바닥에 당신의 벡터 산책의 출발점으로 (+)를 표시하여라. 당신 자신의 존재를 느끼고 땅을 느끼며 땅이 당신이 움직여야만 하는 방향을 보여 줄 때까지 땅이 당신을 움직이도록 하여라. 그 방향으로 몇 걸음을 걸어라. 당신의 신체는 얼마만큼 걸어야 하는지 알게 될 것이다.

이 새로운 지점에서 다른 사람을 상상하고 느끼며, 당신에게 그 사람의 방향을 보여 주도록 땅이 당신을 다시 움직이도록 하여라. 그 방향으로 몇 걸음을 걷고 바닥에 당신의 도착점을 (*)로 표시하여라([그림 7-3] 참조).

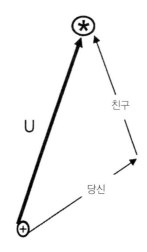

[그림 7-3] 당신, 친구와 벡터 U 경로

이제 출발점 (+)로 되돌아가서 거기에서 도착점(*)으로 직선으로 천천히 걸어보아라. 당신이 그 벡터 U 경로를 걸을 때 떠오르는 어떠한 작은 느낌, 환상, 감정을 알아차려라. 그 방향의 의미를 잡아라. 그 경로를 몇 번 더 걷고 이 U 방향의 의미를 발견하고 느껴라. 이 모든 과정은 본질적으로 비(非)인식적일 수 있다. 그냥 당신의 경험을 믿어라.

당신이 그것의 의미를 느끼기 위해 필요한 만큼 여러 번 '빅 U' 경로를 걸어라. 그것이 관계에 대해 당신에게 말하는 것을 알아차려라. 그 경로를 걷는 동안 어떠한 종류의 지점이 연관되었는지 느끼거나 상상하여라. 이것은 U 경로를 걷는 동안 향해 가고 있는 장소일 수도 있고, 아니면 다른 장소일 수도 있다.

지금 당신의 상상에서 그 땅의 부분으로 이동해서, 힘과 존재의 장

으로 그것을 느껴라. 그것이 당신을 움직이도록 하여라. 그것이 당신
의 손을 움직이고 콜라주 페이지의 #7B에 에너지 그림을 그리도록 하
여라. 이 장을 설명하는 몇 단어를 추가하여라. 이 장, 관계의 프로세
스마인드를 경험하도록 여유 있게 하여라. 이러한 관계 프로세스마인
드와 당신의 일상적인 자아 사이의 차이를 알아차려라. 이러한 관계
프로세스마인드의 상징적인 장이 당신을 움직이고 춤추게 하고 당신
자신의 신체 신호를 따르도록 그 프로세스마인드 장을 몇 분간 사용하
여라. 콜라주 페이지 #7B에 그림을 그리고 기록하여라.

내가 이 실습을 에이미와 함께 했을 때, 그 결과인 빅 U는 곧장 케냐로
이어졌다. U 경로와 케냐는 내 마음에서 오래전 나와 에이미가 함께 케냐
에서 가졌던 초자연치료 경험과 연관되어 있었다. 그러나 이러한 경험의
가장 특징적인 땅은 케냐가 아니고 내가 예상했었던 것처럼 다시 우리가
지금 살고 있는 장소인 오리건 해안가 언덕이었던 것이다. 왜 U 경로는
오리건 해안가의 장과 연관되었는가? 아마 우리가 이 놀라운 장소에서 우
리가 가졌던 초자연치료 경험 때문일 것이다. 어쨌든 무한대 기호는 실습
7A에서와 똑같이 나의 그림에서 나타났다.

당신이 혼자 또는 파트너와 함께 이 실습을 마치면, 당신의 지기(地氣)
프로세스마인드 경험을 기억하면서 함께 명상하여라. 그것들은 당신에게
해야 할 것과 해야 할 시기를 알려 줄 것이다. 나는 먼저 당신의 프로세스
마인드 경험을 공유할 것을 제안한다. 그리고 당신이 자신의 관계의 상징
적 장의 관계에 있는 동안 당신의 프로세스마인드가 따르고 함께 흐르도
록 하여라. 당신 자신의 신호와 다른 사람의 신호와 함께 흐름으로써 반은
안에, 반은 밖에 있으면서 당신의 프로세스마인드에 머물도록 하여라.

만일 당신이 산만해졌다면, 그 관계의 프로세스마인드의 상징적 장으
로 되돌아가서 그 산만함과 직면하거나 아니면 계속해서 신호, 이중 신호

등을 알아차려라. 당신 두 사람은 끝난 것을 알게 될 것이다. 마침내 당신들의 신체는 (사물에 관해) 논의를 해야 할 때라는 것을 알 것이다. 당신들이 다소 의식의 정상 상태에 관해 이야기를 시작할 때, 당신의 프로세스마인드 경험에 더 가까이 머물러라. 당신 둘 다 준비가 되었다면, 당신들이 경험한 것을 나타내는 그림을 콜라주 페이지 #7B에 함께 그려라. 그것을 설명하는 몇 마디를 추가하여라.

이 실습의 중요한 점은 많은 신호 알아차림을 요청하지 않는다는 점이다. 당신의 프로세스마인드는 신호들이 당신의 일상적인 의식에 도달하기 전에 그 신호들을 인식하고 촉진하기 때문이다. 당신의 프로세스마인드 관점에서, 혼란을 주는 신호와 이중 신호는 고정된 정체성 때문에 발생한다. 일상적 실재 CR에서 고정된 정체성을 갖는 것은 정상이나, 이 정체성은 당신의 관계 능력의 전체성을 포함하고 있지 않다. 선스승과 그의 엄격한 스승이 그렇게 크게 웃을 수 있었던 것을 기억하여라. 그 순간에 그들은 학생 또는 스승으로서의 자기-정체성을 찾지 않았다. 사실 그 순간 학생이었던 이 선스승은 그의 스승의 스승이 되었던 것이다. 프로세스마인드는 자유롭고 예측할 수 없는 것이다.

만일 당신이 누군가에 대해 깊은 관계 감정을 가졌으나 어떠한 이유로 당신이 선딜 수 없디면 어떻겠는가? 아마도 외적인 구속들은 관계의 실현을 제한할 것이다. 물론, 그런 의문에 정답은 없다. 하지만 프로세스마인드 관점에서 관계가 일상적 실제에서 어떻게 깨달아지든 상관없이 그것은 항상 존재한다. 이 점에서 당신은 심지어 당신이 매우 좋아하지 않는 사람이라도 다른 사람과 항상 관계를 하고 있다. 어떤 면에서, 당신은 관계작업을 할 수가 없다. 단지 당신은 관계를 맺는 것을 실행할 뿐이다. 즉, 관계의 장과 친밀해지고 관계의 장이 되는 것이다.

생각해야 할 것들
----

1. 관계는 둘 또는 그 이상의 각각의 개인들에 의해 표현되는 꿈같은 장 경험이며 일상적 실재 CR 경험이다.

2. 당신이 프로세스마인드에 가까이 있을 때 당신은 말이나 신호를 따라가야할 필요가 없다. 프로세스마인드는 신호나 말들이 거의 발생하기 전에 신호들을 따라간다.

제8장
팀워크, 적은 왜 필요한가?

내면작업이 관계작업에서 중심인 것처럼, 관계작업은 팀워크의 기본이다. 그러나 우리는 보통 팀 또는 큰 집단과 작업할 때 프로세스마인드를 잊어버리기도 한다. 그러한 작업은 우울할 수 있는 만큼 유쾌할 수도 있다. 많은 마음들과 신체들이 함께하면 개인보다 더 창의적일 수 있기 때문에 팀은 더 잘할 수 있다. 반면에 만약 팀에 갈등이 있거나 당신이 팀의 누군가를 싫어한다면 당신은 스스로에게 "아, 저 사람이 이 팀에서 없었으면 좋겠다. 도대체 이 팀은 누가 필요로 한 것일까? 차라리 나 혼자 하는 것이 낫지 않을까!"라고 말할 것이다.

프로세스마인드는 팀과 조직의 강력한 촉진자다. 작은 팀에서 그리고 약 천 명까지의 큰 집단에서 나는 프로세스마인드가 명백한 적들을 동료로 변화시키는 것을 보았다. 이 장에서, 나는 모든 사람들이 서로를 잘 알 수 있는 작은 집단인 두 명에서 스무 명으로 구성된 팀에 대한 프로세스마인드의 응용에 초점을 맞추려고 한다.

촉진자로서 프로세스마인드에 대한 설명은 [그림 8-1]을 보아라. 그림 아래에 프로세스마인드를 나타내는 얼굴이 있다. 이것은 말로 표현할 수 없는 느낌으로서의 프로세스마인드를, 드림랜드의 모습일 뿐만 아니라 실제의 촉진자이며, 일상적인 실재에서의 '사각형' 인물을 상징화하는 사각형 안의 둥근 얼굴이다. 그림 위의 왼쪽 짙은 상자에 있는 '당신', 즉 당신의 일상적인 정체성이 당신의 프로세스마인드와 접촉하고 있지 않은, 당신은 보통 당신 팀의 다른 일방적인 부분과 장에서의 일방적 부분으로만 말한다. 당신은 일상적 실재 CR에서 단지 '사각형'인 것이다. 상징으로서 사각형은 당신이 흐르거나 구르지 않는다는 것을 의미한다. 만약 당신이 팀에 관해 꿈꾸거나 상상한다면, 당신은 당신 자신의 드림랜드의 '투사'로서 또는 잠재적인 팀 '역할'로서 구성원을 알 수 있다. 사각형이 둥근 역할이 되고 흐를 수 있다는 것을 깨달음으로써, 당신은 팀 상황의 촉진자가 된다. 또한 만일 당신이 프로세스마인드에 연결할 수 있다면,

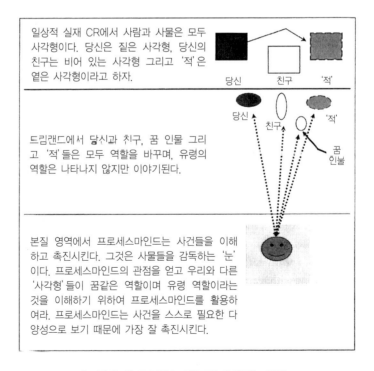

[그림 8-1] 프로세스마인드가 촉진하는 방법

모든 역할과 사람들은 전체적인 상황 및 당신의 가장 큰 자아의 순간적인 측면으로 보일 것이다. 그림에서 언급한 '유령 역할'은 팀 구성원들이 이야기하지만 직접적으로 나타나지 않는 (상관이나 환경과 같은) 사람이나 물체를 의미한다.

정원에서의 프로세스마인드

팀의 프로세스마인드를 좀 더 일상적인 방법으로 이해하기 위해 에이미와 그녀의 정원을 생각해 보자. 에이미의 정원은 집 창문에서 바라볼 수 있다. 우리가 창문에서 밖을 볼 때 에이미는 대부분 정원을 먼저 바라본다. 정원은 그녀가 자기를 바라봐 주기를 원하는 것 같다. 그녀는 자주 "아, 저 작은 당근을 봐요."라고 말한다. 최근에 그녀는 "저기 뛰어가는 다람쥐를 봐요. 저 작은 동물이 내 정원을 망치려고 해요!"라고 말한다. 정원의 다른 '적'들은 근처의 국립공원 숲에서 오는 사슴, 새, 노루, 검은 곰 등을 포함한다.

그 다람쥐는 정말 골칫거리여서 나와 에이미는 그 상황을 논의했었다. '적은 당신의 동료'라는 나의 처음 생각은 그녀에게나 나에게 절대적으로 옳지 않았다! 그러나 우리가 에이미의 정원에 대한 프로세스마인드에 대해 작업했을 때, 우리는 정원 영역이 단지 나무와 채소들뿐만 아니라 다람쥐를 포함한 정원 주위의 모든 것을 포함한다는 것을 깨달았다. 정원은 말 그대로 우리 아래에 있는 땅, 참된 존재의 근거인 것이다. 그것은 실제적이면서도 동시에 본질 같은 지력(地力, earth power)인 것이다.

정원 영역에서 꿈 역할은 정원사 에이미와 도둑으로 인지된 다람쥐, 나, 당근, 콩 등을 포함한다. 그리고 동시에 맛있는 당근과 다람쥐, 에이미 그리고 나는 모두 일상의 실제에서 '정원을 구성하는 팀'의 실제의 사각형 구성원이다. 그 본질적인 수준에서, 정원의 프로세스마인드는 [그림 8-2]

[그림 8-2] 다람쥐, 에이미와 정원 정령

에서와 같이 에이미와 다람쥐 아래에 놓은 일종의 토템 정령이다.

그녀가 정원 '팀' 상황에 대해 작업할 때, 그녀는 정원 정령 인물 또는 토템 정령을 정원을 구성하는 지성으로 경험했다. 그녀는 정원의 장이 자신과 다람쥐를 일종의 전쟁으로 끌어들였다고 말했다. 그녀와 내가 침입자로부터 정원을 지키려고 울타리를 치고 막으려 할수록 다람쥐는 더 많이 들어오는 길을 만들었다. 그리고 다람쥐가 더 길을 만들수록 우리는 더 열심히 막았다. 그러나 정원의 프로세스마인드나 토템 정령의 관점에서, 에이미와 다람쥐와 당근, 콩 등 모든 것이 정원의 장의 존재와 다양성의 표현들이었다. 에이미는 인간 정원사이고, 그녀와 나는 '소비자'였지만 다람쥐 역시 소비자였고 또한 경쟁자였다.

에이미와 다람쥐는 얽혀 있으며, 그들은 서로 '양자신호 교환'을 한 것이다. 왜 그런가? 우리는 그들이 공유하는 땅 때문이라고 짐작할 수 있다. 다람쥐는 나와는 별로 신호 교환을 하지 않는다. 고래가 더 많이 나의 주의를 끌며 나와 '신호 교환'을 한다. 에이미가 다람쥐를 먼저 볼 때 왜 나는 고래가 뿜어내는 신호 교환을 더 관찰하게 되는가? 그것은 나의 토템 정령이 나를 바다와 더 밀접하게 얽히게 하는 반면에 에이미의 본성은 정원에 더 얽혀 있기 때문이다.

어쨌든 에이미는 자신의 정원의 본질에 초점을 맞추었고, 정원의 프로세스마인드를 발견했으며, 프로세스마인드의 관점으로부터 채소, 다람쥐를 보았다. 그리고 에이미도 그러한 프로세스마인드의 한 부분이다. 그녀는 즉각적으로 프로세스마인드 영역이 다람쥐를 사랑한다는 것을 알게 되었다. 다람쥐는 먹이를 모으고, 먹고, 먹이를 자신의 집에 저장하고 지킨다. 또한 정원도 다람쥐와 같아서 역시 자체의 영역을 보호하기를 원했다. 이런 깨달음으로 에이미는 '그녀'의 채소를 보호하기 위해 정원 주위에 더 튼튼하고 강한 울타리를 설치했다. 기쁘게도 그 울타리는 다람쥐뿐만 아니라 사슴 노루와 다른 동물들도 막았다. 게다가 에이미는 더 이상 다람쥐를 향해 나쁜 감정을 갖지 않게 되었다. 오히려 그녀는 다람쥐를 스승으로 받아들였으며, 이전의 그녀의 적은 필요한 팀원이 되었다. 그녀는 쳇바퀴 도는 다람쥐의 유튜브 동영상까지 만들었다.

"당신은 다람쥐에게 무엇을 투사했는가?"라고 묻는 것과 프로세스마인드 작업 사이의 차이는 무엇인가? 앞 부분에서, 당신은 당신 자신으로 남아 있으며 다른 것을 당신 자신 안으로 '통합'한다. 프로세스마인드 작업에서, 당신과 다른 것은 모두 당신 자신이며 심오한 단일체의 표현이다. 팀은 『메리안 웹스터(Merriam-Webster)』 사전의 정의와 같이 '작업에서 함께 연관된 다수의 사람과 또는 동물'인 것만은 아니다. 그것은 단지 정의의 한 부분이다. 조금 더 완전한 관점에서 팀은 당신, 당신의 친구, 당신의 적, 팀의 프로세스마인드의 모든 정령과 유령을 포함하며 주어진 대지의 지점과 연결되어 있는 모든 것으로 여긴다.

작업에서의 프로세스마인드

프로세스마인드가 어떻게 적들로부터도 팀 구성원을 만드는지 또 다른 예를 들어 보자. 1990년대 후반 에이미와 나는 호주 어느 도시에서 투착민의 토지 권리에 대한 도시 포럼에서 작업하고 있었다. 많은 사람들이 이 문제에 대해 논의하기 위해 모였다. 그곳에는 토착 원주민들이 인종 차별적 정책으로 얼마나 고통을 받았는지에 관한 과거로부터의 많은 적개심과 고통스러운 현실 그리고 고통스러운 이야기 등이 있었다. 큰 회의실에서, 실제의 압박자와 피압박자들이 함께 있었다. 그러나 과거의 역사 때문에, 그곳에는 서로 다른 순간에 서로 다른 사람들에 의해 나타내어진 많은 역할들과 유령 역할들이 있었다.

끔찍한 갈등을 수반하는 한 큰 집단 프로세스가 거의 끝날 무렵, 한 토착 원주민이 앞으로 나왔다. 그는 그 당시의 스트레스와 긴장으로 인해 화가 나 있고 침울하고 신경질적이었던 나머지 다른 사람들과 비교해서 변형 상태에 있는 것처럼 보였다. 그 사람은 마치 명상을 하고 있는 것처럼 조용히 앞으로 걸어 나왔다. 그는 부드러운 목소리로 '어머니 대지 (Mother Earth)'의 존재를 느꼈으며 그리고 어머니 대지를 대신해서 말하겠다고 하였다. 그리고 그는 자신이 마치 어머니 대지, 프로세스마인드 그 자체처럼 말하기 시작했다. 그는 차분하고 조용하며 자랑스러운 목소리로 "내가 여기 있다. 내가 여기 있다. 그리고 당신도 또한 여기 있다. 우리는 모두 서로 다른 편에 있다. 그러나 나는 여기에 당신을 안고 있으며, 나는 현재와 과거에 여기에 있는 모든 것을 안을 것이다. 여기는 모든 사람들이 들어올 수 있는 공간이다."라고 말했다.

그의 목소리와 감정은 모든 사람에게 깊은 감동을 주었고, 어떤 사람은 울기까지 했다. 그는 계속해서 말했다. "나는 항상 여기에 있을 것이다. 비록 당신이 떠난 후에라도 나는 여기 있을 것이다." 그 순간 모든 사람은 안정을 찾았다. 그의 말과 존재는 모든 사람이 한 팀이 되도록 했으며, 우리 모두는 호주에서의 토지 권리 문제의 미래에 관한 작업을 시작했다. 그는 적들을 팀 구성원으로 바꾸었다. 그는 '반은 밖에, 다른 반은 안에' 있었던 것인데, 그는 그 공동체의 가장 깊은 수준뿐만 아니라 실제 사람들과도 연결하고 있었다. 그는 우리가 함께 작업할 수 있도록 분위기를 만들었고 그 분위기가 핵심이었다. 그것은 함께 작업한다는 것을 가능하게 만들었다.

팀워크의 심오한 민주주의

이 호주 이야기는 내게 우리가 작업해 왔던 미주 원주민 그룹의 토템 기둥(totem pole)을 생각나게 한다. 토템 기둥에 관한 많은 신화적 이미지들은 함께하는 작업으로 보인다. 예를 들어, [그림 8-3]의 하이다(Haida) 토템 기둥을 보아라. 그 토템 기둥은 부족 공동체의 중심이며, 인도자이며

[그림 8-3] 하이다(Haida) 토템 기둥.
토템 모습으로 표현된 공동체 역할들의 중첩

그 장소에서 땅의 '목소리'다. 어느 하나의 기둥에서라도 다양한 신화적, 드림랜드, 공동체 역할이 서로 중첩된 토템 모습으로 표현된다. 즉, 비록 떨어져 있어도 그들은 단일체인 것처럼 함께 작업한다.

팀의 구성원들은 항상 협력하는 것은 아니며 사실 더 자주 경쟁한다. 적(敵)은 팀 구성원이라고 생각하지 않는다! 그들은 프로세스마인드의 관점으로 보았을 때만 팀 구성원이 된다. 모든 사람이 이러한 관점이 필요하다. 당신이 소속된 모든 팀을 생각해 보아라. 팀 구성원으로 당신 주위에 살고 있는 사람들을 생각해 보아라. 주방 팀, 도시 팀, 매일 대면하는 팀, 가상의 팀, 인터넷을 통해 함께 일하는 사람들. 어쨌든 지구 전체가 하나의 팀이다. 이는 우리가 적어도 두 가지 공동 목표를 공유하기 때문인데 우리 모두 숨을 쉬어야 하고 우리 모두 살아남으려고 하기 때문이다. 게다가 우리 모두는 같은 지구에 살고 있다.

팀을 돕기 위해서는 먼저 그들에 대한 당신의 관점으로부터 시작하여라. 나는 팀을 공동 프로세스마인드를 공유하는 모든 역사, 꿈, 역할 및 유령과 연관하여 함께 또는 서로 대항하여 작업하는 사람, 동물, 환경으로 구성된 것으로 생각한다. 우리 행성의 경우 공동 근거는 지구다. 팀에서 드림랜드 역할과 유령의 역할을 확인하기 위해서는 뒷담화를 들어라. 사람들은 어떻게 자신의 직업과 본성에 따라 서로를 동일시하는가? 예를 들어, 직업에는 사장, 비서, 청소원 등이 있다. 그리고 뒷담화에 따르면, 그곳에는 낭용자, 혁명가, 중독자, 결코 일을 마치지 않는 게으른 사람, 바람을 피우는 사람, 소비자 등이 있다. 일단 당신이 사람, 부분, 역할을 알게 되면 프로세스마인드를 찾아라. 프로세스마인드는 팀 작업과 그룹작업을 돕는 가장 강력한 메타스킬을 가지고 있다.

팀의 프로세스마인드를 찾는 데는 여러 가지 방법이 있다. 당신은 집단의 임무나 목표를 설명하는 말이나 글에 근거한 프로세스마인드에 대해 추측할 수 있으나 이것은 충분하지 않다. 당신은 심사숙고해서 당신이 추정하는 것이 집단의 본질이라는 것을 얻어야 한다. 이를테면, 제너럴 모터스(GM) 회사는 "운송계에서 세계 최고의 리더가 되는 것"이 목표라고 말했다. 그러나 GM의 비전의 본질은 모든 수준, 즉 의사소통에서, 사고(思考)에서, 관계에서, 한 곳에서 다른 곳으로의 이동에서 사람들의 이동성이 되는 것을 돕는 것일 수도 있다. 임무 설명의 본질은 매우 단순해서 거의 명시되지 않는다. 개인이나 커플같이, 사업과 조직들은 처음에 그들을 함께 구성하게 했던 열정과 비전을 보통 잊어버린다. 그들이 동일시하는 특정 문제가 무엇이든, 비전의 본질로부터의 거리가 주요 어려움이다. 그 본질에 더 가까이 가고 그 집단이 프로세스마인드와 연결하는 것을 돕는 것이 자체의 문제를 해결하도록 해 준다.

최근에 에이미와 나는 나로파(Naropa) 대학에서 작업하였다. 좋은 학교였지만 다른 모든 조직과 마찬가지로 문제가 있었다. 우리는 그들에게 학교의 이름인 나로파라는 신비한 형상 이면의 영적 전통을 상기시킴으로써 그들을 지원했다. 나로파는 956년에 태어나 1041년에 죽은 인도의 신화적인 수도승이다. 그는 20세 후반에 스승 틸로파(Tilopa)를 찾는 데 일생을 보내기로 결심한다. 그는 스승을 찾기 위해 험난한 고행을 겪었는데, 강도를 당하고, 매를 맞고, 여러 차례 다쳤다. 마침내 그가 더 이상 견딜 수 없었을 때 그는 삶을 포기하려고 했다. 칼로 자살하기 바로 직전 틸로파가 파란 빛으로 그에게 나타났다. 상상의 스승은 말했다. "나는 너의 모든 문제에 있었다. 나는 너를 너의 정체성으로부터 분리를 가르치기 위해 일어난 그 모든 일의 뒤에 있었다." 갑자기 나로파는 깨달음에 이르고 큰 스승이 되었다.

요약하자면, 그 대학의 사람들에게 나로파와 틸로파를 상기시키는 것과 드러난 문제들이 분리에 대한 가르침일 수 있다는 것이 도움이 되었다. 그들은 당면했던 '문제'를 빠르게 해결하였다.

종종 집단의 프로세스마인드는 더 높고 더 지구적인 통찰력을 포함한다. 네덜란드 화가 밴 애드리언 피터스(Adriaen van de Venne)는 1614년 작품 '영혼을 위한 낚시(Fishing for Souls)'에서 이를 묘사하였다([그림 8-4]

[그림 8-4] 밴 애드리언 피터스의 '영혼을 위한 낚시(Fishing for Souls)'
(1614, Rijksmuseum, Amsterdam)

참조). 이 그림은 네덜란드의 종교적 집단 사이의 갈등에 대한 풍자적인 비유다. 그림의 왼쪽은 천주교도가 있고 오른쪽은 개신교도가 있다. 넓은 강의 고깃배들에는 이미 사람이 가득하지만, 여전히 벌거벗고 거의 익사 상태의 사람들이 끌어당겨지고 있다. 각 종교집단의 군중들이 강둑을 가득 메우고 있으며, 강 위로 배경에는 무지개가 있다.

　내 관점에서 보면, 강은 '잃어버린 영혼'에 대한 두 종교 간의 점진적인 갈등을 보여 준다. 그러나 놀라운 아치형의 무지개는 작품에서의 모든 부조화적인 부분들을 통합시킬 수 있는 것처럼 보인다. 무지개는 심리학적 '고차원' 또는 '더 높은' 수준인 또 다른 공간이며, 그것은 존재이며 징후의 장의 이미지로서 작용한다.

　[그림 8-5]는 고차원의 본질을 묘사한다. 왼쪽에서 당신은 일상적인 실재가 종이의 편평한 면과 같은 2차원적 평면인 평지로 표현된 것을 볼 수 있다. 그 평지는 2차원적인 평면 인간으로 채워져 있다고 상상하자! 그 평지에 그려진 선은 장벽이 된다. 서로에게 도달하기 위해 평면인간들은 세

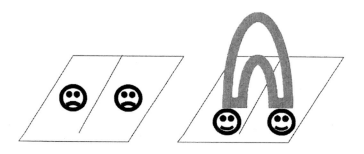

[그림 8-5] 고차원. 왼쪽 그림의 두 사람은 오른쪽 그림과 같이 세 번째 차원 프로세스 마인드 '고차원'을 첨가하기 전까지는 서로 만날 수 없다.

번째 차원을 필요로 한다. 일단 높이의 차원이 추가되면 그들은 오른쪽에서와 같이 장벽을 넘어갈 수 있다.

프로세스마인드의 본질적 수준과 드림랜드는 우리의 일상적인 실재에서의 우리의 양극을 연결시켜 주는 무지개와 같은 높이의 차원이다. 우리는 조직 주위의 프로세스마인드, 지구의 정령, 무지개를 찾기 원한다.

당신의 가족 토템

고려할 수 있는 것 중에 가장 어려운 조직의 하나인 당신의 가족 또는 돌봄 체계의 프로세스마인드를 찾는 것에 이어지는 팀 개발 연습에 대해 시작해 보자. 잠시 당신의 가족 체계에 대해 생각해 보아라. 여기서 우리가 관심을 갖는 것은 가족들의 분위기, 가족들이 한 좋은 일과 나쁜 일이 아니라 당신 가족 체계의 본질이다. 무엇이 그 체계를 움직였는가? 그것의 핵심적인 노력은 무엇인가?

비록 그 가족 집단이 이제는 깨어졌거나 모든 종류의 문제를 가지고 있다 해도 스스로에게 물어보아라. 어떠한 힘 또는 장이 그것의 본질을 상징하는가? 당신은 그 해답을 여러 가지 방법으로 찾을 수 있지만, 우선 당신은 당신 가족 구성원, 조부모와 고조부모가 어디에서 왔는지, 그들이 어떤 고난을 겪었는지, 무엇을 성공했는지, 무엇을 갈망했는지 등을 고려해 볼 수 있다. 그들의 깊은 배경 동기를 생각해 보아라. 그들이 도시 사람이었는가? 그들이 노예였는가? 그들이 자유를 찾아온 이민자였는가? 그들은 지금 어떤 나라의 어떤 지역과 연관이 되었는가?

당신은 땅의 어떤 지점을 당신 가족 체계의 본질과 연관시킬 수 있는가? 만약 찾을 수 있다면 기록해 놓고 어려운 문제에 관해 가족 구성원과 상대해야만 할 때를 위해 기억하여라. 당신이 가족 구성원과 함께 있을 때 그 이미지를 유지하고 당신의 반은 들어가고 반은 벗어나 있어라.

예를 들어, 내게 자유의 여신상은 나의 가족 체계를 나타낸다. 나의 가족은 자유를 찾아온 이민자들이다. 내가 어렸을 때 어머니는 나를 자유의 여신상으로 데리고 갔다. 그때 나는 바다 옆의 바람 불고 추웠던 그 장소에 대해 관심이 없었다. 그러나 나의 부모에게 자유, 해방 그리고 희망은 중요한 문제였다. 나는 이 여신상이 모두에게 자유의 상징이 아니지만, 내게는 그렇다는 것을 알고 있다. 어머니는 할머니가 자유의 여신상이 우리에게 자유를 주었다고 되풀이했다고 말했다. 내가 잠재적으로 스트레

[그림 8-6] 토템 땅 지점으로서의 자유의 여신상

스가 많은 가족 문제를 다룰 때 나는 그 여신상을 생각하고, 자유를 기억하는데, 그러면 일들이 잘 풀린다.

실습 8: 팀워크에서의 견성

이제 당신이 작업하고 있는 팀이나 조직을 살펴보자. 당신이 더 나은 방법으로 작업하기를 원하는 그러한 팀, 가족, 집단 조직 중에 하나를 선택하여라. 그 팀에 관한 경험에서 가장 힘든 사람이나 최악의 상황을 떠올려서 콜라주 페이지 #8에 기록하여라. 그리고 잠시 쉬면서 그 골치 아픈 상황을 당신의 마음에서 내려놓고, 대신에 팀의 가장 특징적인 분위기를 떠올려라. 당신의 창조적인 마음이 그것을 느끼고 상상하도록 하고 그러고 나서 재빨리 팀 주위의 이런 분위기를 나타내는 장을 스케치하여라. 그 장이 당신의 손을 움직이게 하고 또한 그것을 나타내는 약간의 움직임과 소리를 만들도록 하여라.

당신이 준비되었을 때 그 본질에 도달하기 위해 그 분위기 속으로 들어가 호흡하여라. 그 땅 자체가 이 팀의 분위기 또는 장을 나타낼 수도 있는 땅 지점을 나타낼 수 있도록 하여라. 그 장소가 마음에 들어오면 당신의 상상 속에서 그곳에 가 보아라. 땅의 존재와 그 지역의 정령을 알아차리고 느껴라. 당신에게 그 존재와 에너지가 제스처를 만들도록 하여라. 콜라주 페이지 #8에 빠르게 그 장소의 에너지 스케치를 그리고 이름을 붙여라.

당신이 준비되었을 때 잠시 인간으로서의 정체성을 떠나서 그 땅 자체가 되어라. 1~2분 동안 그 지점이 되어라. 당신이 그 집단의 프로세스마인드와 특징적인 장이 되는 것이 어떠한가? 단지 무엇이 떠오르는지 알아차려라. 그 땅의 정령이 되고 명상을 통해 그 알아차림을 그저 따라라. 그것이 당신을 움직이게 하고 몇 분 동안 당신을 통해 소리와 노래로 나오게 하여라.

　그 지점에 있는 동안 어려운 집단 상황들인 사람, 조직들에 관해 생각하여라. 당신의 프로세스마인드 안에 들어가 있는 것이 당신뿐만 아니라 모든 사람에게 도움이 될 수도 있는 무엇인가를 '알게' 해 줄 것이다. 그 땅의 충고는 무엇인가? 어떻게 이 프로세스마인드가 팀에서 가장 어려운 사람 또는 팀이 당면한 가장 어려운 상황을 처리하는지 상상하여라.

　이제 당신의 반은 상상 속에, 반은 밖에 있으면서 당신이 사건과 신호의 흐름을 따를 때 나타나는 과정들을 상상하여라. 어떻게 이 땅 지점이 팀의 상황을 도울 수 있는가? 이 충고를 실현하는 것을 상상하여라. 즉, 이 땅의 경험이 되는 것과 동시에 당신이 생각하고 있는 팀 시나리오 속으로 그것을 가지고 들어가는 것을 상상하여라. 당신이 보통 그 집단에 있는 것과 어떻게 같은가? 어떻게 다른가? 당신의 경험을 부록 B의 콜라주 페이지 #8에 기록하여라.

　포틀랜드 프로세스 워크 연구소에서 강사로 있는 나의 학생 하나는 다음과 같이 기록하였다.

　얼마나 놀라운 팀인가! 몇 년 전에 가장 흥미로운 문제가 연구소의 프로그램을 개혁하기를 희망하는 강사들과 발전하는 연구소의 기술적인 본질에 대해 예민한 사람들 사이에서 일시적인 갈등이 발생했을 때 일어났었다. 내가 '꿈꾸는 사람'과 '현실주의자'라고 부르는 그러한 두 역할은 서로 반발하였지만 결국에는 하나가 되었다. 나는 당신의 실습을 따랐고 특별히 좋은 분위기의 연구소를 느꼈다. 그것은 일종의 콧노래와 스타카토의 두드림과 같았다. 중간에 선형 부분이 있는 소용돌이치는 에너지가 나타났다([그림 8-7]의 윗부분 참조). 그것은 지적이며 조직적인 에너지였다. 그것은 일종의 마치

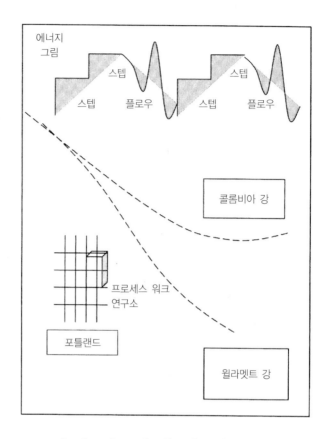

[그림 8-7] 프로세스 워크 연구소의 땅 지점

'스텝, 스텝, 플로우(step, step, flow)' 이미지를 만들었다.

나는 이 에너지 스케치를 이 연구소가 위치해 있는 포틀랜드 지역과 연관시켰다. 나는 일종의 사각형 도시 거리, 호이트(Hoyt) 가(街)의 연구소와 포틀랜드에서 함께 흐르는 두 콜롬비아 강과 윌라메트 강의 지도를 보았다. 내가 이 지역을 느낄 때 나는 내 자신이 꿈꾸는 자처럼 콧노래를 하고 현실주의자처럼 더 선형인 것을 발견했다! 나는 몸을 흔들며 춤을 추기 시작했고, 나는 그림처럼 선형이면서 동시에 유동적이었다. 그러한 땅을 기반으로 한 경험은 내게 팀의 프로세스마인드에 관한 느낌을 주었다. 그것은 단계를 만드는 것에 대해 타당했고 명확했으며, 그리고 나서 그것은 마치 강과 같이 흘러 갈 수 있었다. 그러한 반은 들어가 있고 반은 나와 있는 상태에서, 나는 그 강들이 저절로 하나가 된다는 것을 깨달았다. 그리고 바로 그것이 그때 일어 난 것이다! 나의 프로세스마인드를 촉진시키기 위한 노력에 대한 약간의 논 쟁 후 그 두 팀은 마술처럼 하나가 되었다.

나는 이 학생을 돕기 위해 어떠한 것도 해야 할 필요가 없었다. 그의 프 로세스마인드가 그에게 땅과 그 안의 모든 사람, 부분 그리고 강에 대한 인식을 보여 주기 위해 필요한 것을 했다. 그의 존재와 함께, 집단은 결국 모두를 만족시키는 변화를 만들었다. 최종 회의에서 그는 꿈꾸는 자들과 더 선형 사고(線型 思考)자들이 하나가 되어 함께 흐를 때까지 하나씩 하나 씩 차례로 지지해 나갔다.

당신과 당신의 일부 팀 구성원들이 준비가 되었을 때, 각 구성원은 그 집단의 임무의 분위기 또는 본질을 느껴야만 하고, 조직의 프로세스마인 드를 찾으며, 반은 안에 들어가 있고 반은 밖에 있는 동안 집단을 다음 단 계로 올려라. 명상을 하면서 당신 집단의 프로세스마인드가 되어라.

나는 전체 집단이 자체의 프로세스마인드에 대해 명상하고 그것을 대 면하는 상호작용 동안에 사용할 때, 격렬하고 생동적인 분위기 같은 것이 만들어지고 그 집단은 나누어지지 않는 것을 선호한다는 것을 종종 인식 해 왔다! 그것은 팀의 '존재 근거'가 일종의 집이기 때문에 좋은 징조다. 그리고 집은 팀워크에서의 건성 -깨딜음의 순간이다.

생각해야 할 것들

1. 일상적인 실재 CR의 관점에서, 적(敵)은 존재한다. 프로세스마인드 관점에서, 모든 사람은 같은 땅 지점의 필수적인 표현이다.

2. 땅 지역 사람들이 명백하게 화해하기 어려운 적들을 연결시키도록 하기 위해 갈등 시대 동안에 프로세스마인드를 사용하여라.

3. 더 지속 가능한 사회를 만들기 위해 프로세스마인드를 사용하여라.

제9장
세계 전쟁, 죽음 그리고 세계 임무

　자신의 적을 잠재적인 팀 동료로 보는 것은 세계 전체적으로 진보적인 개념이다. 2009년 현재 군사 분쟁을 보여 주는 최근 세계지도에서, 나는 우리 지구에서 주요 전쟁의 위치를 나타내는 표시를 거의 삼십 군데나 셀 수 있었다. 유엔에 따르면, '주요 전쟁'은 일 년간 전장에서 최소 천 명의 죽음이 있는 군사 분쟁이다.[1]

---

1) 2009년 현재 존재하는 분쟁은 다음과 같다. 알제리 폭동 1992~현재, 앙골라–카빈다 1975 ~현재, 버마 폭동 1950~현재, 중국 센카쿠 섬 1968~현재, 중국–남사군도 1988~현재, 콜롬비아 폭동 1970년대~현재, 콩고(자이레) 전쟁 1998~현재, 조지아 내전 1991~현재, 인도 아쌈 1985~현재, 인도–카슈미르 1970년대~현재, 인도 낙살라이트 봉기 1967~현재, 인도네시아 아체 1986~현재, 인도네시아 칼리만탄 1983~현재, 인도네시아 말루쿠 1999~현재, 인도네시아 파푸아/서 이란 1963~현재, 이스라엘–알–아크사 반이스라엘 저항운동 2000~현재, 이스라엘–레바논 2006~현재, 아이보리 코스트 내전 2002~현재, 한국전쟁 1953~현재, 라오스 몽 폭동 2000~현재, 몰도바 트란스드니에스터 1991~현재, 남비아 카프리비스트립 1966~현재, 네팔 모택동주의자 1996~현재, 나이지리아 민간인 소요사태 1997~현재, 파키스탄–발루치스탄 2004~현재, 팔레스타인 내전 2007~현재, 페루 빛나는 행진(Shining Path) 1970년대~현재, 필리핀 모로 봉기 1970~현재, 러시아–체첸 봉기 1992~현재, 소말리아 내전 1991~현재, 스페인–바스크 봉기 1970년대~현재, 스리랑카 타밀 분리주의자 1983~현재, 수단–다르푸르 1983~현

그러한 위치들은 지구 중간을 지나가는 전쟁 지역 띠를 형성한다. 그러나 내 생각에 전쟁은 이러한 장소에 국한되어 있지 않다. 많은 경우에 한 장소의 전쟁은 모든 곳에서의 분쟁을 의미한다. 우리 모두는 전쟁에 참여하고 있는 것이다. 전쟁 지역에 있지 않지만 매일 뉴스에서 전쟁의 사진들을 보는 당신 자신이나 다른 사람들을 생각해 보아라. 일부는 전쟁을 지원하지만 반면에 다른 사람은 전쟁을 만드는 사람과 싸우고 있다. 이렇게 하여 비록 작은 전쟁이라도 어느 한쪽이나 양쪽 모두 미쳤다고 생각하며 신문이나 인터넷 내용을 읽는 그 모든 관찰자를 포함하는 전 세계적인 사건이다. 일부는 '그 사람들은 어리석다. 왜 그들은 그냥 지낼 수 없는가?' 라고 생각하고, 다른 사람들은 전쟁이 우리의 진화 역사 때문이라고 생각한다. 일부는 사람들이 본질적으로 폭력적이라고 생각한다. 많은 사람들은 우리가 너무 야망적이고 많은 '자아' 를 가지고 있다고 말한다. 많은 사람들이 우리는 '타인을 경청하기' 나 '다른 뺨을 내밀어라.' 같은 것을 해야만 한다고 제안한다. 전쟁이 그렇게 지속적이고 만연되어 있기 때문에 전쟁이 어떤 큰 목적을 가지고 있는지를 묻는 것이 중요하다. 아마도 전쟁에 대한 모든 다른 이유에 더하여 우리 안에 무엇인가가 전쟁과 죽음을 '열망' 하며 갈망하기조차 한다. 왜? 전쟁은 그것을 양극화함으로써 주어진 상황의 다양성을 정의할 뿐만 아니라 또한 전쟁은 죽음과 일상의 마음 및 역할로부터 분리의 가능성을 암시한다.

우리 대부분은 우리의 정체성에 연결되어 있다. 우리는 현재의 나이, 성별, 성적 취향, 국적, 인종, 종교, 계급 등의 정체성을 가지고 있다. 우리가 밤에 잠을 자려고 할 때, 우리는 이러한 정체성의 통제를 느슨하게

재, 태국-이슬람 반란자 2001~현재, 터키-쿠르디스탄 1984~현재, 우간다 시민 분쟁 1980~현재, 미국-아프가니스탄 1980~현재, 미국-지부티 2001~현재, 미국-이라크 1990~현재, 미국-필리핀 1898~현재, 우즈베키스탄 민간인 소요사태 2005~현새, 예멘-세이크 알-하우티 2004~현재. 출처: http://www. globalsecurity.orglmilitary/world/war/map.htm.

하고 조금 더 유동적이 되기 위한 균형으로써 '다른 자아'에 대한 꿈을 꿀 수도 있다. 우리는 우리 안의 극성 반대를 표현할 뿐만 아니라 우리의 정체성을 '죽이기' 위해 공격자들에 대한 꿈을 꿀 수도 있다. 마찬가지로, 아마도 우리는 우리의 일상적 정체성에 대한 우리의 열정적 구속을 부분적으로 완화시키기 위해 전쟁과 죽음에 대한 갈망으로 인해 고통을 받고 있는 것이다.

그러나 내 입장을 분명히 하겠다. 나는 그 어느 누구도 자신의 입장, 정체성을 완전히 놓아버리는 것을 원하지 않는다. 그렇다! 그것은 전혀 효과가 없다. 우리는 단호한 태도를 취하고, 우리의 입장을 정의하며 우리 자신을 보호할 필요가 있다. 그러나 우리는 다른 사람에 대한 인식 없이, 다른 사람의 입장의 본질에 다가감이 없이 지속 가능한 방법으로 우리 자신을 보호할 수 없다. 이것을 하는 가장 쉬운 방법은 프로세스마인드를 사용하는 것인데, 모든 당사자는 우리의 가장 깊은 프로세스마인드의 부분들이기 때문이다. 우리가 잠시라도 분쟁을 포기하고 프로세스마인드의 관점에서 인식하면, 우리는 적어도 임시로라도 먼저 한쪽 그리고 다른 쪽과 동일시할 수 있다. 즉, 우리의 강한 정체성이 '죽고' 나면 그 다음 우리는 정체성 사이를 유동성 있게 움직일 수 있다.

이 과정은 우리를 우리 자신의 문제와 다른 사람의 문제 모두로부터 분리시킬 수 있는 총체적 분리와는 다르다. 프로세스마인드에 접근하는 것은 또한 "원수를 사랑하라."는 명령보다 더 많은 것을 포함한다. 앞 장에서 에이미의 정원을 기억히는가? 그녀의 깊은 사아, 프로세스마인드와 동일시함으로써 그녀는 일시적으로 정원이었고 그 정원에는 존재의 다양성을 위한 공간이 있었다. 이렇게 전쟁은 나쁘거나 좋은 것이 아니라 평화로움을 넘어 흐름의 영역으로 들어갈 수 있는 강력한 관계 과정의 시작인 것이다. 반대로 "원수를 사랑하라."는 것은 일상적 실재 CR과 스스로를 보호하고 싸우려는 경향성의 분리를 무시한다. 나의 제안은 당신이 갈등을 느꼈을 때는 일시적으로 양극화를 허용하고 싸우라는 것이며, 싸움이 위

험하거나 불가능하게 되면, 갈등의 부분이며 다양한 입장 사이를 움직일
수 있고 이해할 수 있는 프로세스마인드를 찾을 때까지 '자신을 포기' 하
라는 것이다.

갈등의 내부와 외부에서 동시에 존재할 가능성이 내가 리처드 파인맨
(Richard Feynman)의 양자물리학 세계의 사건에 대한 논문을 연구할 때
처음으로 발생했다(나의 저서 『양자심리학(*Quantum Mind*)』에서 노벨상을
수상한 이 양자물리학자의 연구에 대한 나의 해석을 보아라).[2] 파인맨은 전자
와 같은 입자가 그 자체를 밀어낼 수 있는 전자기장에 들어갈 때 일어나는
현상에 대해 말했다. 그의 분석에 따르면, 두 가지 시나리오 중 하나가 발
생한다. 그러나 오직 첫 번째 시나리오만이 실험실에서 증명되었다.

[그림 9-1]에서 직선으로 표시된 첫 번째이며 증명된 시나리오에서, 물
질의 입자는 장의 왼쪽으로 들어가서 대각선 위로, 즉 시간에서 앞으로 움
직인다. 동시에 한 쌍의 물질/반물질의 조각이 창조된다([그림 9-1]의 오른
쪽 아래 참조). 반물질 입자는 왼쪽 위로 움직이는데 그것이 원래의 입자와
만나게 되면 그 둘은 일시적으로 서로를 소멸시킨다. 그러면 반물질 파트
너가 자신의 방향으로 움직임에 따라 새로운 입자가 창조된다. 그러나 그
것은 장에서 원래 입자의 방향이 아닌 다른 방향으로 떠나게 된다. 두 번
째 시나리오에서는, 입자는 단 하나이고 열린 공간에서 무시간성(無時間
性)의 요소를 가지고 [그림 9-1]의 점선과 같이 시간에서 앞으로 움직이다
가 다음에 시간에서 거꾸로 움직인다. 이 경우에 소멸은 없으며, 원래 입
자의 움직임은 연속적으로 남아 있다. 파인맨은 두 번째 시나리오를 저공
비행하는 비행기의 조종사 관점에 비유했다. 지상에서 근처 언덕에 있는
두 도로를 보고 있는 사람과 다르게, 조종사는 그의 높은 관점에서부터 두
도로가 커브가 있는 하나의 연속적인 도로라는 것을 볼 수 있다.

---

2) 『양자심리학(*Quantum Mind*)(양명숙, 이규환 공역, 2010년, 학지사)』. p. 676.

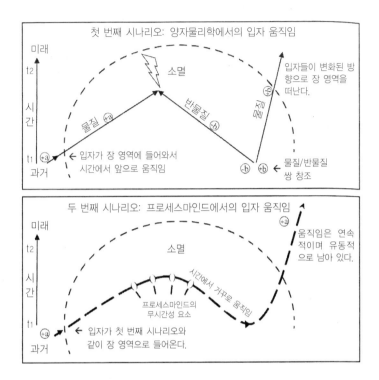

[그림 9-1] 리차드 파인맨의 그림에서 인용한 소멸의 경로 대 안정의 경로. 시간에서
　　　　　입자의 움직임(+a)은 그것의 반대인 (−b)를 만남으로써 소멸로 진행한다.
　　　　　반대로 프로세스마인드에서의 입자 움직임은 시간에서 앞으로 그리고 거꾸
　　　　　로 움직이며 자체의 반대와 만나지 않고 안정하게 남아 있다.

　두 번째 시나리오가 실험실에서 볼 수 없었던 이유—그리고 파인맨과 다
른 물리학자들이 그것에 대해 더 연구하지 않은 이유 — 중 하나는 구부러
진 점선이 한 점에서 시간을 거슬러 거꾸로 흐르기 때문이었다. 단지 소멸
을 향해 시간에서 앞으로의 움직임(직선)만이 오늘날의 물리학에서 인정받
는다. 그러나 구부러진 점선의 경로가 화살표의 경로를 주는 것과 같은 방
정식에 속해 있기 때문에 이것은 모든 패턴의 부분이다. 그것은 나에게 구
부러진 경로는 프로세스마인드의 비(非)시간적 본질에 대한 은유인 것으로
보인다. 이 경로에서는 시간에서 앞으로 움직이는 사람으로서 우리의 정체

성으로 인한 창조와 소멸 대신, 시간의 안과 밖에서 연속적인 흐름이 있다.

양자전기역학과 전쟁 이론의 관점으로 보았을 때 반복되는 이 책의 요점은 우리가 일상적인 시간과 공간 밖의 프로세스마인드 '초공간'에 좀 더 접근할 필요가 있다는 것이다. 그리고 변형 상태의 관점으로 볼 때, 우리 자신의 경로와 적의 경로의 본질은 모두 하나의 연속적인 프로세스마인드 흐름에 속해 있다. 그러나 프로세스마인드를 찾으려면 당신은 시간 속에서 살고 죽는 인간으로서 당신의 정체성을 놓아 주어야 한다. 프로세스마인드를 갈등작업에 적용하면 우리가 이미 보았던 것처럼 놀라운 일이 일어날 수 있다. 땅을 대신해 말을 하던 원주민 남자를 기억하는가? 에이미의 정원을 기억하는가? 전쟁 지역에 들어오고 그리고 다시 나가고, 땅과 연결하여라! 전쟁에 대한 우리의 경향성을 바꾸려면 우리 각각은 프로세스마인드에 접근할 수 있는 새로운 세계와 능력을 설계해야만 한다.

세계가 오늘날 수행하고 있는 전쟁의 지속—땅, 권력, 계급, 역사, 경제, 종교 기타 등을 포함하는 둘 또는 그 이상의 상대 사이의 전투를 의미—은 부분적으로 의식(意識)의 프로세스마인드 변형 상태와 신화적인 지구의 거부 때문이다. 일상적인 실재 CR 관점으로부터, 전쟁은 자신들의 정체성 속에 굳어 있고 상쇄를 향해 시간에서 앞으로 진행하는 상대 사이의 갈등이다. 프로세스마인드 관점에서 볼 때, 전쟁은 지속적이며 굳어 있는 상태일 뿐만 아니라 시간에서 앞으로 그리고 뒤로 흘러가는 과정이거나 또는 당신 자신이 되며 그리고 땅을 느끼는 것을 통하여 다른 사람의 에너지를 찾는 당신의 관점을 역전시키는 심리적 동등성인 것이다.

이러한 관점에 도달하기 위해서는 여섯 단계를 거쳐야 한다. (1) 갈등을 인식하여라. (2) 그 갈등에 대한 '전쟁'에 개입하여라. (3) 죽음에 대한 잠재성을 알아차려라. (4) 프로세스마인드 초공간에 들어가라. (5) 이러한 의식의 변형 상태와 새로운 인식을 가지고 불가분하게 얽힌 적으로 나티니는 것 사이의 갈등에 나시 들어가라. (6) 더 진행해서 당신의 세계에 대한 임무가 무엇인지 프로세스마인드를 찾아라.

이 이야기가 너무 엉뚱한가? 사실 그럴 수도 있다! 하지만 그럼에도 나를 따르기 바란다. 나는 고대 초자연치료사의 개념을 연구함으로써 이것을 좀 더 실현적으로 만들 수 있기 때문이다.

과정 속 역할로의 죽음

매일 우리는 세계의 다양한 곳의 전장에서 얼마나 많은 군인과 시민이 사망하는지 듣는다. 죽음은 항상 뉴스에서 언급된다. 따라서 죽음은 현실이며 또한 살아 있는 사람, 나무, 정원, 돈 등과 마찬가지로 집단 과정에서의 역할이다. 그러나 물체나 살아 있는 사람과는 달리, 죽은 사람은 그들을 직접 대표할 사람이 없다. 그러므로 그들은 '유령 역할'이다. 죽는다는 것은 프로세스마인드를 찾기 위한 당신의 양극화된 위치를 떠나는 것으로 볼 수 있기 때문에 우리는 죽음의 과정을 탐험하고 죽은 자를 '유령 역할'로서 대표할 필요가 있다. 죽음은 전체적으로 전쟁에서와 삶에서의 핵심적인 문제다.

북아메리카 인디언 야퀴(Yaqui)족 마법사 전통과 또 다른 아메리카 원주민 전통에 따르면, 당신의 신비한 본질인 '마지막 춤'에 도달하는 것은 죽음을 미연에 방지할 수 있는 유일한 방법이다.[3] 마지막 춤은 기본적인 자아, 프로세스마인드 춤에 대한 전사들의 표현이다. 나는 당신 자신의 가장 깊은 자아로 들어가는 방법이 실제로 죽음을 무의미한 것으로 만드는 것을 보아 왔다. 당신 자신의 가장 깊은 자아로 들어가는 것과 그것이 당신을 움직이게 하는 것이 적어도 당신에게 평안의 느낌을 준다.[4]

전쟁으로 들어가거나 전쟁을 넘기 위해 실습 9에서와 같이 프로세스마

---

3) 『초자연치료사의 신체(*Shaman's Body*)』, 특히 '동맹의 비밀(The Ally's Secret)' 장
4) 알아차림이 피터의 삶의 마지막, 순간을 어떻게 개선시켰는지 나의 저서 『코마, 깨어남의 열쇠(*Coma: Key to Awakening*)』를 참조.

인드, 죽음 그리고 마지막 춤을 탐구해 보자. 많은 사람들은 내부이든 또는 외부이든 갈등을 대할 때 신체 증상을 경험한다. 따라서 우리는 당신을 괴롭히는 증상을 먼저 고려할 것이다. 그런 후에 우리는 그것을 갈등에 대해 작업하는 데 사용할 것이다. 어떻게 할 것인가? 우리는 그것이 당신을 빠르게 죽일 수도 있다고 생각할 것이다. 중요한 점은 죽음의 공포에서 나타나는 매일의 자아로부터 당신이 경험할 수도 있는 자유다. 나는 당신이 죽음의 환상에 머무르기를 원하지 않고, 매일의 신체와 자아로부터의 자유의 경험에 머무르기를 원한다. 당신은 자신의 경험으로부터의 완전성과 당신의 알아차림을 믿을 필요가 있다. 어느 주어진 순간에 당신은 긴장을 풀면서 '죽고', 그 다음에 '죽음 이후' 당신에게 일어나는 일의 경험을 따라갈 기회를 가질 것이다. 나는 당신에게 당신의 정령이 당신의 신체에서 나왔는지 물을 것이다. 당신의 알아차림을 사용하여 죽음 이후의 당신의 존재에 일어난 일을 찾아보아라.

실습 9: 갈등, 죽음 그리고 당신의 세계 임무

이 실습은 세 가지 일반적인 질문들을 고려하면서 시작한다. 당신의 답을 기록하기 위해 부록 B 콜라주 페이지 #9를 사용하여라. 첫 번째로 비록 사소한 것이라고 하더라도 당신이 현재 겪고 있는 갈등을 선택하여라. 이 갈등에 관련된 둘 또는 그 이상의 상대편을 확인하기 위해 기록하여라. 두 번째로 당신의 작업을 고려하여라. 당신은 요즘 어떤 일을 하고 있는가? 그리고 당신의 더 큰 세계 임무 또는 인생에서 더 중요한 임무가 무엇이라고 생각하는가? 이 질문들에 대한 답을 기록한 뒤에 자신에게 세 번째 질문을 하여라. 당신이 가졌거나 당신이 가질까 봐 두려웠던 가장 심각하고 위험한 신체 증상(그 신체 증상이 단지 작은 증상이었더라도 그것과 연관해서 조그만 공포라도 있다면)은 무엇인가? 이것도 기록하여라.

죽음 환상: 당신이 준비가 되었다면, 잘 살고 있는 것과 그러한 신체 증상으로 매우 빠르게 죽는 것을 상상하여라. 이것은 단지 환상임을 기억하여라. 그것을 빠르게 하는데 죽는 과정에 집중하거나 걱정하지 말고 단순하게 빠르게 죽는 것을 상상하여라. 집착을 버리고, 긴장을 풀고, 뒤로 누워서, 당신의 경험을 따르고, 펼치고 나중에 기록할 수 있도록 기억하기 위해 당신의 최고의 알아차림을 사용하여라. 만약 할 수 있다면 당신이 신체를 정신적인 영역의 장 또는 흐린 환영(幻影)처럼 떠나는 것처럼 하여라. 당신은 신체 밖으로 나와 공기 또는 땅 속으로 녹아들어 가거나, 형체를 가지거나, 우주 어딘가를 여행하고 있는가? 영 또는 영역의 장으로서 당신에게 어떤 일이 일어나는가? 이런 경험들을 콜라주 페이지 #9에 기록하여라.

나의 학생 한 명은 아프리카에서 갈등을 해소시키는 것을 돕기 전에 스스로 이 연습을 작업했으며 다음과 같이 보고하였다.

나는 업무와 연관된 엄청난 갈등 문제를 가지고 있었다. 나는 어느 날 내 자신이 나이가 들어 아마도 과로로 죽어 가고 있는 것을 보았다. 나는 내 자신이 피곤해져서 내 몸에서 빠져나가 버리는 것을 상상했다. 그리고 무슨 일이 발생했는가? 나는 빠져나가서 공간으로 들어갔으며, 그리고는 갑자기 사람들과 행성들이 함께 더 춤을 추고 싶다는 강렬한 욕구를 깨닫게 되었다. 이것이 이상하겠지만 이 상황에서 그것이 내게는 실제다.

토템 영역의 장 정령: 이제 이러한 경험 또는 정령이 되거나 행동함으로써 형태-변형을 하여라. 가능하다면 그것의 움직임과 존재를 느껴라. 그런 뒤에 지구의 어느 장소가 이러한 생명 이후의 정령과 연관될 수 있는지 상상하여라. 지구의 어느 장소가 당신의 존재를 가장 정확하게 표현하는가? 지구의 이 장소를 보고 느끼고, 움직임에서 그 본질을 느끼고 그것이 되어라. 그리고 어떤 토템 동물, 가상의 지적인 신화적인 형태 또는 인간 형태가 지구의 이 장소를 나타내는지 상상하여라. 이 형태의 에너지를 그려 보아라.

당신이 땅 기반의 토템 정령의 에너지를 알게 되면, 이 정령인 것으로 상상하고 그것이 춤을 추며 당신이 되도록 하여라. 이러한 프로세스마인드 토템 경험을 콜라주 페이지 #9에 그리고 기록을 하여라. 이 땅 기반의 토템 정령을 느끼는 동안 처음에 생각했던 증상을 기억하고, 이러한 정령으로서 그 증상의 의미 또는 공포를 설명하여라. 그들의 증상들에 대해 걱정하는 살아 있는 인간으로서, 당신의 프로세스마인드 땅 기반의 영역의 장 정령으로서 그 사람과 상호작용하여라. 그리고 그것에 대하여 기록하여라.

나의 학생이 자신의 경험에 대해 계속 보고하였다.

나는 다 내려놓고 뒤로 누웠더니, 갑자기 정령이 내 몸을 떠나 우주를 날아다니는 환상 또는 느낌을 가지게 되었다. 내가 지구를 돌고 있을 때 사람들과 행성들을 더 춤을 추게 하려는 강한 욕구가 다시 들었다. 발생하고 있는 것을 따르려는 이러한 정령의 자유로움은 모든 부분과 사람들을 함께 끌어당기는 지구 그 자체로의 세계로 표현될 수 있다. 이 감정, 어머니 대지를 표현하는 신비한 세계적인 여성 모습은 지구에서 나타나며 내게 자신을 믿고 더 긴장을 풀라고 말한다. 나는 나이 드는 것의 공포와 죽음이 나를 안심시키려고 하는 것을 깨달았다!

세계 임무: 여전히 당신의 지구-기반 정령 영역의 장을 춤추며 상상하면서 "만일 이러한 정령이 실제 사람의 형태로 화신(化身)할 수 있다면 어떠한 사람이 될 것인가?"라고 물어라. 콜라주 페이지에 그 사람을 묘사하여라. 형태-변형하여 어느 정도 이 사람을 느끼거나 되도록

하고, 만일 당신이 이 사람이 될 수 있도록 완전히 자유롭고, 어떠한 경계나 장벽도 없다면 당신의 현재 삶에서 당신은 무엇을 할 것인가 물어라. 그리고 기록하여라.

이제, 당신의 지구-기반 프로세스마인드 정령으로서 당신의 일상적 자아를 찾아보고 그 자아에게 특정한 세계 임무를 부여하여라. 이것은 당신이 이미 하고 있는 것과 같은 임무일 수도 있고 새로운 임무일 수도 있다. 새로운 프로세스마인드 세계 임무가 당신의 현재 작업과 얼마나 유사한가? 내용의 차이는 무엇인가? 임무를 수행하는 방식에서 차이는 무엇인가?

마지막으로 당신의 프로세스마인드 토템 정령으로서 이 연습의 시작에서 당신이 동일시했던 갈등을 생각하여라. 갈등에 연관되어 둘 이상의 상대방을 찾아보아라. 준비되었을 때 당신의 프로세스마인드 정령이 당신에게 그곳에서 할 일에 대해 힌트를 줄 것이다. 이것에 대해 기록하여라.

나의 학생이 다음과 같이 보고하였다.

나는 어머니 대지(*Pachamama*)를 느꼈으며… 그녀는 나를 울게 했다. 그녀는 일상적인 삶에서 그녀를 모델링하는 임무를 나에게 주었다. 나는 모든 상대방에 대한 믿음과 보호를 모델링하고, 다른 사람들이 그렇게 하는 것을 기대하지 않거나 하게 만들지 않는 것이 내가 아프리카에서 갈등작업을 더 진행하는 데 얼마나 필요한지를 깨달았다. 나는 그런 모델링을 하려면 작업에서 갈등 당사자 사이를 왔다 갔다 해야만 한다는 것을 깨달았다. 몇 주가 지난 후 나는 그것을 모델링을 하려고 노력하였고 잘되었다. 땅을 기반으로 한 어머니 대지의 변형 상태로 깊숙이 들어감으로써, 나는 나 자신과 타인들이 더 완화된 것을 느끼도록 만드는 특별한 효과를 가지고 있는 것 같았다. 서로 만나 대화하는 것조차 원하지 않았던 당사자들이 대화를 해 보기로 결정을 하였다!

당신은 누구십니까?

일상적 실재 CR의 관점에서 당신은 단지 특정한 나이와 크기, 몸무게, 화학작용 등으로 이루어진 거대한 뉴턴 물체다. 당신은 태어나서 시간이 지남에 따라 죽는 것이 확실하다. 당신과 다른 사람이 시간에 따라 앞으로 진행하는 유일한 '실제' 사람이라는 관점은 불완전하다. 이러한 일방성은 전쟁과 죽음의 공포에 기본이 되는 경직된 양극성을 창조하는 데 일조한다.

프로세스마인드 관점에서 당신은 다차원적이다. 그렇다. 당신은 언젠가는 죽을 '실제' 사람이지만, 동시에 당신은 당신의 순간적 정체성에서 벗어난 초(超)시간적 흐름이며 토템 정령이다. 이러한 초시간적 차원과의 동일시는 당신의 신체에 유용할 뿐만 아니라 또한 아마도 그것은 최근의 꿈을 설명하고 당신이 갈등을 해결하도록 하여 다른 사람, 아마도 전 세계에 대해 도움이 되게 할 수도 있다.

활동 중인 당신의 프로세스마인드 토템 정령이 되는 긍정적인 느낌으로, '죽는' 기회로서 갈등 상황을 이해하는 것은 당신뿐만 아니라 우리 분생의 지구에 있는 모두를 도울 수 있다. 나의 관심사는 세계를 변화하는 데 있지 않고 오히려 갈등을 재상기시켜 창조와 소멸을 넘어 당신의 프로세스마인드와 경로를 찾도록 하는 것이다. 사람들이 이렇게 할 때 큰 갈등은 빠르게 끝나고 더 의미 있는 창조성으로 인도된다.

생각해야 할 것들

1. 전쟁으로 전쟁을 상대하지 말아라.

2. 전쟁은 프로세스마인드 알아차림에 대한 필요성의 징후다.

3. 갈등 상황과 신체 공포를 '죽는' 기회로 여기고 당신의 세계 임무를 찾아라.

4. 당신이 죽음을 당하기 전에 '죽고' 당신의 토템 정령을 살게 하여라.

5. 유령들과 아마도 전쟁의 해결책은 죽음이다. 즉, 이는 우리가 보통 죽음과 연관시키는 마음 상태다.

제10장
도시의 프로세스마인드: 뉴올리언스

이 장에서 나는 프로세스마인드가 갈등을 다룰 때의 접근 방법을 예를 들어, 천재지변이나 재난의 결과 등의 다른 사회적이고 심리적인 외상치료 환경에 적용할 수 있다는 것을 보여 주려고 한다. 이를 위해 에이미와 내가 2005년 8월 말 허리케인 카트리나에 의해 피해를 입은 뉴올리언스 시(市)에서 했던 작업에 초점을 맞출 것이다.

에이미와 나는 뉴올리언스가 재건되는 것을 돕기로 결정했다. 우리는 재난 1년 후 증가하는 자살률과 악화되는 빈곤 문제를 알고 놀랐다. 1800명 이상의 사람들이 홍수로 죽었다는 것을 알고 있는 사람들이 거의 없었다. 그 수는 그 당시 이라크 전쟁에서 전사한 미군의 절반 이상이다. 하지만 대중의 관심은 이라크 전쟁에서보다 뉴올리언스에서 훨씬 적었는데, 아마도 인간의 적이 아니라 자연이 '문제'였기 때문이었다.

한편으로는 어느 누구도 자연 재난에 대해 비난받지 않는다. 그러나 다른 한편으로는 누구나 다른 모든 것에 대해 다른 모든 사람을 비난한다. 대부분의 사람은 재난이 인종차별, 계급차별 그리고 도시의 무능력에 의해 확대되었다고 느꼈다. 많은 사람들은 안전에 관한 방임에 대해 연방정부와 미국 대통령을 비난했다. 부실한 제방을 건설한 육군 공병대는 더 튼 튼하게 건설할 수도 있었다는 것이다. 당시 뉴올리언스 시장 레이 네이진 (Ray Nagin)에 따르면, 심지어 어떤 사람들은 신이 여러 가지 이유로 사람 들을 벌하는 것이라고 불평했다고 한다.

한 가지는 확실해 보였다. 그 도시와 연관된 모든 사람과 모든 것이 영 향을 받았다. 만연된 고통은 숨겨진 분노와 해결되지 않은 역사적 문제들 을 점화시켰다. 우리가 그 도시에 집중하고 있는 시간 동안, 종종 마치 누 구도 다른 어느 누구와도 사이좋게 지낼 수 없는 것처럼 보였다. 심지어 도와준다는 명목으로 그 도시에 있던 단체들조차 적을 찾아다니는 싸움 터처럼 보였다. 우리가 그곳의 사람들이 서로 의사소통을 잘하도록 돕기 위해 공개토론을 조직하기 시작하자마자, 다른 지원 단체들은 우리와 갈 등을 겪기 시작했다. 어떤 사람들은 우리에게 하지 말아야 한다고 말했고, 다른 사람들은 우리에게 해야만 한다고 말했다. 어떤 사람들은 우리를 초 대했다가도 우리에게 오지 말라고 했다. "만약 당신이 여기서 작업하는 동안 또 다른 재난이 발생한다면 그리고 만약 외부 사람들이 이 도시에서 고립되고 나갈 수 없다면 당신들은 그 모든 사람의 안전에 대해 책임을 져 야 할 것이다."라고 그들은 경고했다.

에이미와 나를 포함한 모든 사람은 괴로워했다. 어떤 사람들은 내가 이 전에 겪어 보지 못한 (사람들이 자신에게 쏟아지던 폭우의 공포적인 기억 때문 에 샤워기를 돌리는 것을 두려워하는) '물 트라우마'와 같은 문제로 고통 받 았다. 트라우마는 관계, 우정, 가족 상황, 환경과의 연결 등 모든 종류의 인간 상호작용에 영향을 주었다. 제도권으로부터의 방치와 인종차별도 그야말로 트라우마였다. 허리케인 카타리나 이전에는 뉴올리언스 인구 의 3분의 2가 아프리카계 미국인 흑인이었으나 2년 후에는 2분의 1이 되 었다.

뉴올리언스에서 발생한 재난은 지구가 온난화 시대로 옮겨 가면서 바 닷가와 강가에 위치한 다른 나라의 큰 도시에서도 일어날 수 있다. 우리는 환경-재난(eco-trauma), 즉 사람과 환경에 대한 생태학적 재난의 불행한 효과를 막기 위한 방법에 대해 과학자, 생태학자, 기술자처럼 생각할 필요가 있었다. 또한 트라우마를 더 잘 다루고 트라우마를 겪고 있는 조직과 도시 프로세스를 중재하기 위해 상담가, 코치, 갈등해결 조언자처럼 생각할 필요가 있었다.

그러나 도시들의 정령은 강력하며, 뉴올리언스도 예외는 아니었다. 미국에서 가장 오래된 도시 중 하나로서 그 본질은 스스로 다(多)문화적 유산, 요리, 건축, 재즈 탄생지로서의 정체성을 나타낸다. 마디 그라(Mardi Gras) 축제는 프렌치 쿼터(French Quarter)와 버번 스트리트(Bourbon Street)와 마찬가지로 세계적으로 유명하다([그림 10-1] 참조).

아프리카계 미국인 예술가 존 스콧(John Scott)은 뉴올리언스에 대해 다음과 같이 말했다. "이 도시에는 길거리로부터 스며 나오는 굉장히 많은 역사와 문화적으로 풍부함이 있다. 당신도 알다시피, 그것을 흡수하지 않고 거기에 있다고 하는 것은 정말로 어렵다. 내가 다녀 본 세계의 모든 장소 중에서 뉴올리언스는 당신이 듣는다면 길거리가 나에게 말을 거는 내

[그림 10-1] 캐널 스트리트를 향한 뉴올리언스의 버번 스트리트, 2003.

가 가 본 유일한 장소다."[1] 이 도시는 또한 가장 큰 국제 선박운송 항구 중 하나이며 미국의 석유 중심지다. 이 도시는 도심을 통해 흐르는 미시시피 강의 느린 움직임 때문에 'Big Easy(큰 게으름)' 라는 별칭으로 불리기도 한다.

뉴올리언스 도시의 토템 정령 찾기

우리는 혼란 가운데서도 돕기 위해 도시의 프로세스마인드에 접근할 필요가 있었기 때문에 뉴올리언스의 본질에 관해 말하고자 한다. 나는 어느 한 도시의 꿈꾸기(Dreaming)를 찾기 위해 호주에서 연구한 것을 기억했다[나의 저서 『깨어 있는 동안의 꿈꾸기(*Dreaming While Awake*)』 참조]. 에이미와 나는 호주 애들레이드 지역의 원주민과 주류 사람 사이의 갈등에 대해 작업하고 있었다. 호주 원주민 원로 엉클 루이스(오브라이언)는 에이미와 나에게 애들레이드 도시 전체는 꿈꾸기, 즉 내가 프로세스마인드의 초공간이라고 부르는 것으로부터 유래했다고 말했다. 그는 그 꿈꾸기를 '빨간 캥거루' 라고 불렀다. 그는 지역 신문에 어떻게 애들레이드 전체 도시, 건물과 도로가 우연히도 빨간 캥거루(애들레이드 땅의 정신적 조상이며 토템 정령)의 모습으로 구성되었는지를 나타내는 그림을 게재했다.[2]

이러한 원주민 관점은 우리가 땅에게 한 일들을 좋고 나쁨이 아니라 땅의 토템 정령에 의해 구성된 그 땅의 꿈꾸기의 한 부분으로 보고 있다. 우리는 그러한 꿈꾸기와 접촉할 필요가 있으며, 그 꿈꾸기는 그 땅 표면 문제의 모든 것을 도울 수 있다. 호주 원주민 여성 원로 앤티(Auntie)가 내 친

---

1) 뉴올리언스에 대한 PBS(Public Broadcasting Station) 라디오 방송 내용: http://pbs. org/wgbh/amex/neworleans/filmmore/pt.html

2) http://www.adelaidegrid.warp0.com에서 'Adelaide Grid' 기사 참조.

구 맥스 슈바흐(Max Schupbach)에게 다음과 같이 말했다. "당신은 캥거루를 죽일 수는 있지만, 캥거루의 꿈꾸기는 죽일 수 없습니다." 비슷하게 우리는 뉴올리언스를 죽일 수는 있지만, 뉴올리언스의 꿈꾸기는 죽일 수 없다. 이것은 땅이 그 도시 아래의 잠재적 힘이기 때문이다.

갈색 정치

나는 때때로 지구가 그 표면에서 발생하는 모든 상호작용을 지지하는 지역의 깊은 잠재적 본질이라고 생각한다. 그 지역은 날씨 조건, 사람, 동물, 식물, 물 그리고 지역 형성 등과 같은 관점의 총체적 다양성과 그들의 얽힘을 지지하는 단일체다. 그렇기 때문에 지구는 사람과 환경 사이에서 발생하는 문제들을 중재하는 스스로만의 힘을 갖고 있다.

나는 '갈색 정치(brown politics)'라는 정치적 사상의 새로운 개념을 시작하고 싶다. 이 개념은 생태학적 친환경적 목표에 초점을 맞추고 친환경 운동의 사상을 포함하며, 대지의 지혜로 그것을 증폭시킬 것이다. 그 사상은 개인, 단체, 도시 그리고 국가들이 자신들이 서 있는 땅의 프로세스마인드, 토템 정령, 꿈꾸기에 대해 언급함으로써 문제에 대해 작업한다는 것을 의미한다.

이러한 관점에서 만일 당신이 새로운 지역으로 이동해야만 한다면 먼저 그 지역의 땅에 기반을 둔 토템 정령인 프로세스마인드와 접촉하도록 하여라. 할머니의 대지, 아메리카 원주민의 실재와 우리 지구에 대한 신성을 알도록 하여라. 이것은 또한 그 땅에 살고 있는 사람들과 접촉하는 방법이다. 사람들은 당연히 자신이 살고 있는 그 땅과 동일시하며 자주 다른 지역에서 온 사람들을 의심한다. 나는 방문했던 알프스 산맥의 작은 마을을 여전히 기억한다. 이 마을에는 단지 수십 명의 사람들만 살았는데 그들은 단지 반마일 떨어져 있는 이웃 마을의 사람들과는 거의 접촉하지 않았다. 그들이 이웃 마을 사람을 만났을 때 그들은 "다른 마을에서 온 사람들은 역시 믿을 수 없다."라고 말하곤 했다.

이러한 이방인 혐오적 태도가 얼마나 위험하게 상처를 줄 수 있는지를 우리 모두가 잘 알고 있지만, 그것은 또한 어떠한 중요성을 나타낸다. 갈색 정치의 감각으로 보면, 그것은 '외부' 사람들로 하여금 그 땅을 알고 땅과 친숙해지고, 그러한 연결을 통해 그 땅의 사람들과 연관하도록 격려한다. 만약 당신이 마을이나 도시에서 프로세스마인드의 최선의 장소를 발견한다면 그곳에 거주하고 있는 사람들은 당신을 '이방인'으로 인식하지 않을 것이라는 것을 나는 알아차렸다. 만약 당신이 땅의 한 부분과 어느 정도 깊은 수준에서 연결되어 있다면 당신은 이방인이 아니라 당신은 바로 그 장소다.

어떠한 장소에서도, 우리의 개인적 프로세스마인드는 우리가 누구인지와 본질적으로 가장 근접한 영역을 찾는다. 당신이 '당신 것'이라고 느끼는 이 영역을 찾는 것은 매우 중요한데, 그것이 당신에게 마치 당신이 그곳에서 집에 있는 것처럼 편안하게 행동하라고 암시하기 때문이다. 이런 방식으로, 우리 각자는 이 대지의 어느 곳에 있는 지구의 특정 장소에서 살 수 있는 것이다. 심지어 감옥의 독방조차도 당신이 가장 기분이 좋고 당신의 프로세스마인드와 가장 근접하다고 느끼는 신비한 장소인 최선의 장소, '역점(power spot)'이 될 수 있다.

우리 중 많은 사람들은 특히 조직에 속하는 갈등 해결 중재자들은 종종 집에서 멀리 떨어진 지역에서 작업을 한다. 제안은 다음과 같다. 당신의 프로세스마인드가 작업을 하는 지역의 프로세스마인드와 어떻게 연결되어 있는지 알지 않고는 새로운 지역에서 작업하지 말아라. 당신은 이것을 어떻게 알게 될 것인가? 기본적으로 당신의 가장 깊은 자아가 당신 신체 어디에 있는지 묻고 그 경험을 새로운 지역에 있는 땅의 장소와 연관시켜라. 만일 당신이 방문해야 할 장소에 아직 가 본 적이 없다면 당신은 방문할 지역과 당신의 가장 깊은 자아가 집에 있는 것처럼 느낄 수 있는 특정 장소에 대해 당신의 상상력에 의존해야만 한다.

뉴올리언스에서 연구를 위해 에이미와 나는 우리의 프로세스마인드가 그 도시 안 어디에 있는지를 경험하기 위해 실습을 했다. 다음은 에이미에게 일어난 일이다. 당신도 당신이 살거나, 여행 또는 일을 하고 싶은 도시나 다른 장소에 대해 비슷한 경험을 하고 싶을 수도 있다. 당신의 프로세스를 앞에서의 실습에서 당신이 해 왔던 것처럼 콜라주 페이지 #10에 기록하여라.

실습 10: 뉴올리언스 시의 프로세스마인드

에이미는 "내 신체에서 가장 깊은 자아가 있는 곳은 어디일까?"라고 스스로 묻는 것으로 자신의 프로세스를 시작했다. 그녀는 그것이 그녀의 눈 뒤 두개골 속에 있다는 것을 알았다. 그리고 그녀가 그 경험을 호흡했을 때, 그것은 그녀를 앞뒤로 흔들기 시작했다. 계속해서 그녀는 이 경험이 뉴올리언스 어느 곳에 있는지 물었다. 이미 전에 뉴올리언스를 방문했었기 때문에, 에이미는 자신의 가장 깊은 부분이 미시시피 강을 따라 그녀가 기억하고 있는 특정한 도로에 있다는 것을 발견했다.

상상 속에서 에이미는 직접 그 도로에 갔다. 그녀는 거기에 서서 강둑과 그 도시를 통해 천천히 흘러가는 물을 포함해서 그 도로의 영역이 되었다. 그녀는 그 영역의 힘과 존재가 그녀를 움직이도록 했다. 그녀는 춤을 추면서 이 도로와 강둑이 인간으로 나타나도록 했다. 놀랍게도 그녀는 갑자기 일상적인 사람이 아니라 강의 움직임과 흔들리는 물결을 따라갈 수 있는 자유—마음의 사람, 열정적—지혜의 여성 인물을 상상했다. 이 인물은 그녀에게 우리가 몇 년 전에 만난 또 다른 강변 지역, 인도 뭄바이의 마하락슈미 사원에 서 있던 신비주의자를 생각나게 했다. 에이미 내부의 열정적 지혜의 여성 인물은 지금 그녀에게 "이 강은 흐르고 모든 것은 변한다. 모든 것에 열려 있어라."와 같은 수많은 비밀을 말해 준다.

이 경험은 에이미가 다음 날 뉴올리언스에서의 황폐화에 대해 공개토론에서 중재하는 데 도울 수 있도록 준비되었다는 기분을 주었다. 나는 곧 그 이야기를 할 것이다. 그러나 먼저, 나는 그녀의 내면작업과 연결되어있는 놀라운 사건을 말하고자 한다. 에이미의 경험 때문에, 나는 마하락슈미 (Mahalakshmi) 사원의 역사를 조사했고, 놀랍게도 그 사원은 1782년 봄베이의 대 홍수 이후 부와 번영의 상징 힌두 여신인 락슈미(Lakshmi, 자이나교와 불교 탑에서도 발견)를 기리기 위해 건축되었다는 것을 알게 되었다.

얼마나 놀라운 여신인가! 그 당시 봄베이는 지금 뭄바이라고 불리는 지역의 다양한 부분들을 연결하고 보호하기 위해 제방을 짓고 있었다. 그러나 거대한 태풍 때문에 제방이 여러 번 붕괴되었다. 전설에 따르면, 한 태풍이 왔을 때 제방을 건축했던 기술자가 놀라운 꿈을 꾸었는데 한 여신이 수면 아래 무너진 제방 근처에 누워 있었다. 태풍이 지나간 후에 그 기술자는 꿈대로 그 장소에 가서 수면 아래에 있는 락슈미 여신상을 발견했다. 그는 여신상을 꺼내 육지로 가져왔으며 여신을 기리기 위해 사원을 지었다. 그 이후 바다에 접해서 연결하는 다리와 제방을 지을 수 있었으며, 그것들은 오늘날에도 여전히 존재한다.[3]

이것을 알고 나서, 에이미와 나는 그녀의 미시시피 프로세스마인드 토템 정령이 또한 뉴올리언스의 정령일 수 있다고 추측했다. 우리가 옳았다! 몇 가지 연구 후에 우리는 에이미가 명상해 왔던 뉴올리언스 근처의 물의 여신 예말라(Yemalla)를 발견했다. 예말라는 아프리카에서 미국으로 노예

---

3) http://en.wikipedia.org/wiki/Mahalaxmi_Temple_(Mumbai) 참조.

로 데려온 아프리카 사람들을 보호하는 요르바(Yoruba) 강 여신이다. 그 여신은 오늘날 뉴올리언스에서 요르바 마술과 부두교를 수행하고 있는 사람들 중에 아직도 존재하는 요르바 신앙 시스템의 한 부분이다.[4] 뉴올리언스에 살고 있는 한 부두교 무당은 카트리나에 의한 홍수 때 많은 사람들이 목숨을 구한 것은 바로 여신 예말라 때문이라고 말했다([그림 10-2] 참조). 예말라는 아직도 오늘날 '물을 건너는' 사람들을 돕고 있다. 아마도 에이미의 인도-아프리카-미국/락슈미-예말라 프로세스마인드 지혜 인물은 우리의 알아차림으로 돌아오려고 노력했었고 심지어 오늘날에도 존중할 필요가 있다.

[그림 10-2] 2005년 태풍 카트리나 후 뉴올리언스에서의 구조

---

4) http://en.wikipedia.org/wiki/Hoodoo_(folk_magic) 참조.

활동 중인 예말라

에이미의 물의 여신 예말라와의 연결과 그녀 자신의 내면작업의 수행은 우리가 뉴올리언스에서 우리의 집단 프로세스 작업을 하는 데 도움을 주었다. 에이미는 뉴올리언스 공개 토론 집단 프로세스에 이 물의 여신과 도시의 정령을 의식하면서 참여했다. 그 집단 과정이 시작되었을 때, 사람들은 문제와 실패의 서로 다른 면들을 토론하고 논쟁하기 시작했다. 그 도시는 실패했으며, 정부는 인종 차별주의자였다. 사람들은 고통을 겪고 있었다.

어느 순간 허리케인이 있는 동안 고립되었다고 느낀 사람들의 상황을 설명하려고 애쓰던 한 사람이 "나는 물에 빠져 죽어요. 나는 물에 빠져 죽어요."라며 울부짖었다. 형언할 수 없는 침묵이 실내를 채웠다. "정부와 사람들은 나를 잊었습니다." 그녀가 소리쳤다. "내가 물에 빠져 죽어 가고 있을 때 정말 당신들은 어디에 있었나요? 당신들은 나를 듣지도 못하고 보지 못하고 와서 도와줄 수 없었나요? 도와주세요! 우리가 지붕 위에 있었을 때 당신들은 어디에 있었나요?"

놀랍게도 또 다른 사람이 일어서서 현실 안주형의 역할을 말했다. 이 사람이 자신을 위해 말했을까? 또는 연기였을까? 확실하지는 않았다. "나는 평범한 시민입니다. 나는 도와줄 수 없습니다. 나는 갈 수 없습니다." 우리의 격려를 받아 그는 더 깊이 들어갔다. "나는 더 이상 이러한 익사, 이 고통을 TV로 볼 수 없습니다. 나는 심지어 라디오로 그것에 대해 듣는 걸 견딜 수가 없습니다. 나는 더 이상 고통을 참을 수 없습니다. 나를 내버려 둬요! 내 인생은 이미 엉망진창입니다. 나를 그냥 내버려두고, 내가 떠나게 둬요. 내 눈과 귀를 막게 해 줘요! 나는 돕고 싶지 않습니다. 나는 도울 수가 없어요."

또 다시 완전한 정적이 실내를 가득 채웠다. 이 시점에서 또 다른 뉴올리언스 주민이 일어나서 공개 토론장의 중앙으로 주저하며 움직이기 시작했다. 그녀는 말을 하지 않았다. 그러나 예말라 인물을 아직도 기억하는 에이미는 직관적으로 그 여자의 메시지를 느꼈고 그녀를 앞으로 나오게 해서 그녀의 생각들을 말하도록 격려하였다. 그 여자는 해결하기 어려운 갈등에 갇혀 있는 관점의 두 인물에게 다가와 그들 사이에 서서 자신의 생각을 말했다. 그녀는 진정시키듯이 말했다. "당신 두 분—물에 빠져 들어가는 당신과 더 이상 볼 수 없는 당신—모두 물에 빠져 들어가고 있습니다!" 계속해서 그녀는 동시에 두 사람에게 말했다. "아무도 더 이상의 비극은 견딜 수 없습니다. 두 분 모두에게, 나는 괜찮다고 말합니다. 나는 당신 모두를 위해 여기에 있습니다."

이 여자가 나타낸 감정이 전환점을 만들었다. 물에 빠져 들어가던 사람과 더 이상 고통을 견딜 수 없었던 사람 모두 감명을 받았고, 고통을 견딜 수 없었던 사람은 물에 빠져 들어가고 있는 사람을 쳐다보고, 듣고, 보살피기 시작했다. 그 여자의 예말라 같은 깊은 동정심은 그 상황을 바꿔 놓았으며, 모든 사람이 도움을 받은 것처럼 느꼈다.

그 여자는 '여신'을 구체적으로 표현했고, 그녀의 요점은 파악하기 쉬웠다. 아무도 혼자 고통을 겪지 않는다. 현실 안주형 사람이나 특권층 사람들도 도움이 필요하다. 사랑과 바라보는 것 없이는, 아무도 다른 사람들의 욕구를 느끼고 볼 수 있도록 마음을 열 수 없다. 다른 관점에 대한 개방성이야말로, 양쪽이 필요로 한 다음 단계를 함께 작업할 수 있도록 한다.

생각해야 할 것들

1. 재난의 도시와 세계 환경적 프로세스는 고통과 죽음과 계급과 계층의 쟁점을 포함할 수도 있으나, 그것들은 또한 이해와 협력의 새로운 단계로의 변형을 위한 가능성을 가지고 있다.

2. 한 지역에 대한 당신의 프로세스마인드를 발견하기 위해서는, 당신의 신체에서 자신의 가장 깊은 부분을 찾고 그 경험이 그 지역의 현실이나 상상의 지점과 어떻게 연결되어 있는지 상상하고, 그 지역의 정령이 당신의 작업에서 당신을 움직이도록 하여라.

제11장
당신 신체 속의 세계와
세계 속의 당신 신체

우리가 우리의 프로세스마인드 안에 있지 않을 때, 우리는 보통 세계를 '저기 밖에' 그리고 '내가 아닌' 것으로, 때로는 익숙하지 않으며 갈등을 겪고 있는 상대방으로 심지어는 전쟁터로 경험한다. 이 장에서 나는 우리도 또한 우리 자신의 신체 자체를 전쟁터로서 경험할 수 있다는 것을 보여주려고 한다! 당신이 단지 당신의 일상적 마음과 동일시한다면, 당신의 신체는 마치 무언가가 당신을 공격하고, 지치게 하거나, 당신의 건강을 해치는 것처럼 느낄 수도 있다. 반면에 신체 문제는 또한 비국소적(非局所的)일 수 있는데, 즉 당신이 살고 일하는 장(場)이나 상황 전체에 속해 있다는 것이다. 그러나 증상들이 당신 것이든, 환경과 비국소적으로 연결되었든, 당신 프로세스마인드의 본질은 그것이 외부 세계의 갈등상황을 중재하는 것처럼 증상들의 완화를 중재할 수도 있다.

로 봇

우리는 보통 우리의 신체를 '국소적'인 것으로, 즉 지금 여기에 있다고 생각한다. 염증이나 증상들은 보통 옳지 않고 반드시 제거되어야 하는 대상으로 보인다. 이러한 관짐은 신체를 기계적 동체, 로봇으로 여긴다. 당신은 로봇을 운전하고, 로봇은 완벽하게 작동되어야 한다. 그것에 문제가 생기면 수리한다. 이것은 정상적이고 훌륭한 아이디어다. 만약 신체 문제에 대한 기계적 혹은 화학적 해결책이 있고 그러한 해결책이 맞다면 모든 것이 나아질 것이다. 반면에 신체 문제에 대한 기계적 해결책은 항상 완벽하게 맞지 않는데 아마도 신체가 기계적 장치일 뿐만 아니라 당신의 꿈, 신화, 프로세스마인드를 포함하는 (그러나 이것에 의해 제한되지는 않는) 꿈 같은 경험들의 통로이기 때문이다. 나는 당신의 신체와 당신의 꿈 모습 사이의 관계를 '드림보디'라고 부를 것이다(나의 저서 『드림보디(*Dreambody*)』, 『꿈꾸는 영혼(*Working with the Dreaming Body*)』, 『양자심리치료(*Quantum Mind and Healing*)』 참조).

다시 말해, 외부 세계 혹은 우리 꿈에서 우리가 참여하는 조화, 갈등 그리고 전쟁들은 단지 우리의 꿈 외부 또는 내부만이 아니라 우리 신체 내부이기도 하다.

나는 『초자연치료사의 신체(*Shaman's Body*)』에서 케냐의 초자연치료사들이 신체 문제를 어떻게 치료하고, 동시에 전체 공동체를 치료하기 위해 초자연치료 방법과 연결된 프로세스마인드를 사용하는지 설명하였다. 단지 1980년대의 아프리카뿐만 아니라 전 세계에서 모든 시대에서, 초자연치료사들은 증상을 의식의 변형 상태―전체 공동체가 함께 공유하는 경험―로 들어가기 위한 초대라고 이해해 왔다. 그러나 최근 대다수의 사람들은 신체 문제가 국소적이며 공동체 혹은 세계와 아무런 관계가 없다고 믿는다. 나의 초자연주의에 대한 연구와 경험 그리고 지난 40년간의

신체 증상에 대해 상담하며 얻은 지식들은 내게 신체 증상이 공동체 프로
세스와 불가분하게 얽혀 있다는 사실을 알게 해 주었다. 더구나 공공의 상
황이 우리 신체에 영향을 주는 것처럼, 증상에 대한 치료는 직접적으로 혹
은 간접적으로 공공적 삶에 대한 우리의 관계에 영향을 미친다.

　나의 저서 『양자심리치료(*Quantum Mind and Healing*)』에서 나는 다
양한 수준의 알아차림뿐만 아니라 의료적 그리고 신체작업 방법을 포함
하기 위해 '무지개 의학(rainbow medicine)' 이라는 개념을 도입했다.[1] 프
로세스—지향적인 무지개 의학의 핵심은 프로세스마인드다. 다음에서 무
지개 의학을 묘사하는 [그림 11-1]은 어떻게 과학적 지식, 이성적 사고,

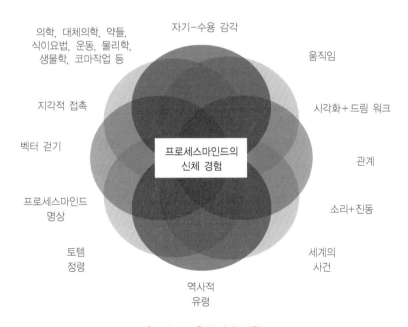

[그림 11-1] 무지개 의학

---

1) 비록 그들의 '무지개' 는 다른 것이지만, 나는 미국 토착 원주민의 무지개 의학을 존중한
　다. 울프 문댄스(Wolf Moondance)의 『무지개 의학: 미주 토착 원주민 초자연주의의 비전
　적 안내(*Rainbow Medicine: A Visionary Guide to Native American Shamanism*)』
　(New York: Sterling, 1994) 참조.

사회학 그리고 꿈들이 모두 평안함이나 심지어는 치유가 가능한 근원으로 여겨질 수 있다는 것을 보여 준다. 무지개 의학을 나타내는 원의 중심에 프로세스마인드의 '신체 경험'이 있다.

왜 무지개 의학인가? 대부분의 치유 과정과 지원 과정은 '단색(單色)'이다. 그 과정들은 단지 하나의 색깔 혹은 진동을 강조한다. 무지개 비유는 우리가 어떤 하나의 문제를 또 다른 관점들과 알아차림 수준들 그리고 많은 통합적 접근을 요구하는, 무지개의 중심으로 보도록 권장한다.

무지개 의학은 대증요법 과정과 목적론적 과정 모두에 개방적인 관심을 포함한다. 인체에 대한 고전적인 대증요법 접근은 무엇인가가 잘못되었을 때 그것이 고쳐져야만 한다는 것을 가정한다. 목적론적 접근은 당신을 귀찮게 하는 것에서의 의미와 목적을 찾는다. 예를 들어, 내가 앞에서 말했듯이 일상적 마음의 관점에서 증상은 반드시 치료되어야 하는 화학적 혹은 기계적 문제일 수 있다. 프로세스마인드의 관점에서 볼 때 이러한 대중적 관점은 신체 증상에 대한 현재의 교감에 속하며, 매우 중요할 수 있다. 또 다른 관점에서 볼 때 증상은 개인적이고 또한 주관적이며, 꿈같은 경험이다. 예를 들어, 유물론적인 관점에서 감기의 증상은 독감 때문일 수 있다. 그러나 우리의 프로세스마인드는 이러한 관점에 독감은 의식의 변형 상태를 탐구할 수 있는 기회라는 생각을 추가할 수 있다. 어쨌든 목적론적 관점에서 증상들은 당신 자신, 당신의 관계 그리고 세계에 대해 당신이 알아야 할 필요가 있는 무엇인가를 상기시켜 줄 수 있다.

당신의 일상적 마음에 대해, 대중적인 관점과 목적론적 관점을 동시에 따르는 것이 종종 역설적인 것처럼 보인다. 이것은 '고장 난 것을 고치는 것'이거나 '사물의 의미를 듣는 것' 중 하나다! 그러나 당신의 프로세스마인드에서 모든 신체 사건들은 무지개, 진동과 접근 방법의 연속체에 속해 있다. 만약 문제가 기계적으로 고쳐질 수 있다면, 그렇게 하여라. 그리고 만약 그것이 어떤 의미를 가진다면, 그것을 찾도록 하여라.

무지개 의학 그림은 신체 경험이 많은 감각적 알아차림 인식 또는 통로를 포함하고 있음을 보여 준다. 다음의 목록은 우리의 국소적 혹은 비국소적 심리학과 연관된 더 일반적인 감각적 기반을 가진 통로를 간략하게 묘사하고 있다.

감각에 기반을 둔 통로

자기 수용 감각. 주어진 증상의 느낌, 신체 감각을 의미한다. 증상의 자기 수용 감각적 경험(예로, 찌르는 것 같은 통증)은 항상 꿈에서 예시된다[예로, 날카로운 칼, 나의 저서 『드림보디(*Dreambody*)』 참조].

움직임 혹은 운동 감각. 몇몇 신체 경험들은 움직임에서 스스로를 나타낸다. 움직임 문제들은 나타내려고 하는 어떤 리듬이나 힘을 가지고 있을 수 있다.

관계. 비록 '관계'가 모든 다른 감각 통로들을 포함하지만, 나는 신체의 증상에서 관계의 중요성 때문에 관계를 그 자체로 통로로 생각한다. 수년 전에 나와 에이미는 뇌종양으로 죽어 가면서 큰 통증을 겪고 있던 한 여인을 상담했었다. 우리는 그녀가 자신의 암과 통증에 대해 이야기하기를 원할 것이라고 확신하였으나 그렇지 않았다. 그녀는 그녀가 얼마나 자신의 자녀들을 싫어하는지를 이야기하고 싶어 했다! 자녀들도 함께 있었는데 그들 또한 그녀를 그다지 좋아하지 않았다. 놀랍게도 우리가 그녀의 자녀와의 관계 긴장에 대해 상담하자 그녀의 통증이 줄었으며 그녀는 기분이 좋아졌다.

시각화와 드림 워크. 예를 들어, 느낌을 보는 것처럼 신체의 경험을 시각화하는 것은 공감각(共感覺)의 한 형태이며, 꿈들과 연결되어 있다.

소리, **청각적 통로.** 어떤 경우에 신체 경험은 소리의 형태로 스스로를 나타낸다. 청각적인 자기 수용 감각적 공감각은, 예를 들어 호주 원주민 치료사들이 디제리두(didgeridoo, 아주 긴 피리같이 생긴, 호주 원주민의 목관 악기)를 사용하는 것처럼 신체에 '치료하는' 소리를 불어넣음으로써 발생할 수 있다.

벡터 걷기. 모든 우리의 감각 통로들은, 예를 들어 '땅을 따라서' 때와 같이 벡터 걷기에 포함되어 있다[이 주제에 대해서는 『땅을 기반으로한 지기 심리학(*Earth-Based Psychology*)』 참조].

지각적 접촉. 비록 지각적 접촉이 많은 통로들의 조합이지만, 나는 지각적 접촉 이것을 독자적인 감각적 통로로서 포함하였다. 왜냐하면 사람들이 보고, 듣고, 손으로 느끼는 것이 매우 중요하기 때문이다. 가까운 사람에게 단지 당신의 손을 얹는 것만으로도 당신과 그 사람 모두에게 깊은 경험을 드러낼 수 있다.

앞에서 나는 모든 감각 통로들은 중복된다고 하였다. 그들은 '짝' 지어져 있는데, 이것은 둘 이상의 일반적으로 독립적인 과정들이 갑작스럽게 서로 영향을 미치는 것을 의미한다.[2] 예를 들어, 앞에서의 예처럼 관계 상황과 신체 문제는 관습적으로는 독립적이나, 그것들도 또한 관계 상황을

---

2) 예를 들어, 방 안의 온도 차이는 열이 한쪽에서 다른 쪽으로 흐르게 하는 원인이 된다. 마찬가지로 만약 당신이 한쪽의 창문을 열면 압력의 차이가 공기를 흐르게 한다. "이러한 두 흐름은 독립적이거나, 짝을 지어 (즉, 하나가 다른 것에 영향을 주면서) 일어날 수 있다. 마찬가지로 열전 효과에서 열은 전류의 흐름을 일으킬 수 있고 전기는 열의 흐름을 일으킬 수 있다." 『*Physics Review*(1931)』, 제37권 pp. 405-426. "비가역 과정에서의 상호관계(Reciprocal Relations in Irreversible Processes)" 참조.

바꾸는 것이 신체 문제를 바꿀 수 있으며 특정한 신체 경험은 관계를 맺는 능력을 변화시킬 수 있는 것처럼 짝지어져 있을 수 있다.

세계가 어떻게 당신의 신체 감각에 영향을 미치는가는 또한 연결된 과정이다. 일상적 실재 CR에서 세계는 내가 아니다. 그러나 프로세스마인드 관점에서는 당신은 또한 당신 주변의 세계이기도 하다. 프로세스마인드 관점이 없다면 우리는 아마도 "세상이 나를 귀찮게 해!" 혹은 "너는 나를 힘들게 해!"라고 말할 수 있다. 프로세스마인드 관점에서, 우리에게 일어나는 것은 환경과 연결되어 있다.

나는 수년 전 케냐의 치료사들이 우리의 치료를 위해 깊은 최면 상태로 들어갔을 때 이러한 상호 연결을 경험했었다. 그 여성 초자연치료사는 자신을 '신들림'이 되게 하고 "나는 이것을 보고 있어! 나는 저것을 보고 있어!"라고 소리치기 시작했다. 그리고는 그녀는 우리에게 와서 신비로운 일을 하였으며, 그것은 상당히 신비롭게 보였다. 그러나 곧 갑자기 그녀는 우리의 치료 의식 동안 주위에 둥글게 서 있던 몇 명에게도 같은 일을 하기 시작했다. '우리 의학'은 단지 우리뿐만이 아니라, 곧 원시 공동체 전체를 위해 사용된 것이다. 그녀의 프로세스마인드(그녀는 알라 신의 계시라고 함)는 그녀를 우리가 모두 함께 얽혀 있고 또 모두 도움을 받는 단일 세계로 들어가도록 했다.

실습 11: 공공 스트레스

프로세스마인드가 어떻게 당신의 신체를 세상의 사건들과 연결해 주는지 이해하기 위해 다음 실험을 해 보자. 먼저 신체 경험, 공공의 상황에 의해 스트레스를 받는 느낌에 대해 집중해 보자. 준비되었는가?

스트레스 발생 요인.   당신의 신체에서 당신이 스트레스를 느꼈거나 느꼈을 수도 있는 공공 장면을 상상해 보자. 만약 여러 장면이 가능하다면, 우선 그중 하나를 선택하여라. 어떠한 사람 혹은 어떤 상황이 그러한 공공 사건 동안 당신의 신체에 가장 큰 스트레스로 나타나는가? 이러한 대중적 '스트레스 요인'이 당신에게 주는 것처럼 그림, 느낌, 움직임, 소리의 개념으로 상상하고, 느끼며, 설명하여라. 그것에 대해 말해 보거나 실연해 보고, 스트레스를 만드는 에너지를 그려 보아라.

피해자.   당신은 그 에너지에 대해 당신의 신체 어디에서 반응하는가? 신체 전체가 포함되는가? 당신의 증상은 어디에 있는가? 당신의 신체 (혹은 가능한 증상) 반응과 그 에너지를 느끼고 지각하여라. 이 증상 또는 반응을 실연해 보아라. 어떤 종류의 사람 혹은 당신의 개인적 심리 중 어느 부분이 피해를 받았다고 느끼며 외부의 스트레스나 '압제자(oppressor)'에 대해 반응하는가? '피해자'에게 이름을 붙이고, 실연해 보며, 그 에너지를 그려 보아라.

당신이 프로세스마인드.   이제 당신의 프로세스마인드로 들어가 보자. 당신은 이를 앉아서 혹은 서서 할 수 있지만, 서서 하는 것이 좋을 것이다. 당신이 이 책에서 앞의 연습을 했던 것처럼 당신 신체에서 당신의 가장 깊은 자아를 찾아라. 그 영역으로 깊이 호흡해 들어가라. 그리고 느끼고, 보고, 그것이 당신을 움직이게 하여라. 이를 경험하는 동안 몇몇의 실존하는 혹은 가상적인 땅 지점과 연관 지어 보아라. 당신의 상상 속 그 지점에 가 보아라. 주변을 둘러보고 준비가 되었다면 실제로 그 땅 지역, 그 지점, 당신의 프로세스마인드가 되어라.

이제 형태-변형을 하여라. 당신의 일상적인 정체성을 떠나 땅, 이러한 프로세스마인드 지점이 당신을 움직이고 춤추게 하도록 하여라. 당신이 아직 이러한 움직임 경험 가운데 있는 동안, 긴장을 발생하는 스트레스 발생 요인과 피해자의 반응들을 떠올려 보아라. 계속해서 당신의 프로세스마인드 경험에 있으면서, 스트레스 발생 요인과 피해자를 찾아라. 만약 당신이 아직도 프로세스마인드에 남아 있다면, 아마도 스트레스 발생 요인과 피해자 간의 관계를 '이해' 하고 중재할 것이다. 이것은 매우 비인식적 경험일 수도 있다. 그 경험을 신뢰하고, 당신의 프로세스마인드가 그러한 극성에 어떻게 대처하는지를 콜라주 페이지 #11에 기록하여라.

　당신이 여전히 당신의 프로세스마인드 경험에 가까이 있는 동안, 비슷한 종류의 스트레스 발생 요인이 나타나는 또 다른 공공 상황에 도입하는 것을 상상해 보자. 당신의 프로세스마인드가 스트레스 상황을 어떻게 다룰 것인지 상상해 보아라. 당신의 경험에 대해 기록하여라. 어떤 방법으로 당신의 경험은 당신 자신뿐만 아니라 그 스트레스를 발생시키는 공공 상황에 대한 '의학' 이 될 수 있는가? 당신의 통찰에 대해 콜라주 페이지 #11에 기록하여라.

레이첼은 그녀를 얕잡아 보는 사람들을 두려워하게 된 기업 현장에 대해 스트레스를 느꼈던 코치였다. 그들은 비열하고 무정한 것 같았고, 그들이 그녀를 차갑게 바라보는 방식에 그녀는 압도당했다. 그녀는 자신의 신체가 이러한 공공 스트레스 발생 요인에 불안하게 요동치는 심장으로 반응한다고 느꼈다.

　이 실습을 하면서 그녀는 '따뜻한 모래, 멋진 파도와 좋은 바람' 이 있는 이탈리아 리비에라에서 자신의 프로세스마인드를 발견했다. 그녀의 이탈리아 해변에서의 프로세스마인드 경험의 따뜻함과 느림에 대해서 생각하는 것이 그녀를 훨씬 기분 좋게 해 주었다.

　그녀가 이탈리아 리비에라가 되는 동안, 그 사람들은 모래사장을 세계

때려서 '떨게' 만드는 차가운 바다 파도가 되었다. 그러나 그녀는 해변과 해변 뒤의 육지가 너무 거대해서 차가운 바다는 따뜻한 해변에 큰 영향을 미치지 못한다는 것을 깨달았다. 그녀는 자신의 프로세스마인드가 하나의 프로세스 안에 떨고 있는 제방과 때리는 파도 모두를 포함하고 있다는 것을 알았다. '아, 이것이 모두 나에게 있고, 이것이 모두 단순한 본질이다! 나 또한 때때로 냉정할 수 있고 위협적일 수 있다! 그리고 나는 또한 따뜻한 마음의 사람이다.' 이러한 생각들이 그녀를 웃게 하였고 그녀의 불안함과 심장의 증상을 완화시켰다.

레이첼은 이탈리아 리비에라 프로세스마인드 경험을 기업의 다음 사건에 어떻게 사용하는지 적용하는 데 어려움이 없었다. 다음에 그녀가 그 사람들을 만날 때 그녀는 마치 해변처럼 단순히 흔들리고 들어오는 차가운 파도와 함께 흐를 것이며, 냉정하고 강력한 자신이 될 것이다. 몇 주 후 그녀는 이 경험을 현실화하고 이 '의학'을 사용하였다. 그녀는 "나는 그 사람들이 있을 때 처음에는 다시 떨고 있는 자신을 발견했으나, 내가 따뜻한

[그림 11-2] 토템 땅 지역으로서의 이탈리아 리비에라

육지와 차가운 바다를 모두 갖고 있다는 것을 기억했다. 그래서 나는 앞뒤로 굴렀고, 평소보다 더 냉정하고 강력해졌다. 놀랍게도, 나는 나 자신과 또한 다른 모든 사람에게 더 따뜻함을 느꼈다! 다른 사람들은 나를 더 존중하는 것처럼 보였다.”고 했다.

외부의 상황은 부분적으로 긴장감과 질병을 만들어내는데 그것은 우리가 외부의 상황과 외부 상황에 대한 우리의 저항을 우리 자신의 프로세스마인드의 다양성의 부분들로 보지 않기 때문이다. 일단 레이첼이 스트레스 발생 요인과 피해자 모두, 두려워했던 냉정함과 불안 모두가 그녀의 프로세스마인드 ‘리비에라’ 영역의 상태와 부분으로 포함된 것을 알아차리자 그녀의 신체는 그녀의 회사 업무를 도와줄 수 있었다.

미토스타시스

만약 당신이 이러한 실습을 통해 프로세스마인드 경험을 할 수 있다면, 그것은 당신에게 적어도 순간적인 평안함의 느낌을 줄 수 있을 것이다. 프로세스마인드의 평안함은 신체와 마음의 단순한 평안함 이상이다. 즉, 신체적 안녕은 항상성(恒常性)으로 특징되는데 이것은 개방 혹은 폐쇄 시스템, 특히 살아 있는 유기체의 성질이며, 안정하고 일정한 조건을 유지하기 위해 자신의 내부 환경을 조절하고자 하는 것이다.[3] 예를 들어, 만약 당신이 덥다면 당신의 신체는 신체를 식히고 다소 일정한 체온을 유지하기 위해 땀을 흘린다. 알로스타시스(Allostasis, 생체의 안정성 혹은 항상성을 유지하기 위한 변화)는 생물적인 항상성이지만 또한 항상성을 만들기

---

3) 항상성(Homeostasis)은 살아 있는 개체가 많은 작은 내부 조절을 통해 안정되고 일정한 내부 환경을 조절하는 능력이다. 현대 생리학의 창시자로 여겨지는 클로드 버나드(Claude Bernard)는 1865년 처음으로 이 용어를 만들었다. 이 용어는 그리스어의 homoios(유사, 같은, 비슷한, 닮은)와 stasis(균형 상태, 유지되는)로부터 유래했다.

위한 행동 수단과 심리적 수단을 포함한다. 예를 들어, 만약 누군가가 당신을 쫓고 있다면 당신은 자신을 보호하기 위하여 자동적으로 땀을 흘리며 안전을 지키기 위해 달릴 것이다. 알로스타시스 한 변화는 항상성(homeostasis)을 달성하기 위하여 사회적, 생태적, 세계의 스트레스를 조정하고 살기 위한 모든 가능한 적응들을 포함한다.[4]

항상성과 알로스타시스는 생명을 보호하는 프로세스마인드의 육체적 심리적 프로세스다. 그러나 프로세스마인드의 목표는 이들을 포함하지만 이들 이상이다. 프로세스마인드는 우리의 신화적인 본질을 유지한다. 나는 미토스타시스(mythostasis)를 우리의 생물학을 유지하고 안정화하는 사회적, 행동적 그리고 생물학적-변화 프로세스를 만들고, 우리의 근본적인 본질과의 접촉을 유지하기 위한 프로세스마인드의 능력이라고 정의한다. 미토스타시스는 우리가 우리의 근본적인 빅 U 방향과 프로세스마인드에 비슷하게 신화적인 자신들로 있으면서 환경으로부터 긍정적이거나 부정적인 피드백을 따름으로써 여러 극성 사이에서 가변성이고, 이리 저리 움직임으로써 스트레스에 대처하려는 우리의 능력이다. 앞의 실습에서 레이첼의 경험과 제1장에서 설명한 사라 할프린의 죽기 전 마지막 경험은 프로세스마인드가 알로스타시스와 항상성이 실패할 때 삶의 중간과 삶의 경계 모두에서의 미토스타시스라는 것을 제시한다.

프로세스마인드의 미토스타시스는 심지어 생명 자체가 위험에 처했거나 죽음에 가까웠을 때 항상성을 유지하고 우리의 근본적인 신화를 유지하는 신체 프로세스를 자기-조직한다. 마찬가지로 한 집단, 한 조직, 한 도시의 미토스타시스는 그 프로세스를 자체의 땅에 기반한 본질에 가깝게 유지한다. 미토스타시스는 "제10장, 캥거루는 죽일 수 있어도, 캥거루의 꿈꾸기는 죽일 수 없다."에서 언급된 호주 원주민의 생각에서도 나타

---

4) 나에게 의학에서의 스트레스 개념과 '알로스타시스(allostasis)'에 관한 새로운 개념을 소개해 준 오리건 포틀랜드의 피에르 모린(Pierre Morin) 박사에게 감사한다.

났다. 미토스타시스는 생리학을 포함하지만, 우리의 본질을 유지시켜 주는 육체적 생명 기능을 크게 넘어설 수도 있다. 레이첼의 경우, 그녀의 프로세스마인드 미토스타시스는 항상성을 달성하기 위해 이탈리아 해변과 그녀의 이탈리아 리비에라 방향을 사용한 것이다.

프로세스마인드의 미토스타시스 한 흐름은 전체적인 평안함의 감각을 되돌린다. 죽음 가까이에서, 항상성에 도달하기 위해 필요한 알로스타시스가 실패하기 시작할 때, 신화적인 토템 정령 중심에 대한 우리의 연결을 유지하는 미토스타시스의 최우선하는 패러다임이 더욱 명백해진다. 내게는 종종 많은 증상과 더불어 아마도 노화 자체가 프로세스마인드의 미토스타시스한 능력의 알아차림을 증진시키는 것처럼 보인다. 우리가 우리의 일상적 실재 CR 정체성이 비지속적이고 최대 120년 정도로 제한되었다는 사실을 깨닫게 되면, 우리 안의 무엇인가는 우리에게 어떤 형태의 생명으로 계속되고 있음을 상기시킨다. 당신은 캥거루는 죽일 수 있어도, 캥거루의 꿈꾸기는 죽일 수 없다.

제9장에서의 파인맨의 그림을 회상해 보자([그림 9-1]). 그 그림은 우리에게 프로세스마인드가 어떻게 시간에서 앞으로 그리고 뒤로 흐르는지를 상상할 수 있게 해 준다. 그 그림을 스트레스성 상황에 적용하면 우리는 미토스타시스의 연장선에서 점선의 비시간적 프로세스마인드 선을 인식할 수 있다. 일상적 실재 CR의 관점에서 볼 때, 당신의 신체가 스트레스를 받는 시간에서 앞으로 가는 것은 압박적 증상—발생자, 즉 당신을 '좌절'시키려고 위협하는 스트레스 요인들 때문이다. 하지만 만약 당신의 일상적 정체성이 당신의 프로세스마인드를 찾기에 충분히 완화되었다면, 파인맨 그림에서 점선의 비시간적인 프로세스마인드 과정이 나타난다. 그것은 당신의 알아차림이 한쪽 편 또는 한쪽의 에너지와 그 상대편 사이를 중재하고 흐르도록 허용한다. 레이첼의 말을 따르면, 이 모든 것이 단지 리비에라의 파도와 부딪히는 해변이다.

우리는 시간과 공간에서의 개별적 존재이며 또한 하나의 연속적이고

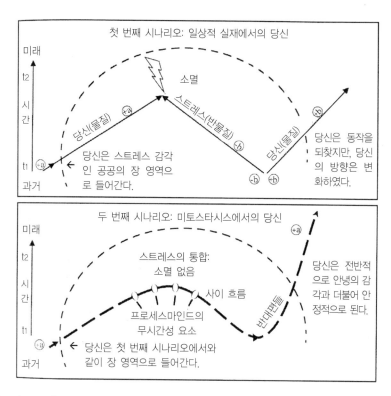

[그림 11-3] 리처드 파인맨의 그림에서 인용한 미토스타시스. 일상적 실재 CR에서
당신은 반대(스트레스)와 마주치게 될 것이나, 프로세스마인드의 미토스
타시스한 공간에서 당신은 반대편 사이를 흐르게 되어 안정적으로 된다.

미토스타시스한 시간에 구애받지 않는 과정이다.[5] 우리의 프로세스마인
드는 내부 신체 긴장의 완화를 중재하지만, 아마도 '평안함'의 가장 완벽
한 느낌은 우리가 또한 우리의 프로세스마인드를 세계가 자체의 긴장을
푸는 것을 돕기 위해 사용할 때 얻어질 것이다.

---

5) 물리학에서 프로세스와 연결된 비평형의 대칭성은 양자 세계에서 시간 가역성의 개념에
기초를 두고 있다. 라스 온사거(Lars Onsager)는 열역학적 시스템에서 상호 연동된 흐름
과 힘에 관한 1931년 연구 결과로 1968년 노벨 물리학상을 수상했다.

생각해야 할 것들

1. 당신의 신체는 기계 혹은 로봇일 뿐만 아니라 전 세계의 꿈이며 한 부분이다.

2. 인생은 스트레스가 많을 수 있지만, 우리의 미토스타시스한 프로세스마인드 본질은 거의 모든 것을 좌우할 수 있다.

제3부
과학과 종교에서의
프로세스마인드

우리가 경험할 수 있는 가장 아름다운 것은 신비함이다. 이 신비함은 모든 진실된 예술과 모든 과학의 근원이다. 이러한 감정이 낯설고, 더 이상 경이(驚異)에 멈출 수 없고 넋을 잃을 수 없는 사람은 죽은 사람이나 마찬가지다. 그의 눈은 감겨 있는 것이다.

– 알버트 아인슈타인

제12장
과학, 종교 그리고 신에 대한 경험

　이 책의 제1부와 제2부에서, 우리는 프로세스마인드의 특성을 탐구하고 내가 '반은 의식 안에, 반은 의식 밖에'라고 표현하는 의식의 반(半)-변형 상태의 새로운 (또는 고대의) 의식 형태를 감지하고 분위기, 관계, 갈등 그리고 공공 상황에 적용하는 방법을 탐구했다. 이제 제3부에서 우리는 당신 자신이 프로세스마인드의 결합적인 의식에 몰입하는 것이 어떻게 과학, 종교 그리고 그것들의 상호연결에 관한 당신의 관점에 영향을 미칠 것인지 알아볼 것이다. 이 장에서 나는 일반적인 신념 체계와 특별히 당신 자신만의 신념의 본질을 탐구하여 그것이 어떻게 당신의 삶에 의미를 주는지 또 그것이 실제적으로 '작동'하기 위해서 어떻게 당신의 알아차림을 필요로 하는지 알아보려고 한다.

과학과 종교의 경계

　과학과 종교는 나누어져 있으나 몇몇 사람들이 생각하는 것만큼은 아니다. 일반적으로 과학은 과학자들이 최고의 원리—공간 시간 물질의 측정에서 나타나는 패턴의 존재—를 믿는 한에 있어서는 종교와 같다. 최고의 원리 외에도 과학은 또한 이론을 측정 가능한 실험실 장비로 증명하는 과학적 방법을 사용하는 것과 같은 의식(儀式)을 가지고 있다. 어떤 주어진 사건을 이해하는 데 도움이 되지 못하는 외적인 이론들은 배척된다. 어떤 측면에서 과학은 공간, 시간, 물질적 사건들이 '신의 마음'라고 불리는 패턴에 의해 구성된다고 믿는 일상적 실재 CR의 종교다.

과학은 주관적인 경험, 즉 측정 불가능한 영향을 배제하기 때문에 모든 사람을 만족시키지 않는다. 많은 사람들은 신화와 의미 또는 적어도 그들의 삶을 가치 있게 하기 위해 일종의 느낌을 필요로 한다. 나는 신화와 의미의 세계, 꿈과 초월적인 주관적 경험의 세계를 '드림랜드(dreamland)' 또는 '본질'이라고 부른다. 사건들의 과정-지향 접근은 과학과 영성을 포함하며, 다시 말하자면 꿈과 본질적 차원의 경험뿐만 아니라 측정 가능한 실제를 포함한다. 어떠한 상황도 모든 수준을 결합한다. 예를 들어, 정원을 구성하는 땅의 부분은 실제적인 사물이며, 원예학은 과학이다. 당신은 정원에 무엇을 언제 심어야 하는지 알아야 할 필요가 있다. 동시에 일부 원예가들은 원예학이라는 과학을 예술로 승화시키는 땅의 부분에 대해 특별한 감정을 갖는다. 그 감정은 정확하게 측정될 수 없으며 심지어 성의될 수도 없다. 정원사에게 시간, 공간, 물질 그리고 정원에 대한 꿈은 분리할 수 없는 것이다. 어떤 측면에서 과학과 영적 전통은 같은 사물의 서로 다른 차원으로 정원사에게 연결되어 있다.

1970년대 양자이론의 발견 이후, 양자이론에서 비국소성의 실험적 증거는 물리학과 종교를 서로에게 더 가깝게 만들었다. 국소성을 분리된 공간과 시간의 개념으로 정의하는 고전적 뉴턴 물리학은 비국소성을 연구하는 양자물리학과 접하고 있다. 즉, 비국소성은 공간과 시간에서 많이 떨어져 있다고 하더라도 독립적으로 여겨질 수 없는 부분들을 상호 연결한다. 비국소성은 대부분의 종교에서 본질적인 요소에 가깝다. 지적이며 연합된 분야와 같은 감각은 모든 사람과 모든 것을 연결시킨다.

　더욱이 물리학과 종교는 둘 다 자체의 이론을 가지고 있는데, 이론 (theory)이라는 단어는 고찰(speculation), '신의 물질'을 의미하는 테이온 (theion), 자연의 신성한 조직[또는 '우주(cosmos)']의 관찰과 연관되어 있다. 물리학과 종교 모두 이야기, 꿈, 자연에 관한 진실을 가지고 있다. 이 두 가지는 모두 '내가 누구인가?' '내가 왜 여기에 있는가?' 그리고 '누가 이러한 질문을 하는가?'와 같은 질문에 대한 답을 찾는다. 이 두 가지는 우주 이면의 지적인 존재를 알아내려고 하는데, 우주는 아인슈타인을 제외한 다른 과학자들에 의해 신성과 연관이 되었다. 최근에 잘 알려진 천문물리학자 스티븐 호킹은 예를 들어, "만약 우리가 모든 것에 대한 이론들을 발견한다면, 그것은 인간 이성의 궁극적인 승리가 될 것이다. 그때는 우리가 정말로 신의 마음을 알게 되기 때문이다."[1]라고 말했다.

알아차림 수준으로서의 우주

　우리는 한 관점에서 다음과 같이 추론할 수 있다. 아마도 신의 마음의 한 측면은 호킹이 과학적 방법이라고 부른 것과 같이 '인간 이성'에 의해 신성화되며, 똑같은 신의 마음의 또 다른 측면은 명상, 내면작업 그리고 의식의 변형 상태 동안의 알아차림을 통해 알려진다. 물리학에서 일상적 실재 CR 우주는 측정될 수 있고 기록될 수 있는 모든 것, 즉 자연 법칙과 그것에 연관된 상수뿐만 아니라 물질적으로 존재하는 모든 것—시간과 공간의 전체, 물질, 에너지, 모멘텀의 모든 형태—을 포함하고 있다. 일상

---

1) 폴 데이비스(Paul Davies)의 『신의 마음: 합리적 이성 세계를 위한 과학적 기초(*The Mind of God: The Scientific Basis for a Rational World*)』. (New York: Simon & Schuster, 1992).

적 실재 CR에서 측정에 따르면, 우주는 약 137억 년 전에 시작되었다고 한다. 그러나 일상적 실재 CR의 관점은 우주가 어떻게 시작되었는지 알려 주지 못하며, 시작이라는 단어 자체가 오늘날의 시간에 근거한 문화적 개념 이상인지도 알려 주지 못한다. '시작' '끝' 과 같은 개념은 시간이 거꾸로 갈 수 있는 양자 세계에서는 항상 적용할 수 있는 것이 아니다.

일상적 실재 CR과 드림랜드, 과학과 종교 사이의 경계는 두 세계 사이의 경계와 같다. 유명한 플라마리옹(Flammarion) 목판화[출처: 프랑스 천문학자 카미유 플라마리옹(Camille Flammarion)의 저서 『대기: 일반 기상학 (L'atmosphére: Météorologie Populaire, The Atmosphere: Popular Meteorology)』 (1888년에 프랑스 일반 대중을 위한 기상학 저서)]는 이것을 아름답게 묘사하고 있다([그림 12-1]). 볼 수 있고, 알려진 세계는 그림 오른쪽에 있는 내부 공간이며 또 다른 영역, 아마도 꿈꾸는 우주 또는 영적 우주는 왼쪽과 그 너머에 있다. 한 사람이 마치 커튼이 쳐져 있는 것과 같이 지구 대기를 통해 우주의 작동을 쳐다보고 있다. 그림의 원래 설명은 "중세의 선교사가 자신이 천국과 지구가 만나는 장소를 발견했다."라고 되어 있다.

[그림 12-1] 『대기: 일반 기상학』, 카미유 플라마리옹 목판화. 1888.

이 목판화는 내가 '반은 안에 있고, 반은 밖에 있는' ─반은 '하늘'에, 그리고 반은 '지구' 위에 있다고 하는 조건에서의 관찰자를 보여 준다. 심리학적으로 본다면, 과학과 종교 사이의 갈등은 일상적 실재 CR 사실과 세부 그리고 드림랜드와 프로세스마인드로의 연결 사이의 경계에서 정확하게 설명될 수 있다. 과학과 종교 어느 것도 그 자체에서 간격을 메울 수 없다. 사실, 하나는 일상적 실재 CR '지구'에 전념하고 다른 것은 '천국'의 실제에 전념하기 때문에, 간격은 단지 이 두 관점 사이의 차이를 증가시킨다. 이러한 분리가 우리에게 고통을 준다.

프로세스마인드는 과학과 종교 사이의 경계 양쪽을 다룰 수 있는데, 프로세스마인드는 다차원적 경험을 허용하고 수용할 수 있기 때문이다. 이것이 프로세스마인드로의 연결의 유용성이다. 바로 그것이 '목판화'에 '색칠'할 수 있는 것이다. 프로세스마인드로서, 우주는 측정 가능한 개념이며 주관적 경험 모두인 것이다.

앞에서 본 것처럼, 우주는 양자물리학의 수학으로 나타나며 또한 스스로를 바라보려고 하는 자기-반영적 지적 존재로서 심리학적인 '양자신호교환'에서도 나타난다. 나는 우주라는 개념을 모든 일상적 실재 CR과 꿈같은 신화적 경험─자기-조직적, 자기-반영적 지적 존재의 총합을 의미하는 것으로 사용한다. 이러한 정의는 말로 표현할 수 없는 신비한 '일체성(oneness)' 경험뿐만 아니라 우주에 관한 물리학 이론과 종교적 이야기 및 신비 영역을 포함한다. 우주는 일상적 실재 CR 관점에서 객관적인 것으로 보이나 그것은 또한 스스로에 대해 끊임없이 궁금해 하며 사람들의 과정이다. 이런 자기-발견 과정은 물리학과 심리학을 서로 얽히게 하고 바꿀 수 없게 연결시킨다. 이것을 간단히 표현하면, 우주는 우주에 관한 모든 변화하는 관점들의 합이다.

왜 나는 우주가 무엇인지 또는 아닌지에 초점을 맞추는가? 대부분의 사람들은 그들이 영적 경험을 하거나, 신비주의자 혹은 미친 과학자이거나 또는 죽음 가까이가 아니면 이런 주제에 대해서 생각하지 않는다. 첫 번째

이유는 우리가 우리 자신을 단지 자연의 한 부분으로 동일시할 때 우리가 느끼는 고통을 줄이고자 하는 것이다. 단지 한 부분이라는 것은 다른 부분들과 끊임없는 갈등에 있는 것이다. 일상적 실재 CR에서 다른 부분들을 인정하고 중재하기 위해서 프로세스마인드의 변형 상태에서 반은 들어가 있고 반은 밖에 머물러 있어라.

과학과 종교에서 프로세스마인드의 첫 번째 훈련과 두 번째 훈련

누가 우주 전체를 다룰 수 있는가? 어느 누구도 그렇게 할 수 없고 그렇게 해서도 안 된다. 반면에 우리는 우주에 살고 있으며 우주는 우리의 집이기 때문에 모든 사람이 그렇게 하고 있고 해야만 한다! 어떠한 그러한 훈련도 철저하게 민주적이어야 하는데, 다시 말하면 그 훈련은 사물의 꿈꾸기와 자의식적 본질 수준뿐만 아니라 사실과 상징 모두를 중요시해야만 한다는 것이다. 우리는 먼저 사실, 상징, 신호, 역할, 양자신호 교환 그리고 피드백을 알아차리기 위한 잘 교육된 첫 번째 훈련이 필요하다.[2] 그리고 나시 우리가 이렇게 힝싱 말로 표현할 수 없는 경험을 느끼고 따를 것인지에 대한 두 번째 훈련이 필요하다.

첫 번째 훈련에서, 사물들이 내보내는 신호들을 살펴보고 확인하여라. 볼 수 있고 들을 수 있는 수준에서 무엇이 일어나고 있는지 주의하여라. 만약 당신이 이해하지 못한다면 물어라. 가능한 한 당신의 이성적, 인식적 마음을 사용하여라. 기계적이며 '실재적'이 되어라. 알려진 사실, 의학, 좋은 아이디어, 검증된 개념에 대해 부분적으로 당신의 행동에 근거

---

2) 나의 저서 『불가에 앉아서(Sitting in the Fire)』와 『공개 토론의 심오한 민주주의(The Deep Democracy of Open Forums)』 참조.

하여라. 그러나 당신이 자신의 경험에 의해 시험하고 증명할 때까지 당신이 들은 모든 것을 의심하여라.

두 번째 훈련에서, 자신의 미묘한 경험에 당신의 마음을 여는 명상을 통해서 당신의 프로세스마인드에 관해 배워라. 혹은 이 책에서의 훈련 실습을 사용하여라. 우리의 알아차림이 당연히 실재와 꿈꾸기를 왔다 갔다 하기 때문에 반은 안에 있고 반은 밖에 있는 것을 배울 수는 있지만, 항상 말로 쉽게 표현되는 것은 아니다. 두 번째 훈련은 역설적이다. 그것은 일어난다. 프로세스마인드 경험을 만들어 내는 것은 적어도 인지적 느낌에서 '배울 수 있는' 것이기도 하고 아니기도 하다. 일부 사람들은 일상적인 삶에서 자신의 가장 깊은 부분들을 알고 사용하도록 성장하는 것처럼 보인다. 그러나 단지 내가 상담했던 죽음에 가까웠던 거의 모든 사람은 그들이 영적인 신자든 혹은 열렬한 이성주의자든, 그들은 일종의 초월성을 경험했다. 바꾸어 말하자면, 그들이 프로세스마인드를 알든 모르든, 프로세스마인드가 발생했고 명백히 혼란스러운 사건조차도 합리적으로 대처하였다.

비록 프로세스마인드에 관해 배울 첫 번째 수준의 훈련 측면이 있지만, 당신은 항상 당신 자신을 프로세스마인드 경험에 있도록 할 수는 없다. 나도 그것이 어떤 의미에서 '도덕적 의무'가 아니라고 느낀다. 그렇지만 당신의 프로세스마인드가 항상 존재하는 것으로 느끼는 것은 도움이 되는데, 왜냐하면 사실 그것이 가장 이성적이고 또한 회의적이며, 경시하는 마음과 마음의 '영적' 형태 모두인 의식의 모든 상태 이면에 존재하기 때문이다.

전체 이야기로서 프로세스마인드

프로세스마인드는 좋은 시대뿐만 아니라 어려운 시대에도 존재한다. 나는 이것을 유치원과 초등학교 1학년 때 처음으로 배웠다. 나는 1940년 미국에서 태어났으며, 나의 어린 날들은 먼 곳에서 일어나는 전쟁에 대한 라디오 소식으로 가득 차 있었다. 아마도 나의 부모가 유대인이라서 종교에 대해 말하는 것을 두려워했거나 아니면 내가 세속적 세상에서 성장하는 것을 원했기 때문에, 나는 내 인생의 첫 6년 동안 종교에 대하여 한 번도 들은 적이 없었던 듯하다. 신이라는 단어에 대한 나의 첫 번째 놀라운 이해는 '신은 갱 두목과 같다.' 라는 생각이었다. 왜 그렇게 생각했을까? 학교 가는 길에 나를 죽이려고 했던 어린 갱들이나 젊은 갱들이 내 민족들이 그들의 '신' 을 죽여서 '파멸' 시킴으로써 복수를 하려고 한다고 말했기 때문이다. 나는 그들이 사람을 잘못 보았다고 말했으며 나는 '나의 민족' 과 같은 그런 민족은 모른다고 했지만, 그들은 그렇게 생각하지 않았다.

시간이 꽤 걸렸고, 오늘날 나는 그러한 '해치려는' 사람들이 비록 끔찍했지만 나의 가장 훌륭한 스승이었다고 말할 수 있다. 나는 신이 어떻게 나를 죽음으로 또한 생명으로 가까이 데려갈 수 있는지 경험했다. 아프리카계 미국인들은 내가 갱 싸움꾼들 속에서 당하고 있는 일들을 안전한 거리에서 지켜보았지만, 갱들의 수가 많았기 때문에 개입하는 것을 두려워했다. 그럼에도 용감한 사람들이 나를 응원했다. "포기하지 말아라. 땅 바닥에 쓰러져 발길질을 당하지 말아라. 그들은 당신을 죽일 것이다! 다시 일어나 싸워라!" 그들의 응원 목소리는 또 다른 차원으로부터 전달되는 사랑과 같은 것이었다. 그 상황은 잊을 수 없는 교훈으로 나를 가르쳤다.

오늘날 나는 두려움과 증오는 자연스러운 것이지만, 그것들이 전체 이야기는 아니라는 것을 깨달았다. 나는 대부분의 사람이 '신' 이라고 부르는 것은 이야기의 단지 한 부분, 소위 좋은 부분이지만 그보다 더 위대한 어떤 것이 있다는 것을 깨달았다. 모든 부분을 함께 연결시키는 어떤 것이 있다. 내가 지금 '신' 이라고 부르는 것은 전체 이야기이지, 그것의 한 부분이 아니다.

내가 만약 신은 선과 악, 모든 차원이라고 말한다면 상처를 받을 사람들을 위해, 나는 'G' 라는 용어를 다시는 사용하지 않을 것이나. 대신에 나는 프로세스마인드는 선도 아니고 악도 아니라 단지 모든 부분을 포함하는 전체 이야기라고 말할 것이다. "어서 일어나서 살아라."라고 말하는 동안 나를 다치게 했던 것은 다름 아닌 바로 프로세스마인드였다. 우리 우주 안에 있는 성스러운 지적 존재는 스스로를 하나의 상태, 에너지뿐만 아니라 하나의 모습으로뿐만 아니라 이야기를 창조하는 데 필요한 모든 상태, 모든 모습으로 나타난다. 프로세스마인드는 우리가 그 존재에 대해 알기 위해 추구하는 고통을 포함하는 전체 이야기다. 일단 당신이 신체 증상과 외부 갈등과 같은 어려운 상황 이면의 지적 존재를 알게 되면, 삶은 적어도 잠시 동안은 쉬울 것이다. 우리가 프로세스마인드에 대해 더 많이 알면 알수록, 더 우리가 최악의 이야기를 풍성한 이야기로 발전시킬 수 있을 것이다.

실습 12A: 전체 이야기로서의 프로세스마인드

나는 당신에게 일어났던 끔찍한 일에 대해서 생각해 보라고 권하고 싶다. 누가 그리고 무엇이 연관되어 있는가? 무슨 일이 일어났는가? 얼마나 오래전에 일어났는가? 만약 당신이 전체 이야기를 조사할 수 있다면 그 사건을 한 번 떠올려 보아라. 그러한 최악의 경험에서 당신이 헤어나도록 허용하고 도와준 것이 무엇인지 상상해 보아라. 당신 자신에게 또는 당신의 꿈꾸기 마음에 당신이 어떻게 극복할 수 있었는지 물어라. 만약 당신이 그것을 알지 못한다면 당신 자신이 자발적인 꿈 같은 해결책을 만들어 내도록 하여라.

비록 당신의 생명이 몇몇 끔찍한 경험에 의해 줄어들었더라도, 지금까지 당신은 어떻게 살아남을 수 있었는가? 그러한 '사고' 이면에는 어떠한 위대한 힘이 있었는가? 그것에 이름을 붙여라. 할 수 있다면, 그 정령이 자체의 이름을 설명하도록 하여라. 이 책 앞에서 또는 부록 B의 당신의 콜라주 페이지를 보고 당신의 프로세스마인드 통찰들을 회상하여라. 당신의 프로세스마인드가 어떻게든지 일어난 일 이면에 있을 수 있는가? 이것에 대해 혼자서 콜라주 페이지 #12A에 기록하여라.

이런 질문들은 제8장에서 언급했던 나로파의 이야기를 상기시켜 준다. 그의 스승 틸로파는 나로파에게 마지막 순간에 그의 삶의 모든 문제, 심지어 임사 경험까지 틸로파 자신이었다고 말했으며, 그것이 나로파가 분리시키는 것을 배우는 데 도움이 되었다.

우리 각자는 이유와 의도를 의사소통할 수 있는 자신만의 과정 지혜를 가지고 있다. 프로세스마인드를 진행하고 있는 과정으로, 전체 이야기로 보는 실제적인 효과는 인생의 난관에 따른 우울증을 받아들이고 또한 극복할 수 있다는 것이다. 우리의 일상적 인식에서, 사물은 나쁘거나 좋은 것이다. 프로세스마인드 인식에서, 어느 것도 절대로 나쁘거나 좋은 것이 아니다. 모든 것은 더 큰 알아차림을 만들려고 노력하는 강력한 이야기로

[그림 12-2] 이야기 선(線)으로의 프로세스마인드

의 전체 이야기의 방향의 배경 안에서 일어나고 있다. [그림 12-2]는 전체 이야기의 방향이 어려운 인생의 사건들을 포함하며 어떻게 모든 파란만장을 수용하는지 보여 준다.

종교적인 방향

개인으로서 우리는 빅 U와 같이 많은 다양한 방향을 가진 이야기 줄거리를 가지고 있다. 우리는 전체 이야기이면서 또한 그것의 모든 부분들이다. 우리의 과학적 종교적 조직과 신앙 체계는 같다. 그것들도 또한 이야기 줄거리, 빅 U를 가지고 있다. 그 U는 그룹의 본질과 상응하는 그룹의 신화적 방향이다. 그 방향, 그 방향을 만들어 내는 프로세스마인드 능력은 우리가 그 조직 혹은 전통과 그들의 이야기, 규칙, 윤리를 따르고 믿는 중요한 이유 중의 하나다.

앞에서 말한 것과 같이, 나는 원래 빅 U 개념을 양자 파동함수와 리차드 파인맨의 양자 전기역학에 대응하여 발전시켰다. 나의 저서 『땅을 기반으로 한 지기 심리학(*Earth-Based psychology*)』에서, 나는 데이비드 봄(David Bohm)이 어떻게 파동함수를 물 위의 배를 안내하는 인도파(引導波, pilot wave)로 보았는지 설명하였다. 양자 파동함수의 벡터—심리학적 상대가 그 배의 가장 전체적 또는 신화적 방향일 수 있는 빅 U다. 예를 들어, 그것은 배가 때로는 흔들리거나 오른쪽 또는 왼쪽 또는 심지어 뒤로도 가도록 한다. 내 요점은 종교를 포함해서 모든 조직은 그 조직의 전체적 방향 혹은 본질을 나타내는 빅 U를 가지고 있다는 것이다. 원리적으로, 어떤 조직체나 종교의 가장 깊은 신념들은 자체의 이야기 전체를 통해 움직이는 일종의 인도파다.

대부분의 조직체 구성원(즉, 대부분의 '신자들')은 종종 조직의 본래의 영적 본질 혹은 신비적인 본질을 잊거나 따르지 않고, 대신 자신들의 삶을 인도하는 규칙이나 '계명' 에 의존하는 일상적 실재 CR에 머무른다. 그런 규칙에 동의하지 않거나 자신들이 다른 그룹에 속해 있기 때문에 이런 규칙들을 따르지 않는 사람들은 보통 '나쁜 사람' 으로 여겨진다. 잘못된 방향으로 가고 있는 사람들은 '사고뭉치' '회의론자' '믿음이 없는 자' 인 것이다. 그들은 올바른 길로 되돌려져야만 한다!

당신은 [그림 12-3]에서 '좋은' 방향과 '나쁜' 방향이 제멋대로, 즉 전체 이야기 방향 U의 부분인 것을 볼 수 있다. 이런 큰 관점에서는 모든 부분이 필요하고, 절대적인 선과 절대적인 악도 없다. U는 합쳐서 자신의 전체적 방향을 만들기 위한 지그재그 가능성의 다양성도 필요로 한다. 모든 부분은 조직의, 종교적 기관의 의미를 함께 만들어 내는 데 필요하며, 모든 부분은 함께 더해져서 '신' 의 생각 혹은 최고의 원리가 어떻게 불리든 그것의 생각을 형성한다.

에덴동산의 이야기를 생각해 보자. 프로세스마인드 관점에서 하느님, 아담, 이브, 뱀 그리고 나무는 신비적인 상징, 드림랜드 상징이며, 같은 이야기의 부분일 뿐만 아니라 서로 다른 상(相, phase)들을 구성하는 개념

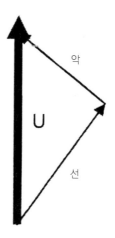

[그림 12-3] 선(善), 악(惡) 그리고 종교에서의 U

이다. 에덴의 바탕은 이러한 목소리 전부를 '지원' 한다. 과정으로 보면, 에덴동산 이야기는 우리에게 새로운 세계를 만들고, 그 다음 규칙을 만들고, 규칙과 창조자를 의심하고, 마지막으로 새로운 수준을 창조하는 (그리고 에덴에서 추방되어 지구로 떨어지는) 것이 당연하다고 한다.

나는 이것이 사물에 대한 매우 일반적인 관점이 아니라는 것을 이해한다. 갈등을 기관이나 집단의 부(富), 즉 다양성을 정의하기 위한 도움으로 보기 위해서는 프로세스마인드 인식이 필요하다.

유일신 사상

프로세스마인드 성경의 계명에 적용해 보자. 유일신의 중심적 규칙의 특징은 신자들이 다른 신들에 대해 관심을 가져서는 안 된다는 것이다. 그러나 우리에게 이렇게 말하는 신은 또한 다른 신들이 있다는 것을 말하고 있는 것이다. 이것은 개념으로서의 신은 단지 갈등 이야기의 한 부분에 지나지 않는다는 것을 의미한다. 다른 신은 '나쁘다.' 본질적으로 '좋은' 신은 '그의' 백성들에게 절대로 다른 '방향' 을 따르면 안 된다고 말하고 있는 것이다.

프로세스마인드 관점에서, 계명은 드림랜드 또는 프로세스마인드 세계에 의해 '전래' 되어 온 일상적 실재 CR 처방이며, 즉 그 계명은 본질 그 자체가 아니다. 모세는 산으로 올라가 말로 묘사할 수 없는 근원으로부터 계명을 받았다. 이 계명들은 '전래' 되어 온 윤리의 근원이며, 그와 동시에 내부 갈등과 종교 전쟁의 근원이다. "내 앞에 다른 신을 두지 말아라!"라고 말하는 신과 '다른 신' 에 의해 제시된 그 방향성은 우주 이면의 다양성과 신비─즉, 신의 마음을 표현하는 데 필요한 모든 긴장을 포함한다.

유일신주의자는 단 하나의 신을 숭배하지만 또한 다른 종류의 신이 존재한다는 것을 믿는다. 그와 같은 사람은 프로세스마인드가 모든 드림랜드 신 개념의 본질이라는 것을 알거나 직감한다. 유신론자는 그가 자신의 신념에서 신비적 본질을 발견하는 한 유일신주의자가 될 수 있으며, 최고 원리의 이미지는 공동체, 문화 그리고 연관된 시대에 의존한다는 것을 깨닫는다. 유일신주의자는 "나는 나의 신을 믿으며 또한 당신의 신과 믿음, 당신의 신에 대한 이야기를 이해한다."라고 말할 수 있다. 프로세스마인드 관점에서, 유일신주의자는 심지어 "나의 신은 또한 나의 한 측면이다!"라고 할 것이다.

다신주의자(여러 신을 숭배하는 사람)뿐만 아니라 유일신주의자는 사실 지구 인구의 대부분이다.[3] 더욱이 우리 모두는 서로 다른 순간에 무신론, 유일신론, 유일신주의자 등일 수 있는 서로 다른 분위기와 상(相)을 경험한다.

테레사 수녀의 잃어버린 하느님

프로세스마인드 개념은 가난한 자, 환자, 고아 그리고 죽어 가는 자를 도운 일로 노벨 평화상을 수상한 훌륭한 로마 천주교의 테레사 수녀에게 도움이 되어 왔다. 분명히 그녀도 때때로 그녀가 하느님을 필요로 할 때 '하느님'이 항상 그곳에 있지 않았다는 것에 대해 통렬하게 불평했다. 캘커타의 빈민촌에서 봉사를 시작하기 바로 전에 그녀는 "나의 신념은 어디에 있는가? 아주 깊은 곳에서조차 단지 공허와 암흑뿐이다. 만약 신이 있다면 나를 용서해 주십시오."[4]라고 썼다.

수년 뒤에도 그녀는 여전히 '하느님을 향한 깊은 갈망'을 표현하며 그

---

3) 미국의 종교적 여론 조사에서 모든 종교의 신자 70%가 "깊은 신앙이 구원으로 인도한다."라는 말에 동의했다. 밥 애버나티(Bob Abernathy) 『종교와 윤리(*Religion and Ethics*)』 PBS, 2009. 6. 29.

녀는 '거절감, 공허함, 믿음 없음, 사랑 없음, 열정 없음'을 느꼈다고 말했다. 그러고 나서 "나는 무엇을 위해 일을 해야 하는가? 만약 신이 없다면 영혼도 없을 것이다. 만약 영혼이 없는 것이라면, 예수님, 당신도 또한 진실이 아닙니다."라고 했다.

나에게, 그녀의 회의(懷疑)는 그녀의 일상적 마음을 통해 그것에 대해 그것의 다른 부분과 의사소통하는 프로세스마인드의 다양성 때문인 것으로 보인다. 그것은 이렇게 이야기하고 있다. 나는 또한 공허와 암흑이며, 내 갈 길을 잃었다. 무슨 이유인지 알지 못하지만, 나는 또한 잊었으며 단지 '봉사'만 할 뿐이다. 그녀가 헌신했던 바로 그분 예수님 스스로도 또한 십자가에서의 그 유명한 비탄에서 잠시나마 하느님을 의심했다. "나의 하느님, 나의 하느님, 어찌하여 나를 버리셨나이까?" 내게 테레사 수녀의 말은 전체 기독교 이야기에서의 또 다른 측면, 회의에 대한 측면을 가리키고 있다.

테레사 수녀는 내 학생들 중 한 명의 과정을 회상하게 한다. 그러나 그 학생의 이야기를 하기 전에, 나는 당신 자체의 신념 체계에 연관된 과정을 탐구하는 다음의 실습을 해 보라고 하고 싶다.

실습 12B: 당신의 신념 프로세스

당신의 가장 큰 신념과 최고의 원리를 떠올리면서 시작하여라. 그것들 중 하나를 콜라주 페이지 #12B에 기록하여라. 만약 있다면 어떤 조직이나 조직들에 당신의 신념이 연결되어 있는가? 만약 여러 개의 조직이 있다면 어떤 것이 당신 자체의 신념 체계에 가장 비슷한 것 같은

4) 2007. 8. 4. 폭스(Fox) 뉴스에서, http://www.foxnews.com/story/0,2933,294395,00.html.

가? 그 조직의 가장 심각한 문제적인 측면 중 하나는 무엇인가?

이제 당신의 꿈꾸기가 무엇을 당신의 신념 체계에 더 첨가하는지 알아보자. 잠시 동안 눈을 감아라. 그리고 천천히 눈을 떠라. 당신의 주위를 천천히 바라보아라. 무엇이 당신의 주의를 끄는지 주목하여라. 만약 여러 개가 있다면 당신의 무의식적 마음이 어디에 초점을 맞추어야 하는지 말하도록 하여라. 이러한 '양자신호 교환'이 당신에게 '말해' 주는 것을 알아차리도록 양자신호 교환을 연구하여라. 만약 있다면 이것이 당신의 신념 체계에 무엇을 더하는가? 기록하여라.

이제 당신 주위와 당신 아래에 있는 지구를 느끼고 지구에 대해 명상하며 지구가 당신에게 당신의 신념의 핵심적 방향, 빅 U를 보여 주도록 하여라. 그 방향의 느낌을 경험하기 위해 그 방향으로 걸어 보아라(또는 연필을 사용해서 종이 위에서 '걸어 보아라.'). 이러한 걷기 경험이 깨어남의 느낌에 더해서 꿈 이미지로 어떻게 나타나는가? 이 방향이 당신 개인적 삶에서 어떠한 안내자와 창조자였는가? 그 메시지를 이해하기 위해서 당신의 신체와 움직임에서 이 방향을 느끼고 따라라.

그리고 생각해 보아라. 당신이 자신의 빅 U 신념 벡터, 즉 당신 최고의 원리를 따르지 않을 때 당신은 무엇을 따르고 있는가? 당신이 자신의 최고 원리를 따르지 않을 때 땅에 당신 본질의 벡터 방향을 보여 주도록 요청하여라. 그것은 당신이 이 실습 앞에서 기록했던 기관의 '문제적 측면'과 어떻게든 연결되어 있는가? 당신의 빅 U 신념 벡터를 다시 걷고 그 선(線)을 걷는 동안, 그것이 당신의 최고 원리를 따르지 않는 방향을 어떻게 다루는지 주목하여라. 콜라주 페이지 #12B에 기록하여라.

숲의 가르침

한 학생이 자신이 겪었던 경험을 이 실습에 연관시켰다. 그녀는 무엇인가를 하도록 내내 강요받았지만, 미국 북서부 '울창한 삼림(deep green forests)'에 대한 자신의 신념인 그녀의 가장 깊은 방향을 찾아서 따를 수 없었기 때문에 고통을 겪어 왔다. 실습 동안에, 그녀 신념의 빅 U 벡터는 그녀가 오리건 삼림의 나무들과 연관시켰던 그 지역을 향한 방향으로 나타났다. "나무들은 너무나 놀랍다. 그들은 태풍 흔들림에도 살아남았으며 태풍 때마다 더 아름답고 놀랍게 성장한다."라고 말했다. 그리고 슬픈 표정으로 그녀는 이 방향을 믿지 않고 '따르지 않는' 자신의 일부에 대해 불평했다. 그녀는 이 부분이 "그저 일방적으로 강요한다."라고 말했다.

그녀가 자신이 사랑하는 숲의 빅 U 방향을 따라 다시 걷자, 그녀는 그 방향에 대해 명상하며 자신에게 물었다. "어떻게 이 방향이 내 안의 강요자를 대처할 것인가?" 그 방향이 대답했다. "아무 문제도 없다. 더 몰아세워라! 당신이 믿는 모든 것을 잊어버리고 당신이 완전히 지칠 때까지 몰아세워라! 그것이 나무가 성장하는 방법이다. 숲은 나무를 쓰러뜨리고 또 새로운 성장을 만들기 위해 생명의 폭풍을 필요로 한다!"

그녀는 몰아세우는 것이 단지 숲의 폭풍 중에 하나였다는 것을 깨달았고, 지금까지 그녀는 자신의 '몰아세움' 부분에 반대해 왔으며, 기관의 강요적인 사람들을 "그런 종류의 사람들은 나쁘다!"며 증오해 왔다고 말하며 울었다.

이 작업은 주로 하나의 원칙(숲)을 믿지만 또한 그 원리의 다른 측면(강요자, 태풍)도 인정하고 받아들이는 그녀 내부의 유일신주의자를 끌어내었다. 유일신주의자로서 그녀는 자신의 최고의 원리, 자신의 '하느님'이 '좋은' 날씨와 '나쁜' 날씨 모두로 나타났었다는 것을 그때는 이해했다.

생각해야 할 것들

----

1. 과학과 종교는 보이는 것처럼 분리된 것은 아니다.

2. 프로세스마인드 관점에서, 과학과 종교는 일상적 실재와 꿈꾸기 모두를 포함하는 세계관의 서로 다른 차원들이다.

3. 프로세스마인드 관점에서, 하느님은 전체 이야기이며, 이야기의 어느 한 부분만은 아니다.

4. 하느님은 개념, 신념 그리고 반대자를 가지고 있는 율법자로서 일상적 실재 CR로 나타난다.

5. 우리가 문제라고 부르는 것은 자체의 다양성을 보여 주는 프로세스마인드일 수 있다.

제13장
땅을 기반으로 한 당신의 윤리

우리는 프로세스마인드가 '선(善)' 부분과 '악(惡)' 부분을 포함하여 어떻게 사건의 이야기로서 나타나는지를 연구해 왔다. 또한 프로세스마인드를 창조의 전체 이야기의 발현으로서 생각할 수 있다. 이런 감각에서(우주의 프로세스마인드로서) 신은 우주의 근원이며 또한 우주의 부분들 사이의 상호작용이다. 또한 물리학도 우주의 창조에 관한 이야기를 가지고 있으며, '빅뱅' '기저(基底) 상태(ground state)' 혹은 '영점(zero-point) 장' '신의 마음' '관찰자 효과'와 같은 우주의 시작에 대한 개념들을 제안하였다.[1]

그러니 누가 우주는 이렇게 생성되었는지 관심을 갖는가? 우리 대부분은 생각해야 할 신체 문제, 재정적 고민 그리고 관계 문제들을 충분히 가지고 있다. 만약 우주의 창조가 당신의 마음에서 가장 중요한 일이 아니라

---

1) 영점(零點, zero-point) 장(場)이란 양자 장이론에서 장의 가장 낮은 에너지 상태 또는 바닥 상태다. 존 그리본(John Gribbon)의 『Q는 양자–입자물리학의 백과사전(*Q Is for Quantum-An Encyclopedia of Particle Physics*)』(New York: Touchstone Books, 1998) 참조.

면, 나의 제안은 그것에 대해 너무 걱정하지 말라는 것과 어떤 일이든지 당신에게 최선인 일을 하라는 것이다. 그러나 당신의 삶이 만족스럽지 못하거나 자신에게 의미가 없다면, 이제는 삶 이면의 더 큰 패턴을 심사숙고해야 할 때인 것이다. 그러한 패턴과 일치하는 목표와 윤리를 발전시키기 위해서다. 일반적 감각에서 윤리는 만족스러운 삶을 이끄는 것을 의미하는 당신의 관점과 연관되어 있다. 프로세스마인드 관점으로, 당신의 윤리는 왜 당신이 이 지구에 있는지, 당신이 자신의 깊은 자아에 얼마나 가까이 살고 있는지에 대한 당신의 감각과 연결되어 있다. 윤리는 단순히 철학적 주제일 뿐만 아니라 프로세스마인드 경험이기도 하다.

당신이 스스로에 대해, 관계에서 다른 사람에 대해 그리고 사업상의 문제에 대해 작업하기 위해 갖는 부정적 태도와 긍정적 태도 둘 다에 대해 생각해 보아라. 그러한 태도들이 효과가 있는가? 당신은 당신에게 갈등을 일으키거나 당신을 배신하는 친구 또는 당신이 속해 있는 집단과 대립하는 집단을 어떻게 다루는가? 당신은 그것이 절대적으로 '선(善)' 또는 '악(惡)'이 있다고 생각하는가? 당신의 신념과 윤리는 당신이 하는 모든 것에서 당신의 행동을 보통 무의식적으로 인도한다. 만약 당신이 당신의 윤리를 의식적으로 따른다면 당신은 당신의 삶이 더욱 가치가 있거나 최소한 자신이 의미 있는 우주, 풍요롭고 상호작용하는 세계에 기여하고 있다고 느낄 것이다.

대부분의 과학자들은 과학이 우리에게 어떻게 폭탄을 만드는지 알려 주지만, 우리가 전쟁을 해야만 하는지는 알려 주지 않는다는 것에 동의할 것이다. 비록 '사실에 근거함'이 당신 윤리 중 일부분이라고 하더라도 사실 자체만으로는 의미 있는 삶을 인도하는 데 거의 도움을 주지 않는다. 대부분의 영적 전통은 우리가 다른 사람들을 도와야 하고 우리 자신이 해로운 것을 유발하지 않는 '좋은' 태도로 행동해야 한다고 제안한다. 해야 할 것과 하지 말아야 할 것에 대해 명확하게 하려는 이러한 윤리적 지침이 많은 사람들에게는 충분하지만, 그것들은 때때로 꿈세계나 물리적 우주에 대해 우리가 알고 있는 것과는 다르다. 우리 주위의 환경적, 국가적, 국제적 갈등에 대한 빠른 고찰은 우리가 서로 그리고 자연 세계와 조화롭게 지내기 위해서 몇가지 새로운 방향이 필요하다는 것을 제안한다. 우리가 좋다고 느끼는 세계를 창조하는 데 참여하기 위해서 각자는 창조 이면에 있는 것에 대한 스스로의 감각과 접촉해 있을 필요가 있다.

얽혀 있는 공동-창조

나의 개인적인 상담과 국제적 갈등 조정작업 모두에서 나 자신과 다른 사람들의 깊은 경험으로부터 내가 확실히 아는 한 가지는 당신이 경험한 사람과 경험한 것이 당신을 경험한다는 것이다. 관찰자와 관찰대상은 서로를 경험하며 따라서 실재를 공동-창조한다. 양자물리학에 대한 상호작용적인 접근에 따르면, 실재는 양자 파동 또는 꿈같은 양자신호 교환의 매개를 통해 발생한다.[2] 실재는 반영의 프로세스를 통해 나타난다! 우리가 무엇인가를 볼 때마다 우리는 우주를 창조하는 데 참여하고 어떤 면에서 그것은 무(無)에서 무엇인가로 팽창한다. 작고한 위대한 물리학자 존 휠러(John Wheeler)는 이것을 '참여의 우주(participatory universe)'라고 불렀다. 휠러에 따르면, 우주는 부분적으로 참여적이기 때문에 당신과 나를 포함해서 과거, 미래, 현재가 여기에 있다. 우리는 이것을 함께 공동-창조한다.[3] 다른 말로, 우주는 반영하는 관찰자가 되는 것을 통해 실재를 창

---

2) 신호 교환과 존 크레이머(John Cramer)의 양자이론에 대한 '상호작용적 접근'에 대한 연결에 대해 나의 저서 『양자심리학(*Quantum Mind*)(양명숙, 이규환 공역, 2010, 학지사』 제17장 참조.

3) "물리학은 관찰자-참여자를 제공하고 관찰자-참여자는 정보를 제공하며, 정보는 물리학을 제공한다." J. 휠러(Wheeler) '정보, 물리학, 양자: 연결고리를 찾아서 (Information, Physics, Quantum: The Search for Links)'『제3회 양자 역학의 기초에 관한 국제 심포지엄 초록(*Proceedings of the 3rd International Symposium on the Foundation of Quantum Mechanics*)』(Tokyo: Addison-Wesley, 1989) p. 354 참조.

창조하는 것을 도움으로써 스스로를 존재로 나타낸다.

나는 관찰자와 관찰대상 사이의 연결을 '얽혀 있는 공동-창조'라 부른다. 우리는 관계에서 이를 경험한다. 당신 표정이 변함에 반응하여 어떻게 다른 사람의 표정이 바뀌는지 인식하지 못한 적이 있는가? 우리는 또한 이를 꿈에서도 경험한다. 당신이 꿈꾼 것은 어떻게든 이미 당신을 경험했으며, 당신이 다음 날 밤의 꿈에서 말할 수 있기 때문에 그것도 그에 따라 변화한다. 종교 역시 마찬가지다. 인류가 진화해 감에 따라 신의 이미지도 변한다([그림 13-1] 참조). 이러한 이미지들은 우리에게 영향을 주며, 마찬가지로 우리도 변화한다.

이러한 창조-피드백-재창조 과정은 개인의 삶과 역사 전체에 걸쳐 한 방향으로부터 다른 방향으로 지그재그로 볼 수 있다. 지그재그 경로들 자체는 얽혀 있고 공동-창조적이다. 그러나 그들의 전체적인 경로는 빅 U 벡터, 프로세스마인드에 의해 조직되는 것처럼 보인다. 프로세스마인드에 붙인 이름들은 문화와 시간에 따라 변한다. 나는 이 책 여러 곳에서 언급하였는데, 예를 들면 운쿠룬쿠루(Unkulunkulu, 줄루 문화에서의 창조 신), 부처의 본성(Buddha nature), 신, 예수, 알라, 선(禪) 마음, 토템 정령 등이다. 이러한 이름들과 상관없이 프로세스마인드가 이야기와 이야기하는 사람 모두의 이면에 있는 힘 영역이다. 우리는 단지 이야기하는 사람으로

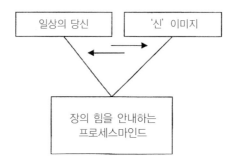

[그림 13-1] 얽혀 있는 공동-창조

서만 이야기가 우리에게 어떻게 영향을 주는지 깨닫지 못하면서 우리 자신을 경험한다. 더욱이 우리는 이야기하는 사람, 관찰자와 관찰대상, 숭배자와 신의 이미지를 발생하는 프로세스마인드 힘을 과소평가하기도 한다. 이미지와 이야기는 시간에 따라 변하고 최고 원리의 사실과 구성은 공동체가 발전함에 따라서 변하지만, 그 이면에 있는 지구 땅 영역의 구성하는 힘과 방향은 적게 변하거나 전혀 변하지 않는다.

또한 얽혀 있는 공동-창조는 꿈 작업에서도 나타난다. 당신의 꿈 하나를 이해하기 위해서는 꿈 이미지를 명확하게 이해하는 것도 쉽지가 않다. 꿈을 정확하게 이해하기 위해서 당신은 그 이미지가 정확하게 누구를 위해 의미하는지 그리고 당신이 잠들기 전에 무엇을 느꼈는지 아는 것이 필요하다. 꿈은 부분적으로 당신이 느끼고 생각하는 것에 반응해서 나타난다. 다른 말로 하면, 부분적으로 당신이 했기 때문에 꿈이 지금 하고 있는 것을 하는 것이다. 그것이 얽힘이다! 얽혀 있는 공동-창조는 전체의 관계 과정이 주요 요점이라는 것을 의미한다. '당신' 또는 '그것' 어느 것도 주요 요점이 아니다. 중요한 것은 당신, 그것, 우리 사이의 프로세스마인드 영역 모두이며, 그것이 우리의 얽혀 있는 공동-창조다.

꿈 작업으로부터의 일반화는 신의 모습이 그것을 창조했거나 꿈을 꾼 사람에 의해 변화되는 것이다.[4] 따라서 가장 깊은 원리, 제1장에서의 스즈키의 깜깜한 장 영역은 이야기, 부분, 이미지의 어디에서도 나타나지 않지만, 관찰자와 관찰대상 모두에서 상호작용과 변화 이면의 힘으로 나타난다.

또한 우리의 물리적 세계에서도 마찬가지일 것이다. 관찰자로서 당신

---

4) 알프레드 노스 화이트헤드(Alfred North Whitehead)가 제안하고 존 콥(John Cobb)이 작성한 기독교 과정 신학(Christian process theology)는 신성한 신(神)은 믿는 사람에 의해 바뀐다는 것에 동의한다. 콥의 『과정 인식: 과정 신학에 관한 질문(*The Process Perspective: Frequently Asked Questions about Process Theology*)』(Atlanta, GA: Chalice Press, 2003) 참조.

은 단지 그것에 손을 대는 것만으로도 세계를 변화시킨다. 거시 물리학에 대해 생각해 보아라. 당신의 신체에 대해 생각해 보아라. 환자로서 당신은 매년 건강검진을 위해 의사나 간호사를 만난다. 간호사는 체온을 측정하기 위해 온도계를 사용하고 당신의 귀를 만진다. 당신은 온도계의 온도에 무슨 일이 일어나고 있다고 생각하는가? 만약 온도계가 실온으로 화씨 72도(섭씨 22도)라면 온도계는 당신의 체온을 나타내기 위해 온도가 올라가야 한다. 그렇게 되기 위해서, 온도계는 당신 신체의 에너지를 사용하여 가열하며, 그렇게 함으로써 당신의 귀나 신체는 차가워진다. 당신이 잃은 열량은 어느 누구도 그것에 대해 생각하지 않을 정도로 적다. 그러나 원칙적으로 당신이 하는 모든 측정, 당신이 만지는 모든 것, 당신이 숨 쉬는 모든 호흡이 세계를 바꾼다. 그것이 관찰자 효과다. 온도계는 당신의 온도를 측정하지 못하지만 온도, 당신, 온도계(그리고 의료진)는 '공동-창조'를 한다. 심지어는 누군가를 혹은 무엇인가를 관찰하거나 만지고자 하는 당신의 욕망도 세계를 바꾼다.

또한 관찰자 효과는 양자 수준에서도 발생한다. 아원자 입자를 보기 위해서 당신은 빛의 작은 광자를 필요로 한다. 즉, 한 입자를 보기 위해서 또 다른 입자를 필요로 한다는 것이다. 이것은 당신이 입자를 볼 때, 당신이 그 입자를 약간 교란하는 것이 아니라 다른 입자가 그 입자에 충돌해야 할 필요가 있다는 것이다. 이러한 교란은 '당신이 보는 것은 당신이 그것을 보는 것으로 인해 바뀔 수 있다.'는 불확정성 원리의 근거가 된다. 요약하면, 우리는 어떠한 것에 대해 어느 것도 확실하게 알 수 없다! 우리는 특정 입자의 특정한 시간에서의 위치와 같은 정보의 '진정한' 안 바뀌는 부분을 얻을 수 없다. 대신 우리가 보는 것은 우리의 그 입자와 계속 진행 중이며 얽혀 있는 공동-창조 과정이다. 어느 것도 고정된 '것'도 없고, 단지 얽혀 있는 공동-창조만이 있을 뿐이며 그것의 미묘한 배경은 프로세스마인드다.

얽혀 있는 공동-창조의 윤리

공동-창조의 존재와 경험은 당신과 나를 분리하는 개념을 포용하고, 또한 진행 중인 얽힘 과정과 자체의 모든 부분을 조종하고 함께 흐르기 위한 프로세스마인드의 능력을 잘 알고 있는 작동 윤리를 발생한다. 이것은 무엇인가를 하기 위해 준비하는 것과 그 준비는 잊어버리고 하나의 측면이나 에너지에서 다른 것으로 왔다 갔다 하는 당신의 프로세스마인드를 따르는 것으로 다시 표현할 수 있다.

이론이 실제인 것처럼 작동 윤리는 거의 도덕이다. 당신이 자신의 작동 윤리를 어떻게 실행하는가 하는 당신의 도덕은 전체적으로 그 순간의 과정과 당신 프로세스마인드 본성에 의존한다. 만족할 수 있는 개인의 삶을 산다는 것이 어떠한 의미인지, 무엇이 개인, 공동체 또는 조직을 도울 것인지를 내가 스스로에게 물을 때 나는 '나의/그들의 과정'을 따르는 것을 생각한다. 그것은 나의 작동 윤리다. 즉, 나 자신의 것을 찾고 다른 사람이 찾는 것을 도와주며, 그들 자신의 얽혀 있는 공동-창조 과정을 따르라. 나는 내 삶에서도 그리고 다른 사람들을 위해서도 그런 방식으로 가장 행복할 수 있도록 계속할 것이다. 이러한 인식은 개인, 조직 그리고 큰 집단의 갈등과 작업하는 모든 중재자에게 효과가 있는 것처럼 보인다. 어떠한 상황에서의 프로세스마인드를 찾아서 공동-창조의 과정이 발생할 때 그것을 다양한 역할, 편, 개인 그리고 문제에서 움직이도록 사용한다.

공동체 과정은 '나쁜' 사람을 확인하고 변화시키는 것 사이에서 움직인다. 이것을 프로세스마인드 관점에서 생각해 보자. 구성원들은 '함께 작업하는' 것이라 믿지만, 그 구성원 중 하나는 온전히 자기중심적인 공동체를 생각해 보자. 많은 경우 그것에 대한 반응은 다음과 같다. "그는 규칙을 따르지 않는 것이며 어떻게든 경고를 받거나 벌을 받아야만 한다!" 그러나 그들이 과정-지향 윤리로 이동하였다면, 그 집단 구성원은 대신에 '자기-중심적이기를 원하며 일을 나의 방식으로 하는 것' 은 중요한 역할일 수도 있다는 것을 알기 위해 그들의 공동체 프로세스마인드 알아차림을 사용할 수도 있다. 아마도 '나쁜' 사람은 모든 사람이 생각하도록 이러한 관점을 드러나게 하는 것일 것이다. 마찬가지로 아마도 개인은 규칙으로 속박하기 위해 공동체를 생각해 내는 것일 수도 있다. 공동체와 개인 모두가 '선' 또는 '악' 을 넘어서 모든 사람이 일을 '나의 방식' 으로 하는 것의 결정적인 본질에 의해 풍요로워지는 점까지 얽혀 있는 공동-창조 한가운데 있다.

죽음의 걷기

이제 무엇인가 새로운 것을 하기 원하지만 엄격한 공동체의 부분이며 자신의 가장 깊은 윤리를 따르는 한 개인을 생각해 보자. 그 개인에게 어떤 일이 일어나는가? 상황과 맞춰 왔다 갔다 할 수 없고 그러한 개인에 의해 파괴되는 것을 두려워하는 엄격한 공동체는 종종 저항한다. 개인은 이것을 잠재적인 재앙으로서 볼 뿐만 아니라 세계를 변화시키는 기회로도 볼 수 있다. 그럼 어떻게 그럴 수 있을까?

카를로스 카스타네다는 저서 『익슬란으로의 여행(*Journey to Ixtlan*)』 (익슬란, 이 세상과 연결되어 있는 어떠한 가상의 공간이며 사랑, 욕망 등과 같은 세속적인 욕구를 포기하고 도달하는 곳)에서 내가 나의 저서 『초자연치료사의 신체(*Shaman's Body*)』에서 다른 형태로 이야기했던 바로 이러한 문제에 관한 훌륭한 이야기를 썼다. 나는 그와 같은 전사(戰士)의 과정을 '죽음의 걷기(death walk)' 라고 불렀다.[5] 카스타네다의 스승 돈 후앙 마투스 (Don Juan Matus)에 따르면, 오래전에 자신들의 전사 조직의 규칙을 따르

---

5) 나의 저서 『초자연치료사의 신체(*Shaman's Body*)』 제14장 참조.

지 않기로 결정했던 전사들이 있었다. 독자적이기 위해서 전사들은 그러한 규칙에 불복종해야만 했다. 그러나 조직 또한 존립의 당위성을 위해서 그들에게 징벌을 내려야만 했다. 조직은 반항자들에게 마지막 기회 하나만이 남았다고 말했다. 규칙 위반자들은 자신들을 죽이려고 겨냥한 총을 가지고 있는 '배심원' 들 앞을 걸어야만 했다.

배심원들이 총을 쏘기 위해 꺼내 들었을 때 전사들은 그들이 방아쇠를 잡아당기지 못할 것이라는 태도로 배심원 앞을 걸어갔다. 무슨 일이 일어났겠는가? 돈 후앙과 카스타네다는 끝까지 자세한 것을 말해 주지 않았다. 그러나 아마도 전사들은 그들이 자신의 프로세스마인드가 어떻게 그들 자체들의 행동뿐만 아니라 집단의 행동 또한 포함했는지 느낄 수 있었던 그들 자신의 땅의 기반 윤리와 깊이 접촉했던 것이다.

예를 들어, 나는 그들이 집단의 행동이 어떻게 그들이 필요했던 그 무엇인지 그리고 그들의 행동이 어떻게 자신들과 집단에게 도움이 될 수 있는지 이해했다는 것을 알 수 있다. 그들은 이것을 집단에 납득시키려고 노력해서가 아니라 '힘' , 지도력, 끈기 또는 심지어 진실과 같은 어떠한 개념 이면의 그들 자신의 심연의 자아를 따름으로써 성취했다. 전사들은 그들 자체의 제어할 수 없는 저항을 포함해서 전체 과정에서는 하나였다. 내 마음에서 그들은 살아남았을 뿐만 아니라 나타나기 위해 의식적으로 가능성이 주어진 얽혀 있는 공동-창조다. 그들은 옳고 또한 틀렸으며, 다른 사람들도 틀렸고 또한 옳았다. 그리고 어쩌면 '옳고 틀림' 은 더 깊고 결합적인 얽혀 있는 공동-창조 경험이 나타남에 따라 중요하지 않다. 자신의 가장 깊은 프로세스마인드 윤리를 찾기 위해 충분한 알아차림을 얻은 사람으로서 전사는 자신뿐만 아니라 지구를 나타낸다. 그러한 사람들은 조직과 지구와 함께 얽혀 있는 공동-창조를 통해 더욱 의식적인 미래를 창조한다.

실습 13: 당신 자신의 윤리 탐색

모든 사람은 자신의 깊은 자아를 찾아내면 도움을 받을 수 있다. 다음에 따른 것을 기록하고 콜라주 페이지 #13에 넣어라. 잠시 긴장을 풀고 나면 시작할 수 있다.

우선, 근래에 당신 마음에 있는 한두 가지의 도덕적 또는 윤리적 문제들을 찾아라. 그러나 당신이 도덕과 윤리를 정의하여라. 그리고 당신이 일상적인 삶에서 따르려고 노력하는 윤리에 대해 기록하여라. 그것은 어떤 것들인가? 당신은 '좋은 사람이 되고', 다른 사람들을 배려하고, 가족 구성원을 돌보며, 집단의 충실한 구성원이 되려고 노력하는가? 당신의 일상적인 윤리를 적은 후에 당신 자신이나 다른 사람에게 인정받는 것과 상관없이 당신이 따르고 있는 당신의 감춰진 윤리에 대해 스스로에게 물어라. 예를 들어, 당신은 권력을 추구하는가? 당신은 탐욕스러운가? 등이다. '나쁜' 것들을 생략하지 말고, 단지 그들의 존재를 받아들여라. 당신의 대답을 기록하고 계속하여라.

이제, 당신의 신체 어딘가에서 깊은 자아를 느끼거나 기억하고 그 부분으로 호흡해 들어가라. 땅의 어느 부분이 그런 경험들과 연관되어 있는 것 같은가? 바로 그 땅이 되고 그 지역으로서 명상하는 시간을 가져라. 그것이 당신을 움직이게 하고 당신이 소리를 내도록 자극하게 하여라. 당신은 어떤 종류의 '알아차림'이 그 주위의 장소와 지역으로부터 느껴지는가? 프로세스마인드 그것이 당신의 일상적인 삶에서 사용할 수 있는 무엇인가를 가르칠 때까지 프로세스마인드 경험에 대해 계속 명상하여라. 이러한 프로세스마인드 가르침에 대해 기록하여라.

만일 있다면, 어떠한 믿음 체계와 윤리가 이러한 프로세스마인드, 땅의 기반 윤리 경험으로부터 발생하는가? 당신의 경험이 더 익숙한 일상적인 윤리뿐만 아니라 어떻게든 당신의 '숨겨진' 윤리를 포함했는가? 마지막으로, 당신이 이러한 경험 동안 발견한 것이 당신이 처음에 확인한 도덕적 및 윤리적 문제를 다루는 데 얼마나 도움이 되었는가? 만일 있다면, 어떠한 행동이 제안되었는가? 마찬가지로 당신의 콜라주 페이지 #13에 기록하여라.

싸움, 패배 그리고 승리를 넘어서

존이라는 학생은 실습 13처럼 명상하고 배운 것을 공유했다. 그는 강력하고 때로는 폭력적인 가족 구성원과 문제가 있었다. 존은 자신에게 화를 내거나 소리치는 것을 원하지 않았고, 그래서 평소의 자신처럼 행동했지만 그는 가족 구성원을 견딜 수가 없었다. 실습 동안 존은 그 자신의 '쓰여 있지 않은 윤리'가 다른 가족 구성원들처럼 소리치고 화를 내고 있다는 것을 알았다.

그는 또한 그의 가장 깊은 윤리가 "오 주여!"라고 부르는 것을 따라야 한다는 것을 발견했다. 그의 일상적인 마음과는 다르게 이러한 윤리는 자신의 쓰여 있지 않은 윤리를 포함하고 있었다. "오 주여!"를 따르기 위해, 존은 때때로 그가 싫어하는 가족들처럼 화를 내고 큰 소리를 내야만 했다! 그는 주님이 자신의 '강인한' 부분과 가족 구성원들의 강력한 표현도 받아들이는 것을 보았다. 그의 가슴은 이해했지만 이것은 그의 일상적인 마음에 대해서는 역설적인 것처럼 보였다. 그는 그 자체로의 결과를 알았다고 해서도 어떻게 강해질 수 있을까? 그러자 그의 주님과 같은 마음이 설명했다. 강해지는 것이 그를 도울 것이고 다른 모든 사람은 그러한 강함이 중요한 것이 아니라는 것을 깨닫는다. 강함은 좋으나 그것이 핵심은 아니다. 핵심은 사랑은 항상 존재할 것이며 분노에서조차도 존재한다는 것이다.

그리고 바로 후에 그는 그 공격적인 가족 구성원을 만났다. 그는 무슨 일이 있었는지 나에게 말하면서 울었다.

나는 힘이 아니라 사랑이 가장 중요한 것이라는 것을 기억하면서 강해지고 싸우기로 결정했다. 나는 그에게 소리쳤지만 그는 훨씬 더 강했다. 내가 지고 있는데 무엇인가 이상한 일이 일어났다. 나는 스스로가 상대에게 그가 너무 강해서 지금 단지 신만이 나를 구할 수 있다고 말하는 것을 들었다. 정말 놀라운 것은 그가 울기 시작했다는 것이다! 우리 둘 다 울었으며 서로를 안아 주었다.

존은 그 경험이 있고 난 후 더 이상 그 사람을 두려워하지 않게 되었다고 말했다. 사랑을 기억하면서 강함에 개방적인 것은 그에게는 불가능해 보였던 방법으로 사랑을 찾을 수 있도록 하였다.

또 다른 학생은 동시에 여러 사람과 긴밀한 관계를 가지는 것이 옳은지 그른지를 궁금해 했다. 그녀 스스로의 대답은 다음과 같다.

내 규칙 중 하나는 '아니다.' 라고 말하는 것이다. 나의 프로세스마인드, 땅의 기반 지점은 중앙아프리카인데, 그곳에서는 땅이 사람들이 무아지경에서 춤을 추는 것을 북돋운다. 나는 이러한 땅의 기반 관점으로부터 춤이 나의 윤리라는 것을 배웠다. 어떻게 이것이 한 사람 이상의 연인을 가지는 나의 윤리적 질문과 연관이 있을까? 나의 프로세스마인드 윤리는 '그것은 당연하다, 삶은 춤이다.' 라는 것을 의미한다. 그리고 나는 내가 전에는 절대 이해하지 못했던 무엇인가를 깨달았다. 관계는 나의 실제 문제가 아니었다! 난 관계에서뿐만 아니라 전체로서 내 인생에서 단지 충분히 춤추지 못했던 것이다. 여러 연인을 원했던 나의 부분은 옳거나 그름이 아니었다. 여러 연인들은 문제가 아니었다! 나는 이러한 삶의 무아지경 춤이었던 나의 깊은 윤리를 따르지 않았던 것이다.

당신 프로세스마인드의 윤리는 알려져 있거나 숨겨진 모든 당신의 윤리적 가치를 포함하는 꿈같은 인도하는 지혜다. 진실은 옳음과 그름 이면의 과정이다.

 생각해야 할 것들

1. 윤리는 단지 철학적 주제가 아니라 프로세스마인드 경험이며, 당신의 삶에 공헌하는 가장 깊은 의미다.

2. 얽혀 있는 공동-창조의 윤리는 진화하는 관계와 땅에 기반한 프로세스마인드의 컴패션(열린 마음)적인 지혜를 포함한다.

3. 당신 자신의 프로세스마인드 윤리를 찾고 따르라.

제14장
신비주의와 통합 장

종교, 물리학, 심리학은 통합해야 한다고 해도 아직까지는 언제, 어떻게 해야 하는지 모른다. 그것이 창조와 윤리 같은 주제를 언급하는 것이 매우 어려운 이유 중 하나다. 프로세스 워크 관점에서, 학문 분야들 사이에서의 끊임없는 의견 분열에 대한 이유 하나는 그 분야 각각이 우리의 관심을 끄는 방법이다. 예를 들어, 물리학은 (시간에서 뒤로 가는 파인맨의 입자와 같은) 측정할 수 없는 것들의 가능성을 중요하지 않게 만드는 물리적 이론들과 더불어 일상적인 실재 CR을 선호하며 그것들을 정의하기 위하여 반복적인 측정을 수행한다. 반면에 종교적 전통과 일부 심리학은 대체로 측정 불가능한 인간의 경험에 초점을 맞춘다. 우리가 살고 있는 세계는 하나이지만, 우리는 그 세계를 입자 또는 꿈과 같이 형언할 수 없는 감정에 초점을 맞춘 부분들로 나눈다. 이 책의 관점에서 모든 이러한 부분, 입자, 꿈 그리고 형언할 수 없는 감정은 프로세스마인드의 측면들이다.

역사적으로, 특히 신비주의자들과 신화학자로부터 '하나의 세계(Unus Mundus)'에 대한 언급은 많이 있어 왔다. 도덕경에서 기술되었던 '하늘과 땅의 근원'으로서 도(道)와 유럽 연금술사들의 '하나의 세계'는 우리가 이미 설명했던 두 가지다.

메리암 웹스터 사전에 따르면, 신비주의자는 '감각으로도 명백하지 않고 지성(知性)으로도 명료하지 않은', 즉 이성적인 마음으로 사물을 느낀다. 신비주의자는 말하자면 감은 눈으로 보는 것이다. 신비주의는 궁극적인 실제 또는 신에 대한 의식적인 알아차림으로 통합(unity)을 경험하려고 노력한다. 신비주의자는 자신의 종교가 아닌 다른 종교의 의식에도 참여하기로 하면서, 자신의 종교에 소속함으로써 종종 급진적이 된다. 그들이 일체성(oneness)의 경험에 붙이는 이름은 그들의 종교와 문화에 따라 다르다.

기독교에서 신비주의는 '빛(illumination)' 처럼 신과 연결된 것으로 생각한다. 이슬람교에서는 이러한 조합을 '이르판(irfan: knowing, awareness)', 즉, '볼 수 없는 것을 아는 것' 즉, 당신은 그것을 볼 수 없지만, 그것을 느낄 수 있다. 불교에서는 해탈한 또는 빛을 받은 사람은 열반, 평화와 더불어 욕망과 정신적 구속으로부터 벗어난다. 자이나교(Jaina, 불교와 힌두교의 공통 교의를 가진 인도의 한 종파)에서, 해탈은 삶과 죽음의 순환의 끝을 의미하는 목샤(moksha, 불교 힌두교에서의 해탈)라고 한다. 힌두교에서는 이것을 당신의 세속적인 '작은 당신(little you)' 과의 동일성으로부터의 자유와 같은 상태, 물질 에너지, 공간, 시간, 인과관계 그리고 업보가 더 이상 결합되어 있지 않은 상태로 본다. 그들은 이러한 비(非)이중성 경험을 선정(禪定, samadhi, 명상의 최고 경지)이라고 한다. 유대교의 신비철학은 신은 물질도 아니고 정신도 아닌, 그 두 가지가 발생하는 일체성이라고 가르친다.

나는 물리학자가 아닌 신비주의자가 모든 근원의 근원에 대해 말하기 때문에 '모든 것의 이론들' 을 처음으로 제안했다고 믿는다. 그러나 현대 물리학 또한 이 장의 후반부에 논의할 통합 장이론을 포함하여, '모든 것의 이론' 에 대해 많은 시도를 해 왔다.

꿈

이 장을 시작할 때 꾸었던 꿈을 먼저 설명하면 다음과 같다. 꿈에서 나는 지난 5천년의 긍정적 사건과 부정적 사건 모두의 종교적 체험을 보았다. 나는 집단과 신념 체계 사이의 엄격한 분할은 이제 끝날 것이며, 다음 5천년 동안 사람들은 사물의 본질에 더 연결될 것이라는 것을 보았다. 나는 이와 같은 꿈을 전에는 결코 꾼 적이 없다. 그 꿈은 명백하게 나 자신의 분열에 대한 치유를 의미하지만 또한 미래에 관한 것이기도 하다. 그것은 앞으로 5천년 동안 결과적으로 영성과 과학에 대해 본질에 더 기반을 둔 접근이 일상적 실재 CR과 신비주의를 통합할 것이라는 것을 의미한다. 경험과 이론의 프로세스마인드는 더 중요해질 것이다. 나는 아직 외부 세계에서 이러한 사건을 보지는 못하지만 아마도 이것은 예지몽일 것이다. 나는 정말 그렇기를 바란다!

어디에서나 동시에 존재하는 편재(遍在)

먼저 장(場)의 널리 퍼짐을 생각해 보자. 심리학적으로 가장 강한 장중의 하나가 나쁜 기분이다. 당신이 그러한 장에 있을 때 그것은 거의 편재, 즉 어디에서나 존재하는 것처럼 보인다. 제4장에서 우리는 존재를 연구했다. 존재를 인식하는 우리의 능력은 강하다. 만약 당신이 누군가와 통화를 하고 있다면, 단지 목소리만 들어도 그 사람이 지구의 반대편에 있을지라도 그 사람의 '존재'를 느낄 수 있다. 전화 거는 사람에 대한 모든 혹은 광범위하게 존재하는 무엇인가가 '어디에서나 동시에 존재'하고 있다. 얽힘의 비(非)국소성 때문에, '편재'와 같은 개념은 지난 30~40년 동안 과학계에서 핵심 주제가 되어 왔다.

신비적이고 종교적인 체계에서, 어디에서나 동시에 존재하는 '편재'는 오랜 시간 동안 기본 개념이 되어 왔다. 특히 일신교(一神敎)에서 신들은 편재하는 것으로 믿어졌다. 신들은 '모든 곳에'라는 의미로, 어디에나 있다. 매 순간 모든 곳에 존재하는 무엇인가를 상상해 보아라. 만약 무엇인가가 어디에나 있으며 또한 지성을 가지고 있다면, 그것은 모든 것을 아는 전지(全知)다. 편재는 그것의 '눈'이 모든 곳에 있다는 것, 즉 우주의 모든 것에 눈이 있다는 것을 의미한다. 그것을 상상해 보아라! 이 책에 눈이 있다. 나무, 친구, 전구가 눈을 가지고 있다. 의자도 눈이 있다. 식물도 눈이 있다. 같은 종류의 존재 혹은 알아차림은 어디에나 있다.

신은 때때로 모든 곳에서 같은 의식과 지혜인 것으로 묘사된다. 이것은 신이 또한 지옥에도 있다는 것을 의미하는가?(이 문제는 질문 그 자체보다는 더 질문자의 관점에 관한 것이다) 구세주 혹은 처벌자로서 신의 유일신적인 개념과 이미지는 신화적 드림랜드의 모습이다. 그들은 장의 일부로서 전체의 장은 아니다. 만약 질문이 모든 부분과 모든 명백한 반대편을 포함하는 전체 장으로서 신에 관한 것이라면, 그러한 본질적 수준과 일종의 통합 장으로서 신은 편재하며 또한 지옥에도 있을 것이다.

나는 지옥을 어떻게 정의해야 하는지 모른다. 하지만 나에게 자동차 사고로 도로에서 죽는 것, 감옥의 독방에 갇히는 것 그리고 고통스러운 신체 경험도 모두 잠재적인 지옥이다. 지옥의 개념은 '절대적인 악'의 존재를 추정한다. 내가 1960년대 융의 심리학을 공부하고 있을 때, 스승은 '절대적인 악'에 대해 이야기하며 믿었다. 그들은 확실히 근거가 있었다. 반사회적이거나 정신병적 장애를 겪는 사람들은 다른 사람들을 다치게 한다. 더구나 어떤 것들은 특히 일상적 실재 CR의 관점에서 정말 끔찍하다. 그럼에도 불구하고 나는 악의 절대적 본질에 대해 열린 마음을 유지하는 것을 선호한다. 나는 끔찍한 범죄를 저지른 살인자, 나치 친위대원 등과 상담했었다. 그들의 끔찍한 이야기에서조차 종종 결점을 보완하는 '존재'나 프로세스마인드 본질의 증거가 있었다. 그 결과로 나에게는 하나의 관점으로부터 짧은 기간을 제외하고는 절대적 악은 없다.

　선과 악에 대한 질문은 에이미와 내가 혁명 전 남아프리카에서의 갈등—해소 상황 동안 작업했던 고통스러운 장면을 상기시킨다.[1] 한 여자가 갈등작업 중 누군가에게 "나는 당신들을 죽이고 싶어요."라고 말했다. 만약 그들이 어떠한 협의에 도달하지 못했다면 모임이 끝난 후 그녀는 다른 사람을 죽였을 것이다. "나는 주머니에 있는 칼로 당신들을 찔러 죽일 것입니다." 갈등과 빈곤의 삶을 겪지 못했던 상대방은 잠재적 공격자에게 고지식하게 말했다. "아니에요. 당신은 정말로 그렇게 하는 것을 원하지 않을 것입니다. 아니, 당신은 원하지 않습니다." 내가 잠재적 칼 소지자에게 자신의 분노에 더 깊게 들어가도록 자극했을 때, 그녀는 자신이 절망적이었고 '이것이 문제를 바로잡을 나의 마지막 기회다!' 라고 느꼈기 때문에 그렇게 말했다고 했다. 만일 그녀와 주위의 사람들이 필요했던 것을 얻을 수 없었다면, 그녀는 '상대방도 죽이고 자신도 죽였을 것이다.' 그것은 악이 아니고 절망이다. 이 이야기를 만들어 낸 사람의 편재에 대한 믿음은 그것을 표면 사건과 감정 아래로, 더 깊게 들어가는 것이 가능하게 만든다. 표면에서 악처럼 보이는 것은 더 통합된 관점이나 포함된 관점에서 보면 악이 아닐 수도 있다.

모든 것에 대한 이론(TOE)과 큰 발(Grand Foot)

　모든 것을 포함하는 '모든 것에 대한 이론(Theory of Everything: TOE, toe는 발가락의 의미도 있다)' 에 대한 물리학자들의 시도에 대해 자세히 살펴보자.[2] 물리학자들은 양자 이론과 상대성을 연결하는 이론이 필요했기

---

1) 나의 저서 『불가에 앉아서(*Sitting in the fire*)』 p. 87 참조.
2) 존 엘리스(John Ellis)는 1982년 'TOE' 개념을 완성하였다. 존 엘리스의 "초(超)끈: 모든 것의 이론 또는 무(無)의 이론?(The Superstring: Theory of Everything, or of Nothing?"

때문에 TOE에 관심을 가졌다. 그들은 통합을 바라고 있다. 이러한 같은 의미에서, 신비주의는 모든 것 이면에 있는 어떤 거대한 지성이나 패턴의 감각인 TOE다.

물리학자들은 TOE의 어느 한 부분을 거대한 통합 장이론이라고 부른다. 우주의 일반적인 측정과 관점에 따르면, 우주는 137억 년 전에 거대한 공간과 나선 은하로 팽창하는 우주를 초래한 '빅뱅'에 의해 창조되었다. 광대한 외부 우주의 굴곡진 시공간을 다루는 아인슈타인의 상대성 이론은 중력이 은하와 다른 모든 것을 함께 끌어당긴다고 설명한다.[3] 반면에 양자 역학은 시간이 가역(可逆)적인 곳에서 당신이 볼 수 없는 입자의 영역을 다룬다. 상대성 이론과 양자 이론은 매우 다르며 (우주) 공간 자체의 본질에 대해서 일치하지 않는다. 가시적 우주에서 시공간 굴곡은 양자 영역에서는 잘 적용되지 않는다. 가시적 우주에서 시공간은 거대한 고무 매트리스처럼 연속체이지만, 양자 영역의 공간은 모래알 크기의 작은 고무 조각과 같기 때문이다. 이러한 차이가 상대성 이론과 양자 이론을 함께 적용할 때 발생하는 문제의 이유다.

물리학자들은 우주의 거대한 공간과 그들의 중력장을 양자이론의 미세한 입자와 같은 공간들과 그들의 양자-범위 힘들을 통합하는 방법을 아직 모른다. 거대한 통합 장이론을 만들기 위한 시도는 힘-장 개념에 기반을 두고 있다. 물리학자들은 알려진 4개의 힘 장, 즉 중력, 전자기(電磁氣) 그리고 강하고 약한 핵력을 통합함으로써 상대성 이론과 양자 이론을 함께 결합하려고 한다.

심리상담 치료사로서 나는 심리학과 영성을 포함하지 않고는 TOE나 거대한 통합 장이론은 있을 수 없다고 제안한다. 우리는 통합 장이론이 사람, 꿈 그리고 감정을 포함하지 않는다면 '모든 것'에 대한 이론이라고 부를 수 없다.

『*Nature*』 1986, 제323권, pp. 595-598 참조.

3) 시공간(space-time)에 관한 좋은 소개: http://en.wikipedia.org/wiki /Space_time.

　물리학과 심리학의 통합에 대한 전망은 많은 사람들의 흥미를 끌었다. 나는 융과 노벨상 수상자 울프강 파울리(Wolfgang Pauli)가 함께한 융의 작업에 대해 생각한다[연금술사의 '하나의 세계(Unus Mundus)'에 관해 설명한 융의 『모음집(*Collected Works*)』 제8권에서 '동시성(synchronicity)'에 관한 저술 참조]. 아마도 우리에게 필요한 것은 모든 학문과 연관된 모든 것에 대한 이론인, 다양한 TOE다. 그나마 더 바람직한 것은 하나가 아니라 다섯이나 열 혹은 더 많은 TOE가 필요할 수도 있다! 모든 것을 '이해하고 (under-stand, 아래에 서서)' 땅과 연결하기 위해서 우리는 '발(foot, 발가락의 의미인 TOE와 대비해서)'이 필요하다! 각각의 TOE는 다르겠지만, 그러나 발이 어떤 하나의 발가락과는 다른 것처럼 각 TOE의 본질은 그들 모두를 연결할 것이며 또한 각각이 다 다를 것이다. 우리는 단 하나의 TOE가 아닌 큰 발(Grand Foot)이 필요하다.[4]

　오늘날의 물리학에 따르면, 매일의 실재는 공간, 시간과 물체로 구성되어 있다. 물체 내부에는 전자, 양성자, 중성자와 같은 서로 다른 종류의 입자들이 있다. 그리고 그러한 입자들 사이에 장이 있다. 장이 무엇인지를 정확히 아는 사람은 없지만, 양자물리학의 표준 모형에서 장의 수수께끼는 교환 입자 이론에 의해 설명된다.

　즉, 반대 전하로 하전(荷電) 입자들 사이의 (전자기장과 같은) 장의 측정 가능한 힘들은 가상 입자나 광자의 움직임에 의해 만들어진 것으로 가정된다. 입자 물리학자들은 작은 공과 같은 가상 입자가 우리가 전자기력이라고 부르는 밀고 당김을 만들면서 음전하와 양전하로 하전 입자들 사이를 왔다 갔다 한다고 가정한다. [그림 14-1] '가상 교환 입자'에서 (하전 입자를 나타내는) 두 사람은 공을 서로에게 던지는 것을 보여 주고 있다. 당신은 한 사람은 음전하를 띠고, 다른 사람은 양전하를 띠고 있는 입자라고 생각할 수 있다. 공은 그들 사이에서 전자기장을 만들면서, 하전 입자들

---

4) 통합 장이론과 TOE에 관한 자세한 내용은 부록 A 참조.

[그림 14-1] 가상 입자 교환

을 밀어 떨어뜨리고 있는 가상 입자를 나타낸다.

　가상 입자는 많은 경우에 심리학적 경험과 대응한다. 관계에서 사람들 사이의 밀고 당김은 작은 양자신호 교환과 신호, 피드백 그리고 토론으로 알아차릴 수 있다. 양자신호 교환은 교환 입자와 같이 작은 충돌 '땡 (ping)'으로 경험된다. 당신은 작은 '땡'을 받고 나면 스스로와 다른 사람들에게 "그것이 당신에게 어떻게 부딪쳤는가?" 하고 묻는다. 명백히 우리는 양자신호 교환에 의해 '부딪쳤다.' 당신은 가상 광자를 볼 수 없으며, 당신은 또한 양자신호 교환이 일어나는 그 순간에 양자신호 교환을—적어도 쉽게는—볼 수 없을 것이다.

물리적 힘의 네 가지 종류

　오늘날의 물리학에는 (가상 입자와 관련된) 네 가지 알려진 힘 장 혹은 역장(力場)이 있다. 그들을 하나씩 살펴보고 이러한 물리적 장의 이해와 연결된 또는 그 이면에 있는 심리학적 경험, 유추와 은유를 추정해 보자.

　전자기.　전자기장은 자석이 금속성 종이 클립을 탁자 위로 들어 올리는 것을 가능하게 하는 것이다. 이 장은 양자신호 교환이 선행하는 인력 혹은 반발력의 일상적 느낌에 해당한다. 어떤 종류의 사람들과 당신 사이에 움직이는 충분한 양자신호 교환이 있다면 당신은 그 사람에게 끌림이나 거절을 느낀다.

강한 힘(핵력). 원자의 핵은 양전하를 띠고 있는 양성자와 전하를 띠지 않는 중성자로 구성되어 있다. 어떠한 힘이 양전하를 띠고 있는 양성자들을 서로 끌어당기고 서로 밀어내는 것을 멈추게 하는가? 오늘날 이 힘은 '강한 힘' 이라고 부른다. 이 강한 힘의 존재는 아주 작은 핵 안에서만 적용되는 짧은 범위이지만, 이 강한 힘은 아주 강하여 만일 당신이 핵의 강한 힘을 방해한다면 당신은 원자력 에너지를 방출시키는 것이다. 우리 모두는 강한 힘에 대해 알아야만 한다. 오늘날 그것은 우리의 작은 지구에서 우리 모두를 위한 삶, 죽음, 정치 문제인 중요한 정치적 힘이다!

심리학에서 강한 힘에 대한 유추는 우리의 중심, 우리의 핵, 우리의 개인 신화를 함께 붙잡아 주는 힘이다. 당신의 프로세스마인드 안에서, '강한 힘' 은 당신이 보통 서로 반발할 것으로 예상되는 것들을 함께 붙잡는다. 개인 신화들은 '핵' 의 중심이다. 그것과 연결하여라. 그러면 당신은 일생의 에너지와 열정을 발견한다. 만약 당신이 그 중심을 부정한다면, 당신은 에너지의 부족으로 우울해진다. 우리의 개인 신화나 조직적 중심의 강한 힘은 우리에게 삶을 가져다줄 수 있다. 마찬가지로 다른 사람의 중심적 본성과 연결하여라. 그러면 당신은 그 사람과 거의 깨뜨릴 수 없는 결합을 만든다. 이것이 '끊어짐' 또한 같은 맥락에서 대단히 폭발적인 이유다! 관계와 조직의 핵에 있는 신화의 힘은 대단히 창조적이거나 파괴적일 수 있다.

약한 힘. 또 다른 핵력인 약한 힘은 강한 힘보다 10^{13}배 약하기 때문에 그렇게 불린다. 약한 힘은 강한 힘만큼이나 잘 이해되지 않았다. 약한 힘의 가장 잘 알려진 효과는 방사능 또는 불안정한 원자핵 안에서 전자의 베

타 붕괴다. 약한 힘은 눈이 절벽에 간신히 붙어 있을 때 눈사태를 일으키기에 충분할 정도의 작은 호흡을 연상시킨다.

약한 힘의 심리학적 버전은 당신이 불안정한 상황에 있을 때 일어난다. 예를 들어, 당신이 '불안함'을 느낄 때 작은 숨쉬기는 당신을 미치게 하며 당신 주위에 '눈사태'를 촉발시킨다. 만약 당신이 우울하다면, 누군가가 살짝 쳐다보는 것이 큰 재앙을 만들 수 있다! 반면에 당신이 평안한 프로세스마인드 상태에 있다면, 그 작은 힘은 갑작스러운 광채와 창조성을 방출시킬 수 있다. 깊은 명상에서 아주 작은 거의 아무것도 아닌 무엇인가가 새롭고 창조적인 생각을 만들 수 있다.

선(禪) 서예가는 이러한 종류의 '약한 힘'으로 작업한다. 그들은 '마음을 비움' 또는 '무심' 상태에 앉아서 갑자기 붓을 들어 훌륭한 서예 작품을 만들어 낸다. 나의 친구이자 서예가인 선스승 후쿠시마(Fukushima)는 이와 같은 방법으로 작업한다. 그는 먼저 명상을 하며, 이후 자신의 선 마음(혹은 자신이 '창조적 마음'이라고 부르는 것)이 서예를 하도록 한다.

도(道) 또한 '약한 힘'일 수 있다. 도덕경에 따르면, 도는 '무(無)'다. 그것은 매우 작다. 무위(無爲, 도교에서 작위하지 않고 자연 그대로 두기)나 '행하지 않음'은 노력하지 않는 행동을 취함으로써 도를 따르는 것을 의미한다. 작은 양자신호 교환은 놀라운 빛을 방출하며, 만일 당신이 그것을 따른다면 당신은 거의 '방사성'이 된다.

중력. 중력은 다른 세 가지 역장과는 매우 다르다. 상대성 이론은 시공간이 구부러지고 비틀릴 수 있는 많은 여러 가지 방법에서 나타난다고 설명한다. 만일 당신이 담요나 시트가 없는 맨 매트리스에 앉아 있고 그 매트리스 위에 공을 떨어뜨린다면, 아마도 공은 당신이 앉아 있는 매트리스의 가장 굽은 쪽으로 굴러갈 것이다. 아인슈타인에 따르면, 우리 우주의 시공간 굴곡은 그 매트리스와 같이 굽어져 있으며, 그 결과 굴곡은 사물이 일정한 방향으로 구르도록 한다. 상대성 이론의 관점에서 지구의 중력으로 우리가 경험하는 것은 지구 주위의 시공간 굴곡과 연결되어 있다.

대부분의 사람들은 우주비행사나 몸무게를 걱정해서 체중계에 올라서야 하는 사람이 아닌 한 중력에 대해 많이 생각하지 않는다. 아마도 하나부터 열까지 우리가 겪는 모든 것이 중력과 연관 있지만, 우리는 결코 이길 수는 없다. 우리의 물질적인 부분은 항상 아래로 떨어진다.

중력은 조직하고 전체 우주를 모두 유지하는 것처럼 보인다. 중력은 은하가 떨어지지 않게 하며 심지어 입자들을 서로 붙어 있게 한다. 그러나 중력은 아주 약한 힘, 힘 중에서 가장 약하기 때문에, 책상에서 종이 클립을 들어올리기 위해서 당신이 필요로 하는 모든 것은 단지 작은 막대자석이다. 모든 힘 중에서 가장 미묘한 힘으로서 중력은 우리를 여기저기로 끌어당기며, 우리를 무겁게 느끼도록 하는 '아무것도 없는' 것이다. 하지만 중력의 미묘한 본질에도 불구하고, 중력은 (전자기력과 같은) 무한한 범위를 가지고 있다. 중력은 우주의 반대쪽 끝에 있는 사물에 영향을 미치며 우리를 붙잡아 준다.

심리학에서 중력은 꿈꾸기, 지구의 미묘한 감각, 공통 감정 그리고 모든 것, 심지어 우리가 반대여야만 한다고 생각하는 것들조차도 끌어당기는 모든 것의 감각에 해당된다.

여러 측면에서 볼 때, 프로세스마인드는 중력의 본질과 매우 근사하다. 예를 들어, 프로세스마인드는 중력과 감정처럼 무한한 범위를 가지고 있다. 프로세스마인드의 미묘한 힘은 한순간에 우리의 알아차림과 동시에 매우 가깝고 또한 매우 먼 것처럼 보일 수 있다. 우리가 컴패션하거나 깊은 그들 자신의 어떤 것에 의해 동기부여가 된 지도자들을 볼 때, 우리는 마치 중력에 의한 것처럼 이끌려질 수 있다. 그것은 모든 것을 포괄하고 명백히 모든 물체, 모든 모습을 끌어당기며 양극화하려고 하지 않는다. 오히려 그것은 모든 자체의 부분들과 벡터를 포함한다. 오늘날 비록 중력자(重力子, graviton)를 찾고 있지만, 중력은 알려진 가상 입자가 없는 유일한 장이다. 현재 우리의 지식 정도에서, 중력은 시공간의 휘어짐과 동일한 유일한 장이다. 그것은 우리가 살고 있는 집인 우주의 형태에 기인하거나 일치한다. 중력은 우리의 임사 경험과 비국소적 경험뿐만 아니라 우리의 원대한 신념의 '분위기' 또는 '아우라'와 유사하다.

심리학적 장과 물리학적 장의 연결

역장은 물리학뿐만 아니라 심리학에서도 기본이다. 프로이트는 추동과 본능에 대해, 아들러는 권력에 대해, 융은 콤플렉스에 대해 말했다. 프로이트는 화학으로부터 콤플렉스라는 개념을 빌려 온 것으로 보이기 때문에, 심리학에서 콤플렉스와 추동은 정전기적 화학의 장과 힘에 간접적으로 연결되어 있다.[5] 심리학에서 몇 TOE들은 잠재의식, 무의식, 자아, 형태 또는 심지어 과정과 같은 개념에서 온 것 같다. 결국 그들은 모두 '장과 같은 것'이며 멀리서 힘을 발휘하는 것으로 경험될 수 있다.

심리학과 물리학의 힘과 장 사이의 유사성 때문에, 나는 이러한 학문들이 새로운 하나의 TOE, 여러 TOE들 또는 심지어 '큰 발'로 함께 통합될 수 있는지 물어야만 한다. 프로세스마인드는 심리학적 물리적 역장을 통합하고 영성도 포함하는 그러한 하나의 장일 수 있다. 물리학에서 네 가지 힘과 마찬가지로, 프로세스마인드는 종종 처음에는 말로 표현할 수 없는 미묘한 감정처럼 나타나는데 그것은 부분이 없는 느낌의 감각이다. 그것은 모든 것을 포함하는 점에서 중력과 같다. 그것이 우리의 일상적 마음에 더 가까이 발생할수록, 그것은 물리학의 꿈 영역 같은 교환 입자들에서 양자신호 교환으로 나타난다. 그것은 우리 중심, '핵'의 신화의 정열과 힘으로 나타나며 정전기적 상대 입자와 비교할 수 있게 우리를 끌어당기거나 밀어내는 상대편들('선'과 '악'과 같은)로서 일상적 실재 CR에서 나타난다.

---

5) 『땅을 기반으로 한 지기 심리학(*Earth-Based Psychology*)』 p. 156 참조.

그것은 존재와 편재 그리고 실제로 지성을 가진 것 같다. 그것은 보일 수 없지만 나는 확실히 느낄 수 있다. 그것이 도교 신자가 그것을 대지에서 파동 같은 용선(龍線, dragon line)의 개념으로 말했던 이유다. 3천년 전 도교 신자의 '파동' 그림은 오늘날 장의 개념을 연상시킨다(제5장 참조).

우리는 우주의 물리적 장의 기원을 아는 것보다 무엇이 프로세스마인드를 만들어 냈는지를 더 알지 못한다. 그러나 때때로 프로세스마인드가 모든 것의 창조자나 공동-창조자인 것처럼 보인다. 만일 프로세스마인드가 도와 같은 것이면, 그것은 하늘과 대지의 어머니로서 창조 전부터 존재해 왔다.

프로세스마인드와 같은 TOE를 설명하기 위해 노력하는 것은 어렵지만 중요하다. 우리의 세계는 그러한 TOE들이 필요하다. 우리는 우리의 알아차림이 수면, 꿈꾸기, 깨어나기 사이를 끊임없이 오가는 이유를 설명하는 새로운 아이디어가 필요하다. 우리는 우리의 원주민 뿌리에 우리를 다시 연결하고 물리적, 심리적, 영적 감각에서 창조와 공동-창조에 대해 더 잘 '이해하기(under-stand, 아래에 서기)' 위해 큰 발이 필요하다. 우리는 아인슈타인과 같은 많은 과학자들이 추측한 것이 '신의 마음'이라는 것을 탐구할 필요가 있다. 프로세스마인드가 어떻게 삶의 기원에 대한 우리의 경험과 의식의 기원에 연결되어 있는지 미래에 밝혀질 것이다.

다음 실습은 TOE가 어떻게 발생했는지 당신 자신의 경험을 밝힘으로써 통합된 장이론들과 큰 발에 대한 가능한 질문을 설명한다. 만일 당신이 상당히 지속적인 변형 상태에 대해 염려스럽다면, 이 실습이 어느 정도 프로세스마인드 상태의 지속적인 몰입을 요구하고 있으므로 이 실습에 몰입하지 말고 그냥 읽기 바란다.

실습 14: 삶에서의 통합 장이론

시작하기 전에, 최근 당신을 괴롭히는 문제에 대해 기록하여라. 또한 당신이 지금 당장 당신이 숙고하기를 원하는 어떠한 '큰' 질문들을 기록하여라.

당신의 질문을 기록한 후, 당신 자신의 가장 깊은 부분을 찾아내기 위해 당신의 신체를 다시 한 번 스캔해 보아라. 천천히 그 부분으로 호흡하여라. 그 부분에 당신의 호흡을 맞춤으로써 그 신체 경험을 깊게 하여라. 당신이 준비됐을 때 이러한 경험을 어떤 땅 영역에 연관시키도록 하여라. 땅의 그 장소에 가서 그것을 보아라. 그런 다음 당신이 준비됐을 때 그 장소 그 자체가 되어라. 그 땅 영역이 되고, 명상을 하는 땅이 되어라. 천천히 하여라. 아마도 당신은 그 장소의 존재를 느끼거나 그것의 힘을 알아차릴 것이다. 둘러보고 당신이 있는 곳만이 아니라 그 지역의 모든 곳에서 이 영역의 존재를 느껴라. 어떤 방법으로 당신은 이 영역의 장의 존재—그것이 당신에게 어떠한 의미라 하더라도—인가? 당신은 비국소적, 편재하는 역장이 된다는 것이 어떠한 것인지 깨달음을 얻을 수 있는가?

만일 당신이 프로세스마인드 경험에 남아 있을 수 있다면 무엇인가가 갑자기 스스로 떠오를 때까지, '중요한' 것 같은 무엇인가가 당신에게 일어날 때까지 명상을 계속하여라. 콜라주 페이지 #14에 그것에 대해 기록하여라.

당신은 당신의 프로세스마인드 장의 본질을 어떻게 설명할 수 있겠는가? 당신은 당신 본질의 이러한 부분을 설명하기 위해 어떠한 물리적, 영적 또는 다른 개념을 사용하는가? 그것은 강한 힘, 미묘한 경험인가? 그것에는 소리나 색깔 혹은 움직임이 있는가? 당신의 프로세스마인드에 그것의 지성이 있다면 어디에서 오는지 물어보아라. 당신은 당신의 프로세스마인드를 사물을 '끌어당기는' 미묘한 중력으로 감지할 수 있는가? 그것은 실제인가? 또는 꿈과 같은 것인가? 그것은 어떤 의미로도 통합하는 장인가? 만약 그렇다면, 어떤 느낌인가?

이제 이 실습의 시작에서 당신이 제기한 질문들에 대해 생각해 보

자. 아마도 당신의 프로세스마인드는 당신에게 어떠한 답을 줄 것이다. 이 프로세스마인드 경험이 어떻게 당신의 개인적 삶 전체를 통해 활용이 가능한지 물어보아라.

하와이의 힘

나의 장이론 수업 동안, 나는 다른 사람들과 자신의 감정을 나누는 방법에 대해 문제가 있는 매우 수줍음이 많은 학생과 작업했다. 그녀는 방금 앞의 실습을 마쳤고 사람들이 많은 곳에서 자신의 수줍음에 관해 더 작업하기를 원했다.

그녀는 자신의 가슴 부분에서 가장 깊은 자아를 발견했다. 그 신체 영역으로 호흡을 한 후에, 그녀는 하와이 마우이 해변에서 자신을 느꼈다. 다음은 그녀의 경험에 대한 설명이다.

마우이 해변 지역에 무엇인가 매우 친근하고, 따뜻하며, 여유로운 것이 있다. 그것은 바다와는 다른 느낌이다. 어떤 바다는 불길한 예감이 들 수도 있는데, 이것은 광대하게 펼쳐졌으며, '와서 함께 하자.' 와 같은 종류의 느낌이다. 나는 내가 그 해변에 있다고 느낀다. 그것은 아름답다. 그곳에 있는 장은 매우 유혹직이며, 부드럽고, 따뜻하며 또한 무엇인가 매우 여유로운 것이 있다[발을 딛고 서서, 그녀는 좌우로 흔들기 시작했다].

[웃으면서] 나는 실제로 거의 이렇지 않다. 그것은 거대하고 광대하며 계속 부드럽고 달콤한 힘을 가지고 있다. 그것은 나를 춤추게 하며 빛을 내게 한다. 그것은 내부도 아니고 외부도 아니지만 그 둘 다이다!

아하! 알겠다! 내부에 있는 것도 아니고 외부에 있는 것도 아닌 이 춤은 내 감정들을 나누는 방법이다… 와우… 그것은 너무 바뀌고 있으며 멋지다. 그렇다. 그것은 미묘하며 또한 매우 강력하다⋯ 그것은 지성인가? 그것은 그저 그곳에 있으며, 다른 것들이 여기 있기 전에 항상 그곳에 있었다.

그 마우이 해변은 그녀의 삶의 다양한 측면들을 연결하는 그녀의 개인적 '통합 장이론'이며, 편재였다. 몇 달 후에 나는 그 학생에게 이 작업이 그녀의 수줍음에 어떤 영향을 주었는지 물었다. 그녀는 "기억 속에서 저는 이러한 마우이 경험으로 여러 번 되돌아갔어요. 그리고 그 기억은 내가 많은 사람들 앞에서 하는 모든 것을 훨씬 더 쉽고 멋있게 만들어 주었어요."라고 말했다.

 생각해야 할 것들

1. 현재 물리학에는 네 가지 알려진 힘이 있고, 심리학에는 많은 본능, 추동 그리고 힘이 있다.

2. 프로세스마인드는 물리학과 심리학에서 서로 다른 종류의 장의 형태 속에서 일상적 실재 CR로 나타날 수 있다.

3. 프로세스마인드가 의식을 가지고 있는 통합 장이론인지 아닌지 간에, 이 장의 개인적인 감각은 삶을 '좀 더 대단하게' 만들 수 있고 우리에게 단지 '발가락(toe)'이 아닌, 서 있기 위한 '발(foot)'을 준다.

제4부
비국소성과 얽힘의 춤

나는 직관과 영감을 믿는다.

상상력은 지식보다 더 중요하다.

지식에는 한계가 있지만, 상상력은 발전을 자극하고

진화를 낳게 하면서 온 세상을 받아들인다. 엄밀히 말해서,

과학적인 연구에서의 상상력이야말로 진정한 요소다.

-알버트 아인슈타인, 우주론적 종교(Cosmic Religion)

제15장
종교, 물리학 그리고
심리학에서의 얽힘

학자들, 신비주의자들 그리고 더 나은 세상을 만들기 위해 노력하는 모든 이들이 미래로 나아가는 데는 여러 가지 다른 열쇠가 필요하다. 그러나 이 책에서 내가 강조하는 열쇠는 당신이 하루하루의 일상을 대면하고 이겨내는 동시에, 당신 스스로의 깊은 내면을 인식하는 것이다. 깊은 내면에 도달하면 당신은 타인에 대해 더 잘 이해할 수 있고, 당신이 가지고 있는 윤리관이 무엇이든 간에 지키며 살 수 있다.

당신의 내면 안에 반은 들어가 있고 반은 나와 있다는 것은 실제의 당신 경험을 또한 변형시킬 수 있다. 당신이 '통합 장'에 가까울 때, 프로세스마인드의 경험, 심리학, 물리학 그리고 영성 경험들은 사건의 과정을 이성적으로 이해하거나 따르는 것을 때때로 어렵게 만드는 방법으로 겹쳐지기도 한다. 하지만 당신의 기본적인 '역장'에 가까이 존재하는 것을 통합하는 효과는 매우 어려운 시기에서조차 당신 자신과 다른 사람에게 당신을 연결하는 방법에서 매우 현실적이 된다. 이 책의 마지막 제4부에서, 나는 '반은 들어가 있고 반은 나와 있다는 것'의 신비하고 창조적인 효과를 탐구하고자 한다. 나는 정체성에서의 미세한 변화가 어떻게 일상적인 삶의 신비한 원소들을 밝히는가를 보여 주는 것을 돕기 위해 비국소성, 얽힘 그리고 '신(神)의 프로세스'에 대해서 더 자세히 다룰 것이다.

어느 날 나는 예술가이기도 한 에이미에게 "얽힘이라는 이러한 양자 현상에 대해 논의하고 싶다."라고 말했다. 내가 의미하고자 하는 것을 설명하자 그녀는 "그럼요. 당연해요! 나도 그것에 대해 항상 알고 있었어요!"라고 말했다. 그녀의 대답은 나에게 좋은 영향을 주었다. 나는 어쩌면 과학이 발견하고 있는 것을 민감한 사람들은 항상 알고 있다는 것을 잊고 있었던 것일 수 있다. 얽힘은 초자연치료사들은 쉽게 경험하는 것이지만, 그것을 매일의 실재의 언어로 설명하기에는 어려운 일이다. 우선 얽힘이 신의 개념과 어떻게 일치하는지 알아보자.

신의 경험에 대한 구조

우선 영적 전통, 즉 신비롭고 종교적인 전통에서의 위대한 신들인 '얽힘을 만드는 자'로 시작하자. 단순하게 하기 위해, 나는 이 논의를 세 가지 유일신 전통인 유대교, 기독교, 이슬람교에서의 신들에 대한 아이디어로 제한하겠다. 하지만 내가 하고자 하는 이야기는 모든 종교 전통에 걸결할 만큼 충분히 일반적이다. 간단히 말하면, 이러한 전통들에서 신의 프로세스는 적어도 다음 네 가지, 즉 전지성, 편재성, 전능성 그리고 흐름이라는 속성을 가지고 있다.[1]

전지성(全知性). 전지성 또는 모든 것을 안다는 것은 무한한 알아차림과 우주적 이해를 의미한다. 나는 프로세스마인드가 모든 것을 안다고는 생각하지 않지만, 그것은 적어도 당신, 다른 개인들, 관계와 조직의 다음 단

---

1) 이 특성에 대한 자세한 설명은 http://en.wikipedia.org/wiki/God 참조.

계에 관해 시종일관 지성적이다. 당신은 앞 장의 실습들에서 어떤 형태의
'전지성'을 경험했을 수도 있다.

　편재성.　우리가 앞 장에서도 알아보았듯이, 편재성은 언제 어디서나 모
든 장소에 존재하는 것을 의미한다. 당신이 자신의 프로세스마인드와 접
촉하고 있을 때 당신은 거의 어느 누구, 어떠한 것, 어떠한 곳과 연결할 수
있는 것같이 느껴진다. 사실, 공간과 시간에서 오직 한 점에서만 당신의
프로세스마인드를 찾으려고 한다면 종종 그 점을 놓치는 것처럼 보인다.
프로세스마인드는 적어도 공간적, 시간적 경계가 없다는 제한된 의미에
서 모든 곳에 있다는 존재다. 프로세스마인드의 편재성은 관계에서도 느
껴질 수 있다. 예를 들어, 당신과 친한 친구가 서로 지구의 반대편에서 살
고 있다 하더라도, 당신은 때때로 둘 사이의 거리가 없는 것처럼 느낀다.
우리는 이러한 우정을 사랑이라고 부르며 그것을 '신비'라고 생각한다.
하지만 이 우정에 문제가 생길 때, 우리는 '큰 거리'가 있다고 말한다. 우
정에서의 편재성은 물리학에서 비국소성이라고 설명하는 성질인 거리감
없는 일체성(oneness)의 부분이 되는 느낌이다.

　전능성.　인간은 모든 것이 가능하지 않다. 하지만 당신이 프로세스마인
드에 가까워지면, 그것은 확실히 모든 것을 알고 모든 곳에 존재하는 무엇
인가가 당신이 놀라운 통찰력을 가지도록 인도한다고 느껴진다. 많은 사
람들은 자신들이 그러한 "능력을 만든다."라고 말하지만 나는 당신 마음
의 일상적인 부분이 그러한 능력을 가지고 있다고 생각하지는 않는다. 프
로세스마인드 능력은 변형 상태(altered state)로부터 나오는데, 그것은 단
순하게 본질적으로 그곳에 있는 것이다. 그것은 자신의 '작은 당신(little
you)'의 소망을 지지하지만 따르지는 않는다. 그것은 당신의 감정과 꿈이
전체적인 본질을 인도하는 것처럼 보인다. 예를 들어, 프로세스마인드의
존재는 일시적으로 당신에게 때로는 삶 그 자체보다 더 중요한 것처럼 보

이는 에너지나 '능력', 인도해 줌과 평안의 느낌을 줄 수도 있다.

흐름. 변화, 움직임 그리고 과정은 모든 창조신화의 특성이다. 많은 신성한 신화에서, 흐름은 물과 같은 유동적 상징으로서 나타난다. 예를 들어, 창세기 제1장 2~5절에서, 태초에 '땅은 혼돈하고 공허하며 흑암이 깊음 위에 있고 하느님의 신은 수면에 운행하시니라.' 라고 나와 있다. 내게 이것은 이러한 물이 프로세스마인드의 깊이와 유동성을 의미하는 것으로 보인다. 왜냐하면 그것은 신화에서 창조자의 얼굴로 의인화된 지혜가 발생하기 전 본질 수준에서 경험되기 때문이다. 물은 또한 이슬람교 전통에서도 핵심적 역할을 하는데, 이슬람 종교 법전의 본체에 대한 개념인 샤리아(Sharia)는 '물의 근원으로 가는 길' 을 의미한다.

나의 요점은 프로세스마인드가 '신의 프로세스' 의 흐름 구조, 즉 편재성, 전지성, 전능성 그리고 흐름 또는 이 모든 특성의 어떠한 얽힌 통합에서 부분적으로 반영되었다는 것이다. 이러한 특성들은 보통 우리가 단순히 프로세스마인드 경험과 동일시하는 획일적인 형태에서 함께 섞여 있다. 이 책의 실습에서, 당신은 이러한 특성들 중 하나 또는 그 이상을 포함하는 감정적이며 땅에 기반한 경험을 가졌을 수도 있다.

얽힘. 이제 나는 영적 전통과 물리학을 더 가까이 연결시키기 위해서, 네 가지 신의 프로세스에 다섯 번째 특성인 얽힘을 추가하려고 한다. 앞의 네 가지 특성들은 종교적 전통과 영적 전통과 연관시킬 수 있다. 그러나 나는 얽힘을 물리학의 개념으로 가장 잘 설명할 수 있다. 제7장 관계의 '심오한 민주주의' 주제에서, 나는 이미 양자물리학에서 만약 두 입자가 하나의 양자 근원으로부터 나타났다면 이 둘은 얽혀 있고 더 이상 별개로 고려할 수 없다는 것을 지적하였다. 이것은 만일 당신이 둘 중 하나를 관찰하면, 다른 하나가 어떤 행동을 하는지 보지 않고도 알 수 있다는 것을 의미한다. 이러한 것은 만약 두 입자가 외부와 차단된 삭은 상사와 같은 양자 체계 안에서 함께 나란히 있다면 합리적이라고 할 수 있다. 그러나 그 두 입자가 서로 지구 또는 우주의 반대편에 있다면 어떨까? 물리학에 따르면, 그 두 입자가 얽혀 있다는 사실은 신비에 가깝다. 이것이 바로 얽힘이 실험실에서 증명되기 전에, 아인슈타인이 "원거리에서의 이상한 작용인 것 같다."라고 말하면서 양자 얽힘에 대해서 회의적이었던 이유다.[2] 하지만 양자 얽힘은 실험적 사실이다. 양자 체계가 동요 받지 않는 이상, 즉 두 입자가 양자 체계에서 연결되어 있다면, 두 입자 사이의 물리적 거리가 얼마든지 간에 하나의 입자에게 일어나는 것은 다른 하나의 입자에도 일어난다.

원칙적으로 만일 전체 우주가 빅뱅으로부터 기원했다면, 모든 것은 하나의 양자 체계의 부분이다. 이러한 이유로 몇몇 과학자들은 모든 물체는 어떠한 방법으로든 다른 물체와 서로 얽혀 있어야 한다고 주장한다. 아직은 전체 우주를 포함하는 실험을 하는 것이 가능하지 않기 때문에 우주적 얽힘은 아직 추측으로 남아 있다. 그러나 대부분의 초자연치료사들에게는 그러한 개념을 이해하는 것에 전혀 문제가 없을 것이다. 그들에게 텔레파시, 예지, 천리안 그리고 모든 사고와 에너지 전달은 추측이 아니라 실제다.

양자 비국소성

내가 알기로, 얽힘은 양자 이론의 창시자 중 한 사람인 에르빈 슈뢰딩거(Erwin Schrödinger)에 의해 1935년 처음으로 소개되었다. 그는 입자들이 서로 비국소적으로 연결될 수 있다고 예측하였는데, 이것은 입자들이 광속(光速)보다 명백히 빠른 속도를 의미한다. 독립된 양자 체계를 포함하는

---

2) 아인슈타인의 논문 '물리적 실재의 양자-역학적 설명은 완전한가?(Can Quantum-Mechanical Description of Physical Reality Be Considered Complete?)' 『*Physical Review*』(1935), 제47권 pp. 777-780 참조. 공저자는 보리스 포돌스키(Boris Podolsky)와 네이던 로젠(Nathan Rosen)이다.

방정식에서, 그는 근본적으로 연결되었던 A와 B 같은 두 입자는 두 입자가 서로 반대 방향으로 움직인다고 해도 항상 연결되어 있을 가능성을 보았다. 달리 말해서, 만약 A와 B가 원래 한 양자 체계에서 근본적으로 함께였다면, 나중에 당신이 A가 무엇을 하고 있는지 알고 있다면 B를 볼 수 없어도 B가 무엇을 하는지 알 수 있다는 것이다. B가 달에 있어도 당신은 A를 보는 것만으로도 B가 무엇을 하는지 알게 된다는 것이다! 이 두 입자는 서로 광속보다 빠른 신호를 보내는 것일까? 아니다. 그것은 상대성 이론을 위반하는 것이다. 그렇다면 이 두 입자는 어떻게 연결되어 있는 것일까? 그것은 아무도 모른다.

왜 아인슈타인은 이러한 양자 현상을 이상하다고 생각했을까? 아마도 그는 신비를 두려워했을 수도 있다. 내 생각에, 수세기 동안 함께 했던 과학과 영적 전통은 17세기에 고전 물리학의 등장으로 분리되었다. 부부가 이혼을 하면, 그들은 종종 서로를 보는 것을 꺼려 한다. 하지만 현재 21세기에 종교가 양자물리학의 중심에서 편재성과 같은 형태로 다시 출현했다. 얽힘 때문에 과학과 종교는 서로 다시 만난 것이다! 내 안에 존재하는 갈등 중재자는 약 400년의 이혼, 즉 분리 후 과학과 종교는 프로세스마인드와 같은 아이디어를 통해 재혼을 하고 재통합을 하려 한다고 예측한다. 프로세스마인드는 중매자 중 하나일 수 있다.

[그림 15-1]의 얽힘 삽화는 얽힘의 물리학적 세부 내용을 묘사하고 있다. 양자 체계를 두 입자, A와 B가 들어 있는 상자라고 생각하자. A와 B가 하고 있는 것을 올라가고 내려가는 화살표로 표시하자. 이 화살표들은 과학자들이 입자 회전이라고 한다. 회전은 기본 입자의 각 운동량(angular momentum, 회전운동을 하는 물체의 운동량으로, 물체의 운동량과 물체와 회전축 사이의 거리를 곱한 값으로 표현)을 의미하는 수학적 개념이다. 회전을 이해하기 위해서는 운동량 또는 내재하는 힘으로 인해서 계속해서 회전하는 팽이를 생각하여라(회전의 심리학적 느낌을 얻기 위해서 회전을 상상력으로 생각하여라. '회전' 하는 것은 꿈을 꾸는 것이다. 당신이 새로운 아이디어 또

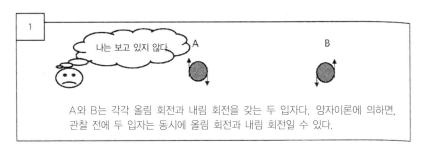

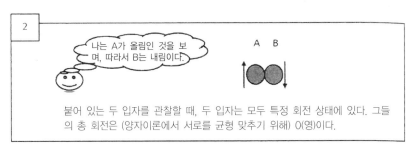

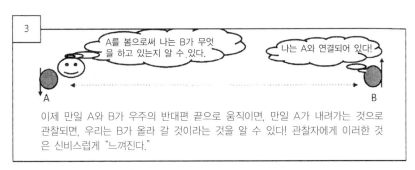

[그림 15-1] 얽힘 삽화

는 무엇인가에 대한 새로운 '회전'을 가질 때 당신은 운동량을 갖는다. 만일 당신이 한 가지를 생각하면, 당신의 친구는 다른 '회전'을 생각할 수도 있다. 꿈꾸기는 그 자체의 운동량을 갖는다. 어떤 꿈은 '올리는 것'이고, 반면에 다른 꿈은 '내리는 것'이다).

　물리학자는 회전을 올라가는 화살표와 내려가는 화살표로 표시한다. 첫 번째 삽화에서 입자들은 관찰되고 있지 않기 때문에, (각각의) 두 입자는 동시에 올라가는 회전과 내려가는 회전의 두 상태에 있을 수 있다. 어떻게 무엇인가가 동시에 두 상태에 있을 수 있는 것일까? 이것이 바로 중첩(superposition)의 특성 중 하나다. 제3장에서 알아보았듯이, 슈뢰딩거의 고양이는 관찰되기 전까지는 죽어 있는 동시에 살아있었다. 이것이 바로 양자 세계인 것이다! 두 번째 삽화에서 만약 폐쇄된 체계의 전체 상태가 0의 회전을 갖는다면 두 입자는 서로 반대 방향으로, 즉 하나는 위로, 다른 하나는 아래로 회전해야만 한다. 세 번째 삽화에서 A와 B 두 입자는 떨어져 있지만 여전히 같은 체계의 부분이므로 두 입자는 얽힘을 유지하고 있다. 따라서 당신은 단순히 A를 봄으로써 B가 무엇을 하는지 알 수 있다.

얽힘 현상은 양자 체계 패턴, 양자 파동 방정식(quantum wave equation)에 의해 메워진 무공간적으로 상호 연결된 영역을 가리킨다. 다시 말해, 한 입자의 회전을 측정할 때 우리는 한 단위로 작동하는 전체 체계의 회전 배열을 측정하는 것이다.

내 생각에 아인슈타인과 슈뢰딩거는 모두 옳다. 실재는 이상하다! 그러나 실재는 존재하며 어느 정도 얽힘 이면의 물리학 방정식들에 의해 구성된다. 이것이 물리학자들이 양자 영역은 반-직관적(counter-intuitive)이라고 말하는 이유다. 이상한 일이다. 무엇이 얽힌 입자들을 함께 묶어 놓는 것인가? 성령인가? 양자 세계에서의 연결은 비디오카메라로 찍을 수 있도록 눈에 보이는 신호를 통해 작동하지 않는다. 그렇다. 사실 A는 어떠한 신호도 B에게 보내지 않는다. 그들의 연결은 매일의 실재 또한 인식하는, 즉 반은 들어가 있고 반은 나와 있는 것과 같은, 진동하는 단일성의 변형 상태와 같다.

어떻게 한 입자가 다른 입자와 그것들 사이에 오고가는 신호 없이 연결될 수 있는가? 어떻게 당신은 눈으로 볼 수 있는 메시지 또는 정보 교환 없이 무엇인가를 때때로 알 수 있는가? 연기 신호, 전화 통화, 이메일 또는 TV 연결 없이 어떻게 당신은 알고 있는 누군가가 죽거나 문제가 생겼거나 좋은 일이 생겼는지 알 수 있는가? 물리학에서는 이것에 대한 정확한 답이 없으며 단순히 이것을 공간-부정(否定, space-defying)의 '비국소성'이라고 한다.

　비국소성 이면의 것에 대해, 노벨상 수상 물리학자 데이비드 봄(David Bohm)은 우주를 '나누어지지 않는 전체성'이라는 개념으로 설명했다. 최근 아미트 고스와미(Amit Goswami)는 일원론과 '의식(consciousness)'이 모든 것이 유래한 가장 중요한 첫 번째 실재라고 설명했다.[3] 다른 사람들은 이러한 개념들이 시험해 볼 수 없기 때문에 너무 추측적이라고 한다. 그러나 얽힘이 어떻게 보이는지와 상관없이 그것은 여기에 존재한다. 사실, 완전히 새로운 양자 컴퓨터가 얽힘에 기반하여 곧 개발될 것이며, 현재의 컴퓨터는 정보의 한 단위가 단지 0과 1로만 구성되는 2진법 체계에 기초하는 것과 달리, 양자 컴퓨터는 정보가 0, 1 또는 이 둘의 혼합(중첩)에 의해 표시되는 '큐비트(qubits, quantum bit)'를 기초로 할 것이다.

프로세스마인드의 '신체'

　그림과 에르빈 슈뢰딩거의 말을 이용해서 설명할 수 없는 얽힘 현상에 대해 설명해 보자. [그림 15-2]는 미국 항공우주국(NASA)의 한 연구원이 입자 A와 B 사이의 얽힘을 표현한 것이다. 그림 아래에 작가는 수정(crystal)이 놓여 있는 플랫폼을 상상했다. 수정 아래에서 광선이 나와 수정을 통과하면 두 광자 A와 B를 위쪽으로 방출한다. 이제, 만일 당신이 인공위성으로 광자 A의 상태를 측정할 수 있다면, A가 B에서 아무리 멀리 떨어져 있어도 당신은 B의 상태에 대해서 알 수 있을 것이다. 어떻게 이것이 가능할까? 작가는 단순하게 A와 B를 잇는 수평의 물결선을 그렸다.

---

3) 아미트 고스와미(Amit Goswami), 『자기-알아차림 우주: 어떻게 의식은 물질적 세계를 창조하는가(*The Self-Aware Universe: How Consciousness Creates the Material World*)』(New York: Tarcher/Putnam Books, 1993).

[그림 15-2] 얽힘에 대한 미국 항공우주국의 한 연구원의 묘사

'그 물결 파동은 무엇인가?' 라는 수수께끼는 계속된다. 나는 이 책에서 나의 예측을 보여 주려고 했다. '그 파동이 의미하는 것은 내가 프로세스 마인드라고 부르는 신체 감각을 나타낸다!' 다음은 어떻게 그와 같은 결론을 얻었는지에 대한 설명이다.

에르빈 슈뢰딩거는 얽힘의 아이디어를 처음 얻었을 때 영국에 살고 있었다. 호주에서 태어난 그는, 얽힘을 '교차' 또는 '겹침' 이라는 의미의 독일어 'verschraenkung' 으로 표현했다. 이 독일어는 일반적으로는 '겹쳐진 다리(crossed legs)' 를 표현할 때 사용된다. 이것은 나로 하여금 아마도 그가 A와 B 두 입자의 '교차' 를 묘사하는 동안 겹쳐진 두 발 A, B를 생각하고 있었을 것이라고 생각하게 한다([그림 15-3] 참조).

또한 [그림 15-4]에서도 두 발은 교차되어 있지만, 만일 당신이 이 두 발이 한 사람의 신체에 속하는 것을 몰랐다면 어떻게 발 A를 발 B와 연결시켜야 할지 몰랐을 것이다. 특히 두 발이 우주의 반대편에 있는 것이라면 더욱더 그렇다. 이 두 발만이 실험실에서 우리가 볼 수 있는 것이다. 당신은 그러한 '신제' 나 지성 또는 데이비드 봄이 사물 이면의 '나누어시시

[그림 15-3] 교차된 다리

[그림 15-4] 교차된 다리-단지 발 부분

않는 전체성'이라고도 한 것들을 단지 당신의 마음이나 미묘한 신체 감각에서만 느낄 수 있다. 내 생각에 슈뢰딩거는, 교차된 팔이나 발이 한 신체를 통해 연결되어 있듯이, 배경의 어떠한 조직적 지성을 통한 연결로서 얽힘을 생각한 것 같다. 물리학자들은 오늘날 이 '신체'를 단순히 '비국소성'이라고 부른다.

프로세스마인드의 관점으로부터의 얽힘

본질적 수준에서, 프로세스마인드는 자체의 다양한 측면들 또는 (프로세스마인드) 그 자체의 다양한 측면들의 혼합을 포함한다. 우리가 이러한 단일체의 한 부분에만 초점을 맞출 때, 복합적 가능성을 가지고 있는 양자 파동이 관찰에 의해 단 하나로 붕괴하는 것과 같이 몇몇 결합적인 경험을 잃게 된다. 1950년대에 융은 그의 논문 '동시성(『논문집(*Collected Works*)』 제8권)'에서, 일반적인 사람조차 어떤 사건이나 과정에 깊이 관여하게 되면, 동시성이 규칙적으로 일어나는 것 같다고 설명했다. 그렇지 않을 경우에는 덜 자주 발생하게 된다. 다시 말해, 프로세스마인드의 전지성, 전능성, 편재성 그리고 얽힌 흐름은 우리가 변형 상태에 연결되었을 때 가장 많이 접근한다.

　앞 장에서의 실습에서, 당신은 프로세스마인드의 땅의 기반 영역이 어떻게 당신의 경험들과 경험의 부분들을 얽는지 느꼈을 수도 있다. 나무, 먼 산, 그 위의 하늘 그리고 그 아래의 대지, 해변의 물과 바위는 모두 서로 연결이 되어 있으며, 대지의 힘에 의해서 '얽혀' 있다. 나는 이것이 바로 엉클 루이스(Uncle Lewis)가 애들레이드 거리 이면의 '붉은 캥거루 꿈꾸기(Red Kangaroo Dreaming, 제10장 참조)'에 관해 이야기할 때 의미하고자 한 것이라고 믿는다. 토템 정령은 그 땅의 (양자 파동함수와 유사한) 힘이며, 그것들은 도시의 도로 체계의 발전에 영향을 미치는 것을 포함하여 도시의 모든 것을 조직한다. 이러한 관점에서 도시 속의 모든 것은 근본적으로 다른 모든 것과 얽혀 있다.

　프로세스마인드가 많은 다양한 경험들을 포함하는 단일체라는 사실은 [그림 15-5]에 묘사되어 있다. 만일 당신이 아래의 그림을 오랫동안 집중

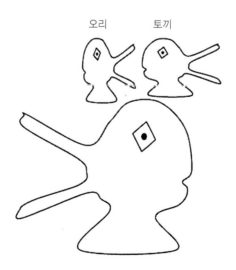

[그림 15-5] 프로세스마인드 중첩.
오리-토끼의 중첩이 오리와 토끼로서 일상적 실재 CR에서 나타난다.

해서 보면, 위 그림에서 별도로 그려진 것과 같이 오리와 토끼를 모두 포함하고 있다는 것을 인식할 수 있다. 요점은 하나의 그림에서 오리와 토끼를 보는 것이 아니라 마음이 어떻게 그 두 가지 사이를 왔다 갔다 하는가를 인식하는 것이다. 생각에 따라 다르게 바꾸어 볼 수 있다는 것을 알 수 있다. 이것은 프로세스마인드가 작동하는 방법과 비슷하다. 당신이 프로세스마인드에 있을 때, 그 자체의 한 부분에서 다른 부분으로 그 부분들 사이에 분리가 없거나 거의 없는 것같이 왔다 갔다 하는 것과 같다. 이것이 심리학적 비국소성에 관한 모든 것으로, 일상적 실재에서 모든 가능한 방법으로 떨어져 있는 부분, 입자, 사람 그리고 물체들 사이에서 밀접하게 연결되어 있는 느낌인 것이다.

또한 만일 당신이 토끼의 일상적 실재 CR 모습에 집중한다면 얽힘 때문에 당신은 항상 오리가 무엇을 하고 있는지 또는 토끼가 무엇을 하고 있는지 대략은 알게 될 것이다. 왜 그럴까? 토끼와 오리는 실제로 하나의 체계 속에 속한 상(像)이기 때문이다. 예를 들어, 오리가 입을 닫고 있다고 상상해 보자. 그러면 토끼의 귀도 역시 접혀 있을 것이다. 얽힘이다! 그러나 만일 당신이 오리-토끼 본질적 수준에서의 접촉에서 벗어나면, 일상적 실재 CR이 나타나며 모든 것—여기에서는 토끼와 오리—가 별개로 독립적으로 나타난다.

실습 15: 얽힌 양자신호 교환

얽힘에 대한 최선의 이해는 아마도 당신 자신의 경험에서 올 수도 있다. 근본적으로 당신의 주의집중과 '양자신호 교환'을 하는 모든 것이 다양한 형태로 나타나는 프로세스마인드다. 만일 당신이 오리라면 토끼가 당신의 주의를 끌고, 토끼라면 오리가 당신의 주의를 끌 것이다. 우리는 그러한 양자신호 교환을 반짝 떠오르는 (정신적) 이미지 또는 꿈이라고 부르며, 그것을 우리의 개인적 심리학에 의미가 있는 것으로 받아들인다. 다른 관점에서 보면, 이것은 프로세스마인드의 일부분으로 서로 다른 회전의 균형을 맞춤으로써 우리에게 전체 체계를 보여 주기 위한 시도라고도 볼 수 있다.

이제 실습을 해 보자. 서 있는 것이 가장 좋지만 앉아 있어도 무관하다. 당신의 콜라주 페이지와 펜을 준비한 뒤, 눈을 감고 편안한 상태가 되게 하여라. 당신 신체를 느끼고, 당신의 호흡을 느껴라. 당신이 호흡하고 있다는 느낌을 인식할 때까지 기다려라. 이것은 당신을 당신의 일상적 마음으로부터 나오게 하기 때문에 중요하다. 당신 자신이 변형 상태로 들어갈 수 있도록 시간을 주어라. 준비가 됐으면, 일종의 몽롱한 상태를 유지하면서 당신의 눈이 반 정도 떠지도록 하여라. 당신의 눈이 당신 주위를 살피도록 하면서 어떤 사물 하나가 당신의 주의를 끌도록 하여라. 많은 것들이 당신의 주위를 끌 수도 있다. 어떤 것을 선택해야 하는지 모르겠다면, 당신의 무의식적 마음, 당신의 프로세스마인드가 선택하도록 하여라.

당신의 주의를 끄는 하나의 사물을 보아라. 그것을 보고, 가능하다면 그 자체가 되려고도 해 보고 그 순간에 당신 내면의 어떤 부분이 그 사물을 필요로 한다고 느껴 보아라. 그리고 나서 당신의 프로세스마인드로 하여금 그 양자신호 교환을 보기 위해 당신의 어떠한 부분이 필요한지 알려 주게 하여라. 그것을 보기 위해 필요한 당신 안의 관찰자는 누구인가? 콜라주 페이지 #15의 한 구석에 양자신호 교환과 그 양자신호 교환의 관찰자 이 두 부분에 대해 기록하여라. 그 두 가지 모두의 에너지를 빠르게 느끼고 스케치하여라.

이제 여유를 갖고, 긴장을 풀고, 다시 호흡하고 있는 당신 자신을 느껴라. 준비가 되었으면, 당신을 관찰자로 알며 또한 당신의 주의를 끄는 사물을 알고 있는 당신 안의 지성을 느껴라. 다시 말해, 관찰자와 당신의 주의를 끈 양자신호 교환을 보고 어떤 종류의 토템 정령 또는 땅의 기반 지성이 그러한 양자신호 교환을 내게 가져오는 방법을 알고 있는지 물어라. 이것은 직관적인 경험이므로 그저 당신의 경험과 빠른 통찰력을 믿어라.

일단 당신이 그 정령을 알면, 준비가 되었을 때 정체성을 변형하고 당신 자신을 그 정령으로서, 당신의 일상적인 자아와 어느 주어진 순간에 필요한 것을 알고 있는 프로세스마인드 지성으로서 느껴라. 다시 한 번, 당신의 통찰력과 그 프로세스마인드 지성이 의미하는 어떠한 것에 대한 감정을 믿어라. 당신이 그것에 대한 느낌을 얻었을 때 그 프로세스마인드로서 당신 자신에게 이야기하고, 당신의 프로세스마인드의 지혜, 지성 그리고 본성을 묘사하여라. 이것에 대해 기록하여라. 준비가 되었을 때, 그 프로세스마인드가 당신의 손을 빌어서 콜라주 페이지 #15에 스스로를 표현하도록 하여라. 그것이 말하는 어떠한 말도 기록하여라.

이제 당신의 프로세스마인드 지성이 느끼고, 그것이 되고 그리고 그 그림이 되어라. 그 양자신호 교환을 보기 위해 당신의 주위를 끌었던 신호 교환의 재현으로부터 당신의 알아차림을 앞뒤로 움직여라. 당신이 그 두 가지가 어떻게 모두 같은 프로세스마인드 근원의 측면들인가를 느낄 때까지 그 두 가지 사이를 앞뒤로 움직여라. 할 수 있다면 기록을 하여라.

마지막으로 다음 문제들을 생각해 보아라. 이 양자신호 교환이 지난 며칠 동안 신체 느낌, 꿈 또는 다른 방법으로 당신의 주의를 끌려고 한 적이 있었는가? 당신은 그 양자신호 교환에 의해 표현되는 삶의 부분과 갈등을 가진 적이 있었는가? 당신은 그 양자신호 교환과 관찰자로서 당신이 어떻게 얽혀 있는지 느낄 수 있는가? 이제, 만약 당신이 바뀐다면 그 양자신호 교환 역시 바뀔 수 있다고 상상해 보아라. 당신은 이 실습으로 조금 바뀌었기 때문에 이 아이디어를 시험해 볼 수 있다. 그렇다면 이제 무엇이 당신의 주의를 끄는지 알아보기 위해 실습을 한 번 더 해 보아라. 이 두 번째 경험을 기록하여라. 원래의 양자신호 교환은 당신의 변화와 연결해서 바뀌었을 것이다. 그것이 얽힘이다!

동시성 경험

오리건 해안 지방에서의 세미나 발표의 한 부분으로 나는 얽힘에 대해서 설명했고, 그리고 나서 에이미의 도움으로 앞의 실습을 진행하였다. 내가 긴장을 풀고 호흡하고 있는 것처럼 느꼈을 때, 나의 주의를 끈 양자신호 교환은 세미나실 천장에서 돌아가는 전기 선풍기였다. 나의 내부 경험에서, 나는 그 돌아가는 선풍기를 볼 필요가 있었던 나의 부분은 내 안의 선형(線形)의 스승이었다는 것을 깨달았다. 내가 실습을 진행함에 따라, 나는 두 부분―선형의 나와 돌아가는 선풍기―가 어떻게 얽혀 있는지 느낄 수 있었다. 내가 그린 프로세스마인드 에너지 그림을 참조하여라([그림 15-6]).

내가 선풍기의 의미를 깨닫는 바로 그 순간, 나는 내게 '돌아가는' 선생이 되는 법을 보여 준 선풍기의 방향으로 고개를 숙여 경의를 표했다. 그

나(아놀드 민델)   선풍기

프로세스마인드 에너지

[그림 15-6] 프로세스마인드 에너지 그림. 여기서 프로세스마인드 에너지는 선형의 나(아놀드 민델)와 돌아가는 선풍기의 두 에너지를 결합한다.

리고 바로 그때 그곳에서, 모든 사람들 가운데서, 그 선풍기가 나에게 "말을 했다!" 내 말은 선풍기가 돌아가면서 이상한 삐꺽거리는 소리를 내기 시작한 것이다. 이 방에서 오랫동안 강연을 해 왔던 그 오랜 기간 동안 선풍기가 그러한 이상한 소리를 내었던 적은 한 번도 없었다! 또한 다른 어느 곳에서도 그러한 일이 한 번도 일어난 적이 없었다. 얽힘이다! 나의 프로세스마인드는 선형적인 나와 선풍기, 즉 선형 스승과 나의 긴장이 풀려 있고 어지럽게 돌아가는 마음을 연결하고 포용하는 강과 같았다. 그러한 마음의 변형 상태에 있는 동안, 나는 선풍기와 선형적인 나의 선형적 자아가 어떻게 나의 비국소적 프로세스마인드의 두 가지 얽힌 부분들인가를 느낄 수 있었다. 많은 사람들이 있는 그 세미나실에서, 내가 프로세스마인드 상태에 있는 한 동시성은 거의 '정상'인 것 같았으며, 타당한 것으로 느껴졌다. 나의 큰 프로세스마인드의 비국소성 신체는 나의 일상적인 신체뿐만 아니라 선풍기까지도 포함하였다.

나중에 내가 그 변형 상태에서 나와서야 나는 '이것이 놀라운 것이다.'라는 것을 알아차렸다. 나의 정상적인 관점으로는 무엇인가 놀라운 것이 일어났다. 그러나 프로세스마인드 관점으로는 '일상적인 나'와 양자신호교환은 단순하게 얽혀 있는 꿈 영역의 역할들 또는 프로세스마인드의 부분들이었다. 선풍기는 내가 돌아가는 것을 배우게 하기 위해 나에게 '말을 해야만' 했다.

만약에 내가 더 회전한다면 선풍기가 말을 덜 걸어올지도 모르겠다. 얽힘이 '일상의 나'에게 주는 하나의 교훈은, 어떠한 경우에라도 누군가를 고작 하나의 육체에 들어 있는 하나의 신체일 뿐이라고만 제한적으로 인식하는 것이 (비록 이것이 일반적인 관습적인 방법일지라도) 그 사람 또는 그 사람의 프로세스마인드에게는 모욕적일 수 있다는 것이다. 우리는 당연히 일상의 자신이다. 하지만 비국소적으로 얽힌 프로세스마인드의 육체는 신호, 모든 물리적인 사물, 이미지, 여러 부분들 그리고 여러 상태의 신비로운 모든 영역을 다 포함하는 것이다.

생각해야 할 것들

- -

1. 얽힘은 물리학에서 양자 파동함수의 수학에 의해 구성되어 있다.

2. 종교에서, 얽힘은 모든 사람과 모든 것을 얽는 신의 전지성, 편재성, 전능성 흐름 때문에 발생한다.

3. 더 신비로운 삶을 살기 위해서, 당신과 양자신호 교환하는 모든 것과 모든 사람을 얽히게 하는 프로세스마인드의 땅의 기반 경험에서 반만 들어가라.

4. 만일 무엇인가가 당신의 주의를 끈다면, 우주의 '신의 마음'에서의 의식적 관찰자로서 참가하기 위해 그것 자체가 되어라.

제16장
관계와 소프트스킬로서의 얽힘

　일상적 실재 CR 관점에서 당신의 관계는 당신의 일상적 자아와 다른 사람들에 의해 만들어진다. 프로세스마인드의 관점은 다르다. 사람 사이의 관계는 연관된 사람들이 의식적으로 깨닫기 전에 발생하는 느낌과 관심으로서 시작한다. 당신의 주의와 양자신호 교환하는 사람이나 사물은 마치 그들이 끊임없이 변화하는 얼굴을 가진 인형인 것처럼 당신에게 그저 일어나는 것이다. 그 양자신호 교환을 하는 인형의 얼굴 이면에는 인형을 조종하는 사람과 같이 당신이 인식하는 것을 구성하는 프로세스마인드가 있다. [그림 16-1]에서 당신과 양자신호 교환을 하는 X와 또한 그 양자신호 교환을 볼 필요가 있는 당신의 부분 'u'(이것 또한 '인형'이다!)를 모두 그렸다.

　인형을 조종하는 사람이 들고 있는 막대인형같이, 당신을 둘러싼 세계—당신이 보는 놀라운 것, 당신의 관점, 당신의 매일의 실재 그리고 친구—이 모든 것이 프로세스마인드에서 얽혀 있고 근원을 두고 있다. 우리 의식의 근원과 아마도 삶 자체가 X를 볼 필요가 있는 u와 양자신호 교환하는 X의 형태로 나타난다. 삶은 그 자체와 X를 바라보는 u를 통한 자기-반영

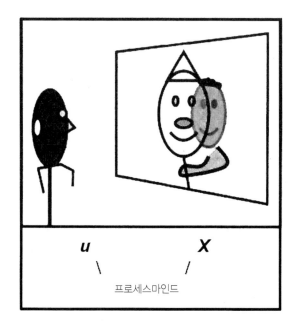

[그림 16-1] 프로세스마인드의 인형, u + X

에 대한 경향성에 관한 프로세스마인드의 놀라움이다. 양자신호 교환은 u 와 얽혀 있는 프로세스마인드의 자기-반영이며, 그것은 관계로서 삶의 과 정의 본실을 가리킨다.

　이 장의 목적은 인형극 극장에서 보이는 프로세스마인드의 소프트스킬 을 탐구하는 것이다. 인형극 이면의 관계의 능력 혹은 섬세한 기술은 내가 '양자 극장(quantum theater)'이라고 부르는 것이다. 이 섬세한 기술은 어 떤 상황에서의 프로세스마인드를 찾거나 관계에서 u와 X의 움직임을 연 출하는 데 프로세스마인드를 사용하려는 모든 사람에게 있는 경향성이 다. 이 연출은 다른 사람에 대한 우리의 상호연결의 신비에 대한 열쇠이며 관계와 세계 문제와 작업하는 것에 대한 열쇠다.

수소 원자와 수소 분자

제15장에서, 우리는 얽힘에 관한 미국 항공우주국의 그림에서 수정에 쏘아진 광자가 어떻게 그 수정으로부터 두 개의 얽힌 양자를 방출하는가를 보았다. 이제 인간관계의 주제에 더 밀접해 보이는 얽힘의 또 다른 물리적 예를 살펴보자. 화학 원소인 수소를 생각해 보자. 우리 우주의 가장 초기 원소의 하나인 수소는 양전하의 핵과 핵 주위 껍질 안에 음전하의 전자로 이루어져 있다([그림 16-2] 참조).

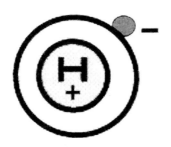

[그림 16-2] 수소 원자

두 개의 수소 원자가 합쳐질 때 두 원자는 전자를 공유하며 '공유 결합'이라는 것을 형성한다([그림 16-3]의 윗부분을 참조). 호기심 많은 물리학자가 그 분자에 대해 궁금해 했다. 분자가 안정한 한, 전자가 다른 전자와 너무 가까이 있기 때문에—만약 당신이 전자 하나가 무엇을 하는지 알고 있다면 다른 전자가 무엇을 하는지도 알 것이다—이렇게 전자들이 얽혀 있다고 추정하는 것이 합리적인 것 같다.

그러나 그 수소 분자의 결합을 약하게 하기 위해 수소 분자에 광자를 충돌시킬 때 무슨 일이 일어나는가? [그림 16-3] 아래 부분에서 한 전자 A는 왼쪽으로 움직인다. 다시 말해, 수소가 레이저 광선과 충돌될 때 전자 중

안정한 공유 결합의 수소 분자. 전자는 음전하의 검은 공이다.

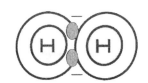

광자 충돌 후 A와 B 전자들 사이의 결합은 약해졌지만, 전자들은 여전히 얽혀 있다.

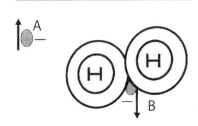

[그림 16-3] H-H 결합 얽힘

의 하나는 새로운 방향으로 날아간다. 그러나 당신이 추측했듯이, 둘로 나누어진 전자들은 아직도 서로 얽혀 있다. 전자 A를 관찰하는 사람은 전자 B를 관찰하는 다른 사람이 비록 두 사람이 멀리 떨어져 있어도 무엇을 보고 있는지를 예측할 수 있을 것이다.

수소는 화학적 사실이며 또한 관계에서 우리에게 일어나는 것에 대한 은유다. 하나의 원자와 그것의 전자는 당신이고, 다른 원자와 전자는 당신의 친구다. 전자들은 관계에서 당신들을 함께 결합하는 양자신호 교환이며 당신 둘 사이에서 떠다니는 공유하는 꿈이다. 이러한 양자신호 교환은 당신 각자를 다른 사람에게 끌리게 하며 당신 둘을 모두 '균형을 맞춰 주고' 연결시켜 주는 것이다.

이 화학적 비유를 사용하면, 관계는 양자 체계이며 분자는 당신이 결합하고 있다고 느껴지는 누군가와 공유하는 것이다. 당신의 꿈같은 경험들은 얽혀 있는 전자들과 같다. 이러한 얽힘의 결과, 꿈과 양자신호 교환은 비국소성이 된다. 마찬가지로 u와 X(X는 당신의 주의를 끌거나 당신의 마음에 있는 친구에 대한 무엇일 수 있다)의 관점에서, 당신은 u와 X 둘 다이다. 당신의 u+X 경험들은 물론 당신에게 명확하지만 동시에 그것들은 비국소적이며 당신을 당신의 친구와 결합할 수 있게 도와주는 공유된 경험이다. 이런 점에서 u와 X는 모두 양자신호 교환 같으며 비국소적이다. 비록 당신의 친구가 당신과 함께 있지 않고 지구 반대편에 있을지라도 그것들인 u와 X는 당신의 친구와 얽혀 있고 연결되어 있다.

　예를 들어, 에이미의 곱슬머리는 나에게 양자신호 교환을 한다. 나는 그녀의 머리카락을 좋아한다. 나의 선형적 부분인 u는 나에게 X인 그녀의 곱슬머리를 봐야 할 필요가 있다. 그러나 그 '구부러진 마음'의 에너지와 u 또는 나의 '선형 마음'의 에너지는 비국소적이다. 어떻게? 에이미는 그녀 안에 곱슬함과 선형이라는 같은 한 쌍을 가지고 있다. 그리고 우리의 관계에서, 그녀가 곱슬한 심적 경향에 있을 때 나는 좀 더 선형이 되고, 내가 곱슬할 때 그녀가 선형이 된다. 이것은 우리가 서로의 옆에 있을 때와 우리가 서로 다른 도시에 있을 때도 일어난다. 이러한 u-X 얽힘은 동시성 과정이다. 동시성이며 비국소성인 것은 한 쌍이며, 구부러진 마음과 선형 마음 사이에 얽힘이며, U와 x가 얽혀 있는 입자의 회전처럼 엎치락-뒤치락하는 방법이다.

　이러한 모형에 의해, 우리의 생각과 감정은 개인으로서 우리에게 속하지만 동시에 그것들은 아마도 우리의 친구들과 우리가 아는 모든 사람의 생각 및 감정과 얽혀 있을 수도 있다. 관계의 프로세스마인드 인식으로부터 표현의 두 채널, 당신과 나에게서 일어나는 단지 하나의 꿈꾸기 과정이 있다. 우리가 다른 사람과 공유할 수 있는 모든 것 중에서, 우리는 u와 X 사이의 관계—당신이 나와 양자신호 교환하는 것과 그 양자신호 교환을 볼 필요가 있는 나의 부분 사이의 연결을 공유한다.

인과적으로 국소적이며 얽힌 신호들

이제 이러한 관계 얽힘 이론이 실제로는 무엇을 의미하는지 조사해 보자. 제7장에서 우리는 두 가지 형태의 관계 신호들, 국소적이며 인과적 (당신은 내가 '이것을' 하는 것을 보며, 당신이 '그것을' 하게 만든다) 신호와 비국소적이며 얽힌 (나를 보지 않고도 당신은 '그것을' 한다) 신호가 있다는 것을 알아보았다. 먼저 국소적, 인과적 신호를 생각해 보자. 또 다른 예로 당신과 당신 친구를 생각해 보자. 당신이 누군가가 당신의 기분을 상하게 하는 '나쁜' 꿈을 꾸었다고 상상해 보자. 결과적으로 당신은 감정이 상해서 좋지 않은 기분으로 깨어나게 된다. 만약 당신이 (u로서) 그 친구를 다음에 만날 때 여전히 그러한 희생자 역할에 있다면, 당신이 꿈같은 적수와 싸우기를 원하거나, 부모 같은 사랑의 필요성을 원하거나에 따라 그는 못되게 굴거나 부모(X)와 같이 함으로써 당신의 삐뚤어진 얼굴 표정의 국소적 신호에 대응할 수도 있다.

저서 『관계치료: 과정지향적 접근(*The Dreambody in Relationships*)』에서, 나는 당신의 꿈 인물들이 다른 사람들의 감정을 '꿈꾸기' 할 수 있다고 말했다. 그 의미는 당신이 자신의 꿈에서 당신 친구의 불쾌함 또는 다정함과 같은 어느 누군가의 반응을 찾을 수 있다는 것이다. '꿈꾸기' 란 당신이 외부 세계에서 경험하는 것이 당신이 꿈에서 본 미지의 알 수 없는 부분에 대한 반응을 의미한다. 이 책의 관점에서 당신의 프로세스마인드가, 스스로를 표현하기 위해서 내부의 꿈 인물 그리고 당신 주위 세계의 모든 사람과 모든 것을 이용하여, 방법의 다양성에서 스스로를 찾으려고 한다는 것이 더 완벽하게 말하는 것이다. 어쨌든 만약 누군가가 당신의 u 신호를 본 후 X에 대해 반응한다면 우리는 '인과적 꿈꾸기' 에 대해서 말할 수 있고 당신은 이 신호를 보고 당신의 꿈에서 대응할 수 있다.

그러나 당신의 u 신호를 볼 수 없을 때라도, 만약 이 사람의 반응 X가

멀리서 일어날 때 우리는 비인과적 또는 얽혀 있는 비국소성 꿈꾸기에 대해 말할 수 있다. 따라서 다른 사람에 대한 당신의 감정은 미소 또는 불평과 같은 가시적인 신호의 교환에 의해 일어날 수 있고 또는 그것들은 멀리서 얽혀 있을 수도 있다.

이 두 경험—신호 인과성과 신호 얽힘—은 동시에 일어날 수 있다. 비디오카메라를 사용하여, 우리는 얼굴을 맞대고 하는 상호작용 신호들이 어떻게 인과적 방식(당신의 반응은 나의 신호에 따른다)과 비인과적 방식(당신의 반응과 나의 신호는 동시에 발생한다) 모두에 의해 연결되는지 볼 수 있다. 따라서 관계는 명백히 당신 신체 속의 당신과 나의 신체 속의 나는 서로에게 눈에 보이는 반응을 창조한다는 의미에서 국소성이며, 동시에 우리의 신호가 프로세스마인드를 통하여 연결된 것처럼 동시에 발생한다는 의미에서 비국소성이다.

누군가와 좋은 관계를 가지려면 당신의 꿈과 눈에 보이는 신호와 프로세스마인드의 미묘하고 거의 눈에 보이지 않는 경험을 따르라. 제7장의 관계 실습 7A를 기억하는가? 그것은 '존재의 근거', 관계의 프로세스마인드 특성과 연관이 있다. 프로세스마인드 관점에서, 우리는 모두 더 큰 무엇인가의 대리인이다. 프로세스마인드는 단지 또 다른 관점이지만, 아무것도 작동하지 않을 때 당신이 일방적이며 엄격한 위치에서 자신을 발견할 때 사용할 열쇠가 된다. 꿈을 분석하고 신호를 따라가는 것은 이해하고 함께 살아가는 데 중요하지만, 프로세스마인드의 관점이 관계에 들어올 때 훨씬 더 많은 것도 가능하다. 관계의 비밀은 양자 극장인데, 다시 말하면 그것은 프로세스마인드를 찾는 것, 그것을 역할과 부분 사이를 흐르는 데 사용하는 것이며 그리고 적어도 어느 한 사람, 신호 또는 부분과 단지 간단하게 동일시하는 것이다.

[그림 16-4]에 이 책에서의 다양한 관계 아이디어를 정리했다. 본질-수준의 관점에서, 관계는 스스로를 발견하는 당신의 토템 정령 또는 프로세스마인드에 관한 것이다. 이러한 관점은 이미 수천 년 되었고 아직도 원주

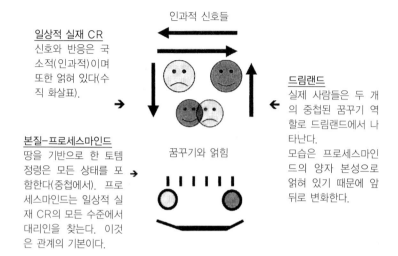

일상적 실재 CR
신호와 반응은 국소적(인과적)이며 또한 얽혀 있다(수직 화살표).

인과적 신호들

드림랜드
실제 사람들은 두 개의 중첩된 꿈꾸기 역할로 드림랜드에서 나타난다.
모습은 프로세스마인드의 양자 본성으로 얽혀 있기 때문에 앞뒤로 변화한다.

본질-프로세스마인드
땅을 기반으로 한 토템 정령은 모든 상태를 포함한다(중첩에서). 프로세스마인드는 일상적 실재 CR의 모든 수준에서 대리인을 찾는다. 이것은 관계의 기본이다.

꿈꾸기와 얽힘

[그림 16-4] 관계에서 (웃는 얼굴로서의) 프로세스마인드

민 중에서 사용되고 있는 수행을 창조했다. 에이미와 내가 아프리카 초자연치료사에게 그들이 어떻게 관계를 다루는지 물었을 때(제11장 참조), 그들은 오직 도움을 필요로 하는 사람들하고만 간단히 말을 하고 그 사람들을 집으로 보낸다고 말했다. '하지만' 나는 말했다. "그들의 상호교환, 얼굴과 얼굴을 마주보는 관계 연결은 어떻습니까?" 그 초자연치료사는 말했다. "아니요. 아니요. 그들을 집에 보내시오! 절대로 사람들이 그것에 대해 서로 대화하지 말라고 하시오!" 나는 물었다. "그들을 돕기 위해서 무엇을 합니까?" 그들은 다음과 같이 말했다. "음, 아하, 흠… 우리는 정령과 이야기합니다." 그들은 관계에서 사람들을 연결하는 정령을 위한 의식을 수행했다. 그들은 그들의 프로세스마인드로 연결했고 관계에서 u+X를 비국소적으로 다루었다.

관계작업과 사랑 혁명

프로세스마인드는 지성이며 사랑의 힘이다. 나는 사랑을 '친절함'의 느낌으로 의미하지 않는다. 나는 사랑이란 모든 본성에서 개인적이든, 업무적이든, 집단 또는 국제적이든 간에 모든 관계 문제 이면의 숙련된 중재자 과정을 의미한다. 이런 느낌에서 말로 형언할 수 없는 본질-수준의 현상으로의 사랑은 선과 악, 친절하고 친절하지 않음을 넘어선다. 그 사랑은 우리가 좋아하는 에너지를 포용하며, 문제가 되는 에너지로 먼저 나타나는 것을 잘 다룬다.

관계에서 프로세스마인드의 의식적 사용은 새로운 종류의 사랑 혁명이다. 우리가 친구들의 특정한 측면을 좋아하고 다른 사람을 싫어하는 반면, 관계의 프로세스마인드는 전체 관계를 포용하고 그것의 모든 과정의 상(相)으로서 그것의 모든 부분을 사용한다. 이러한 혁명에서, 당신이 꿈꾸는 것과 느끼는 것 모두는 '당신 것'이며 또한 그 관계의 살아 있는 장 영역의 부분이다. 관계에 대한 큰 비밀 중 하나는 당신의 프로세스마인드에 반만 들어가 있고, 반은 나와 있는 것이다. 다른 사람에게 안녕이라고 말하고 동시에 부분과 비공간적 유령이 그들이 우주에 하는 것과 같이, 당신 둘 다에게 속해 있는 곳인 또 다른 수준을 연다.

대부분의 사람은 사물이 관계 속의 다른 사람으로부터 나타나기를 기다린다. 그러나 우리가 프로세스마인드의 변형 상태에 있을 때, 우리는 감추어졌다가 다시 나타나는 정체성—우리 자신의 정체성과 다른 사람의 정체성—을 기다린다! 실재와 꿈꾸기 영역은 그것들이 비(非)시간성의 강에서 감추어졌다가 다시 나타나는 과정의 부분일 때 가장 잘 작동한다. 예를 들면, 만일 친구가 계속 전화하는 것을 잊는다면, 일상적 실재 CR에서 당신은 화가 날지도 모르지만, 본질 수준에서 당신은 이미 친구가 전화를 해서 무엇을 말하려고 했는지 알고 있을 수도 있다. 그래서 당신은 여전히 화가 나 있을 수 있지만 동시에 속은 상하지 않을 수 있다. 본질 수준에서 어쩌면 당신도 전화를 하지 않았을 수도 있다. 그것에는 상황의 다양한 부분들 사이를 따라 지그재그로 흘러가는 강과 같은 유동적 단일체가 있다. 당신은 화가 난 사람이며, 당신은 전화하는 것을 잊은 사람이며 그리고 당신은 그 둘 중 어느 것도 아니다―단지 당신은 한 번에 하나씩 각 부분을 위해 말하는 흐름, 전지성, 편재적 창조다.

관계의 이러한 관점이 이상한가? 그렇다. 확실히 이상하다. 그러나 우리가 더 좋은 관계를 원한다면 우리는 일상적 실재 CR 인식 이상을 필요로 한다. 역사는 인류가 관계에 대하여 선천적으로 많은 의식적 지성을 가지고 있지 않다는 것을 보여 준다. 우리는 우리의 관계 지성을 발전시킬 필요가 있고, 초자연치료사가 되고, 양자 극장에서의 변형 상태의 알아차림을 사용해야 할 필요가 있다. 관계를 돕기 위해서, 당신 자신과 모든 종류의 그룹 프로세스들이 초자연치료사가 되어 사물이 나타나기를 기다리며, 하지만 기꺼이 당신 자신을 또한 감추고 u와 X 사이에서 앞뒤로 흐른다. 이러한 접근은 특히 대칭적인 비난을 도와준다. 대칭적인 비난 과정에서, 각 상대방은 다른 상대방이 그러한 상황을 발생시켰다고 느낀다. 이 입장은 출발점이며, 일상적인 관계 싸움에서 집단 학살과 전쟁에 이르는, 우리가 경험하는 모든 갈등이 불타는 근원이 된다.

나: "당신이 문제를 일으켰어."
당신: "아니야! 당신이 문제를 일으켰어!"

그러나 만약 우리가 초자연치료사의 '양자 극장'―그것은, 모든 얽혀 있는 부분들의 꿈꾸기를 찾고 함께 흐르고 함께 작동하는 프로세스마인드―을 기억한다면, 사물은 오직 잠시 동안만 나쁘게 될 수 있다. 우리는 대칭적 비난으로 '서로를 죽일' 수 있지만, 우리가 프로세스마인드에 연결될 수 있다면 그 '죽음'은 결과적으로 우리의 일방적인 위치로부터 (적어도 몇 분 동안은) 분리에 해당할 수 있다. 잠시 실재를 떠나라. 프로세스마인드와 함께 흐르고 다른 사람의 관점을 나타내거나 '이해(under-stand 아래-서다)' 하여라. 그러면 당신은 "그래요. 당신은 중요한 관점을 가졌습니다. 그 관점에서는 나는 문제입니다!"라고 인정하는 스스로를 발견할 것이다. 만약 그들이 당신이 그들을 깊이 '이해' 한다고 느낀다면, 문제는 거의 해결된 것이다.

초자연치료사는 변형 상태에 들어가며 정체성을 바꾼다. 그래서 또한 당신의 정체성을 잠시 떠나보내라. 프로세스마인드가 부분들 사이를 흐르도록 사용하여라. 초자연치료적 양자 극장을 창조하고 당신의 파트너가 당신을 위해 그것을 해야만 하기 전에 u와 X의 경험들을 표현하여라. 섬세한 기술로서, 이 양자 극장은 당신에게, 내가 가끔 소프트스킬(soft skill)이라고 부르는 기술인, 내가 알고 있는 가장 강력한 관계의 메타스킬(metaskill)을 줄 것이다.[1]

다음 실습은 내부 작업으로 먼저 할 수 있으며 또 다른 관점에서 당신 '친구' 앞에서 '극장' 으로서 큰 소리로 할 수 있다.

실습 16: 관계에서 양자 얽힘 극장

대칭적 비난 또는 감정이 가끔 발생하는 관계 하나를 선택하여라(예를 들어, "당신이 그것을 그렇게 했기 때문에 나는 반드시 이것을 이렇게 해야 한다!"). 심한 갈등 시간 중의 그 관계에서 나타나는 두 가지

---

1) 나는 '소프트스킬(soft skill)' 이란 용어의 출처를 확인할 수 없다. 그 용어는 사업계에서 넓게 사용되었다. http://en.wikipedia.org/wiki/soft_skills(2009년 10월) 참조. IQ와는 다르게, 소프트스킬은 감정적 지능과 종종 동일시된다. 소프트스킬은 아마도 협상기술, 팀워크 능력 또는 다른 사람들에게 봉사할 때의 긍정적인 태도를 포함할 수도 있다. 이 소프트스킬은 중요하지만 내게 '소프트스킬' 은 얽힌 신호와 비난 사이의 프로세스마인드와 함께 흐르는 것을 의미한다.

관점 또는 역할에 대해 기록하여라. 당신이 하려고 하는 역할을 A라고 하고 다른 사람의 역할을 B라고 하여라. 그리고 A로서 당신은 "B, 너는 나에게 문제야."라고 말하며 느끼고 B로서 당신은 "만약 당신 A가 당신이 하는 것을 하지 않았다면 나도 내가 하는 것을 하지 않을 것이다!"라고 말하며 느끼는 전형적인 문제투성인 대화를 기억하여라. 이 생각은 어느 편도 양쪽 모두 아무것도 인정하지 않는다는 것이다. 말은 중요하지만 에너지는 더 중요하다. 두 역할 A와 B의 에너지를 콜라주 페이지 #16에 기록하여라.

이제 제15장에서의 당신의 프로세스마인드 (또는 제7장의 실습 7A에서의 관계에 대한 프로세스마인드) 경험을 상기하거나, 당신 신체의 가장 깊은 부분과 그것의 연관된 땅에 기반을 둔 위치를 상기함으로써 지금 당신의 몸 프로세스마인드를 찾아라. 이제, 당신이 그 위치 또는 프로세스마인드에 있는 동안 당신 프로세스마인드의 땅을 기반으로 한 영역 장의 부분으로 스케치한 A와 B의 에너지를 찾아라. 예를 들어, 하나는 바람일 수도 있고 다른 것은 나무일 수도 있다. 혹은 하나는 사막일 수도 있고, 다른 것은 선인장일 수도 있다.

이제 소프트스킬을 발달시켜라. 당신이 여전히 그 프로세스마인드, 땅에 기반을 둔 정체성에 있는 동안 반은 들어가 있고 반은 나와 있으면서 '양자 얽힘 극장'을 창조하여라. 이렇게 함으로써 나는 '당신의 프로세스마인드가 되고 그들이 관점 A와 관점 B 사이에서 왔다 갔다 하면서 역할을 감지하며 연기하면서 프로세스마인드가 상황을 경험하도록 하며 당신에게 (그리고/또는 B에게) 크게 말을 하도록 하여라. 프로세스마인드가 각 관점들을 크게 말하도록 하면서 이쪽저쪽으로 움직이도록 하여라. 당신의 프로세스마인드로서 두 역할을 다 연기하고 그들 사이의 흐름을 꼭 인식하여라. 당신이 A와 B에 대해 말하면서 자신의 프로세스마인드에 가까이 머물고 양쪽으로 움직이면 당신은 관계에 대한 새로운 차원을 발견할 수도 있다. 그리고 나서 당신이 발견한 것을 기록하여라. 기록을 하는 것은 어떤 몇몇 소프트스킬 경험들의 미묘한 본질 때문에 중요하다. 나의 경험에서 볼 때 이것은 가능한 가장 효력이 있는 개인적 공공적 갈등-해결 방법이다.

바람 부는 도시의 양자 극장

나의 개인 상담에서 한 여성 내담자는 계속해서 그녀를 모욕한다는 그녀 남편과의 관계를 다루기 위해 앞의 실습을 사용했다. 그녀의 과정에 관해 짧게 언급을 하면 다음과 같다. 그녀의 프로세스마인드, 땅의 기반 지역은 거친 바람이 자주 몰아치는 큰 도시의 거리로 밝혀졌다([그림 16-5] 참조). 그녀와 그녀의 파트너는 그 거리 근처에 살고 있었고 그녀는 거리를 아주 잘 알고 좋아했기 때문에 그 놀라운 도시의 거리가 되는 데 아무런 문제가 없을 것이라고 느꼈다. A의 역할을 하며 그녀는 거리 자체가

[그림 16-5] 도시 위로 부는 바람. 내담자의 양자 얽힘 극장에서의 특성

'안정적이고 강하다.' 라고 느꼈다. 그녀의 과정에서 B의 역할은 그녀가 못되고 우쭐대고 종종 거친 바람처럼 거의 폭력적이라고 묘사한 그녀의 남편이다. 그녀가 그의 성질에도 불구하고 그들의 가정을 함께 유지하고 있는 동안 여전히 그는 나쁜 기분에 빠진 적이 있었다는 것을 절대로 인정하지 않았다.

이런 설명 후에 그녀는 명상을 했고 건물, 거리 모퉁이 그리고 바람에 대한 그녀의 경험으로 들어가는 그녀의 방법을 느꼈다. 그녀가 자신의 양자 얽힘 극장에 대한 대화를 진행할 때 다음과 같은 상호변화가 발생했다.

> A: 당신은 상처를 주는 사람이에요. 당신은 나를 모욕해 왔어요! 당신의 폭력들, 당신의 중독들은 당신을 거칠고 끔찍하게 만들었어요! 당신은 나를 겁먹게 해요!
>
> B: 당신은 어리석고 아무짝에도 쓸모없는 사람이에요! 만약 당신이 그렇게 엄격하고 고집스럽지 않고, 냉정하고 단호하지 않았다면 나는 모든 시간을 소비하지 않았을 겁니다. 당신이 나를 술에 빠지게 했어요!
>
> A: 나는 조금도 꿈쩍하지 않을 겁니다! 나도 정말 못되게, 정말 못되게 할 수 있어요!

여전히 A로서 그녀의 역할에 있으면서, 그녀는 갑자기 멈추고 나를 돌아보며 관계에서 자신의 정상적인 행동은 조용하고 견고했다고 말했다. "나는 결코 그렇게 소리 지르지 않았습니다. 내가 '나는 꿈쩍하지 않을 겁니다.' 라고 말했을 때 나는 내가 다른 쪽에 있다는 것을 깨달았습니다. 나는 바람처럼, 나의 파트너처럼 느꼈습니다. 나는 심지어 그 강력한 바람의 에너지를 좋아했어요!"

그리고 그녀는 웃으며 B로 역할을 바꾸고 다음과 같이 말했다.

　　B: 나는 이런 방식으로 당신을 더 좋아해요. 당신은 소리칠 때 더 매
　　력적이고 그러면 나는 그러지 않아도 됩니다!

　그녀는 그녀의 '극장' 에서 큰 충격을 받아 이 부분에서 멈추고 웃었다.
그런 뒤에 그녀는 울며 "나는 여전히 그를 사랑하고 있는 것 같아요." 라고
말했다.

　이러한 내부–지향 관계작업에서 무슨 일이 발생했는가? 그녀는 자신을
A와 B 부분들의 중첩으로 경험했다. 때로는 그 거리 주변의 분위기는 조
용하고, 때로는 바람이 불며, 다른 때는 둘의 조합이었다. 그녀의 프로세
스마인드는 그녀를 관계 소프트스킬에서 일종의 초자연치료사가 되도록
했다. 그녀는 거리의 견고한 빌딩과 거친 바람인 대지 영역의 부분들 사이
에서 앞뒤로 흘렀다. 그 방법으로 그녀는 하나의 부분 또는 그 다른 부분
뿐만 아니라 흐름과 자신의 감정까지 재발견했다.

　얼마 후 그녀는 자신의 새롭게 획득한 소프트스킬을 사용하였는데 그
녀는 남편 앞에서 이 모든 것을 연기했다. 후에 그녀는 일상적인 삶에서
종종 소심하게 행동하는 대신에 양자 극장에서 극적으로 행동하는 것을
즐겼다고 말했다. 그녀는 결과가 그녀가 바라던 것보다 더 좋았다고 말했
다. 그녀의 남편은 도리어 그녀가 그의 에너지를 가짐으로써 자유롭게 되
고, 그녀에 의해 나타나게 되고 이해되었음을 느꼈다. 그는 심지어 그녀
에게 자신의 폭력적인 에너지가 자신을 속상하게 만들고 자신을 두려워
하게 만들었다고 고백했다. 그것이 그가 술을 그렇게 많이 마셨던 이유다.
그는 그녀에게 이전에는 결코 이해받는다고 느끼지 못했다고 말했다.

　관계를 개선하고 싶은 사람과 양자 극장을 해 보아라. 소프트스킬을 개
발하고 한 번에 하나의 관계씩, 세상을 바꾸어라.

생각해야 할 것들

1. 아마도 인류는 본래 많은 관계 감각을 가지고 창조되지 않은 것 같다. 때때로 우리는 우리가 태어난 근원으로 되돌아가야만 한다. 우리에게는 프로세스마인드의 더 많은 알아차림과 이것을 통해 우리를 얽힌 부분과 위치 사이에서 움직일 수 있도록 허용할 수 있는 방법이 필요하다.

2. 만약 문제가 당신과 나라면 해결책은 '우리', 즉 우리의 비국소적 단일성의 프로세스에서 나오는 양자 극장 소프트스킬이다.

3. 모든 종류의 개인적, 업무적, 정치적 관계에서 이 방법을 사용하기 바란다. 당신 스스로 연습하고 그 연습을 대중들에게도 전달하기 바란다.

제17장
공동-창조 조직으로서의 세계

세계 상황과 작업하기 위해서, 우리는 범지구적 이론과 연관된 수행이 필요하다. 지금까지는 그런 이론이 없었거나 기존의 수행이 제대로 작동하지 않았다. 근본적으로 프로세스 워크는 어떠한 평화 시대나 혼돈 시대의 집단 또는 조직에도 적용되기 때문에, 집단이 이미 합의된 관리 방법과 고정된 경계를 갖고 있다고 가정하는 다른 구조적 개발 방법보다 더 유용할 수 있다. 프로세스 워크는 그 어떤 합의된 지배 패러다임, 관리자 또는 경계를 가지고 있지 않은 사람들의 집단에 적용된다. 그러나 프로세스마인드는 모든 종류의 지역과 집단의 지배적 패러다임이 그러한 지역과 집단의 프로세스마인드 장 영역에 묻혀 있다고 가정한다.

심오한 민주주의에서, 경계는 항상 바뀔 수도 있다. 왜인가? 어떤 조직의 부분들도 비국소적 경험이기 때문이다. 마찬가지로 모든 일상적 실재 CR 체제에서도 똑같다. 그들은 국소적이면서도 비국소적이며 상호 연결되어 있다. 심지어 지구 행성도 태양계와 은하수(우리의 성운계) 그리고 전체 우주와 중복됨으로써 국소적/비국소적 체계다. 조직의 가장 간단한 일상적 정의는 공유된 목표를 향해 일하는 사람들의 집단이다. 우리가 여기에 다른 알아차림 수준을 포함하는 좀 더 심오한 민주적 조직의 관점을 더한다면, 그것은 제8장의 [그림 8-1]에서 묘사된 것과 같은 중재자의 프로세스마인드와 비슷한 모형을 가질 것이다. 우리가 그 모형에 얽힘을 더한다면, 우리는 얽혀 있는, 공동-창조적인 조직으로서의 세계 모형에 도달한다([그림 17-1] 참조). 이러한 접근은 단체, 집단 그리고 세계 상황과 작동하는 내면작업 수행과 동적인 집단 방법을 창조한다.

조직의 프로세스마인드에 대한 지식과 경험은 그것을 더욱 쉽고 성공적으로 작동하도록 허용한다. 프로세스마인드에 대한 주의집중이 없다면, 조직은 구성원이 자신들 모두가 잠재적으로 공유하는 영감에 대해 의식하지 못하게 되기 때문에, 결집력이 결여되고 산산이 부서지게 된다. 그렇게 되면 사람들은 자신들의 일상적 실재 CR 역할 속으로 경직되고

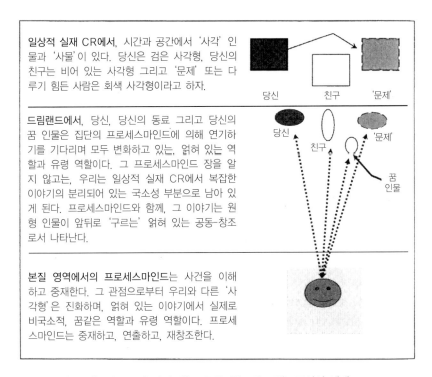

일상적 실재 CR에서, 시간과 공간에서 '사각' 인물과 '사물'이 있다. 당신은 검은 사각형, 당신의 친구는 비어 있는 사각형 그리고 '문제' 또는 다루기 힘든 사람은 회색 사각형이라고 하자.

당신   친구   '문제'

드림랜드에서, 당신, 당신의 동료 그리고 당신의 꿈 인물은 집단의 프로세스마인드에 의해 연기하기를 기다리며 모두 변화하고 있는, 얽혀 있는 역할과 유령 역할이다. 그 프로세스마인드 장을 알지 않고는, 우리는 일상적 실재 CR에서 복잡한 이야기의 분리되어 있는 국소성 부분으로 남아 있게 된다. 프로세스마인드와 함께, 그 이야기는 원형 인물이 앞뒤로 '구르는' 얽혀 있는 공동-창조로서 나타난다.

당신   친구   '문제'   꿈 인물

본질 영역에서의 프로세스마인드는 사건을 이해하고 중재한다. 그 관점으로부터 우리와 다른 '사각형'은 진화하며, 얽혀 있는 이야기에서 실제로 비국소적, 꿈같은 역할과 유령 역할이다. 프로세스마인드는 중재하고, 연출하고, 재창조한다.

[그림 17-1] 얽혀 있는, 공동-창조적 조직으로서의 세계

'사각형'이 된다. 프로세스마인드의 얽힘을 생생한 극장으로서의 충만한 구원(救援)으로 가져오는 것은, 모든 종류의 집단의 드림랜드 역할들 사이를 흐름으로써 자신들의 임무를 만족시키고 지속하게 하는 그들 자신의 내적 자기-조직 능력을 발견하고 개발할 수 있게 한다.

　조직은 '신체'를 따라서 그리고 사회적으로 하위 계층 사람으로부터 아래에서 위로 관리될 수 있거나 또는 '머리'를 따라서 그리고 상위 계층 사람으로부터 관리될 수 있다. 두 방법 모두 한 번쯤은 중요하나 어느 것도 지속 가능한 것은 아니다. 단지 신체(머리가 아니라)만을 따르는 것은 필요한 개혁을 창조할 수도 있다. 단지 머리만을 따르는 것은 독재 정치나 과두 정치(소수 독재 정치)를 창조한다. 그러나 민주주의는 독재 정치보다 다수가 지배하는 작지 않은 힘에 기반한다. 이것은 독재 정치보다 개선된 것이나 심오한 민주주의와 프로세스마인드에 대한 인식 없이 아직도 너무 많은 힘이 모든 사람의 머리에 남아 있다!

지구 행성적 인식

　심오한 민주주의의 관점에서, 세계 자체는 스스로의 다수의 부분 가운데서 대부분의 사람이 생존하기를 원한다는 적어도 공유된 하나의 목표를 갖는 조직이다. 우리 모두가 대답할 필요가 있는 중요한 질문은 '어떻게 우리가 한순간적이 아니라 시속 가능한 방법으로 가장 질 살아남을 수 있을까?' 다. 명백하게, 우리는 전쟁을 줄이고 우리의 생물권(biosphere)을 보존할 필요가 있다. 지난 몇 백 년 동안 개인이나 주요 세계 권력 국가들은 함께 스스로를 지향해 왔고 최근까지 우리의 문제 있는 생물권, 지구 온난화, 천연자원의 비지속적 사용과 같은 땅을 기반으로 한(地氣) 문제들을 무시해 왔다. 제10장에서 나는 지구가 뉴올리언스의 카트리나와 같은 재앙과 연결되어 있는 집단 과정에 대한 프로세스마인드를 접촉하기 위해 지구, 즉 땅을 사용하는 것에 대해 말했다.

어떠한 범지구적 문제와도 작업하기 위해, 우리는 지구 행성적 관점이 필요하다. "범지구적으로 생각하고 국소적으로 행동하라."는 표어는 1960년대 후반 이후 중요해졌다. 이 책에서 제시한 '갈색 정치(brown politics)'는, 예를 들어 "실제 사람이 되어라. 그리고 또한 지구의 부분들이 얽힘-춤을 춤에 따라라. 즉, 그것들이 양자 극장에서 상호작용함으로써 지구의 부분들을 연출하기 위해 지구 땅 그 자체가 되어라."라고 말하는 관계 패러다임을 포함한다. 이 '춤' 없이 우리가 하는 어떠한 것도 비지속적인 결과 또는 심지어 불필요한 갈등이나 실패를 만들어 낼 것이다. 우리 자신과 생물권을 보호하기 위해 우리는 지구의 부분과 함께 작업하는 동안 전체 지구의 프로세스마인드가 되어야 할 필요가 있다.

우리는 인과적 방법에서 어떤 문제이든 해결하기 위한 이면으로 움직이기 위해서는 양자 극장의 체계적이며 비국소성 접근이 필요하다. 주어진 분위기 속에서 문제를 해결하는 것도 분명 중요하다. 에너지를 절약하여라! 물을 절약하여라! 그러나 전체 체계와 지구에 대한 고려 없이 하나의 문제에 고착하는 것은 단순히 또 다른 문제를 일으키고 불필요하게 더 많은 공동체를 창조할 것이다.

이 체계가 행성 가이아(Gaia, 지구)의 체계인가? 첫 번째 가설로는 그렇다. 그러나 가이아는 생물학적 생명체에게 생존 가능한 환경을 창조하는 것으로 생각되는 항상성 환경 과정과 주로 연관되어 있다. 우리는 생물학적 생명체에 관한 우리의 초점을, 지구 행성과 지구 행성의 생태학적 공동체와 동시에 삶의 가장 깊은 감각과 의미에 대해 초점을 맞추는 '미토스타시스적인(mythostatic) 새로운 생명체 개념으로 좀 더 확장할 필요가 있다.

갈색 정치 관점에서, 주어진 지역에서 지구 본성의 문화적 경험은 그 문화의 비전과 방향 뒤의 힘이다. 지구는 문화적 신화의 창조자다. 지구는 실재이며 또한 물리적 감각과 신비한 감각에서 창조를 발생시키는 힘이다. 서로 다른 시대에서 인류는 죽음이나 종말을 두려워할 수도 있다. 왜 냐하면 우리 앞에 있는 실제뿐만이 아니라, 우리가 우리의 미래를 재발견 하고 공동–창조하기 위해 우리의 개별적인 인류 정체성의 포기가 '필요' 하기 때문이다. 우리는 빅뱅, 창세기, 운쿨룬쿨루(Unkulunkulu, 줄루족의 창조 신), 파차마마(Pachamama, 안데스 원주민의 여신), 창조 또는 우리가 그러한 프로세스마인드라고 부르는 무엇인가의 정령이 될 필요가 있다. 관계에서의 각 개인이 스스로의 그러한 관계의 프로세스마인드 경험을 가지는 것처럼, 각 개인, 집단 그리고 문화는 지구의 기본적 본성에 대한 스스로의 경험을 갖고 있다. 그러한 프로세스마인드의 본성과 접촉하는 것은 인종 갈등, 환경 문제 그리고 전쟁을 포함하는 모든 종류의 지구 문 제들을 다루는 데 도움이 될 것이다. 지구의 프로세스마인드는 우리가 더 좋게 관계하고, 양자 극장에서 오락가락하면서, 우리가 어떻게 정의하든 다양한 극성들과 역할들 사이에서 얽히고—춤추는 것을 도와줄 수 있다.

물리적 지구를 생각해 보아라. 지구는 50억 년이 된 행성이다. [그림 17-2]에서 당신은 몇 가지 지구의 다양한 물리적 수준을 볼 수 있다. 지구

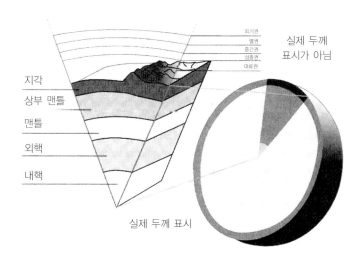

[그림 17-2] 지구 행성과 내부 핵

의 표면에는 수백만의 종(種)들이 살고 있다. 그러나 우리가 살고 있는 지구 표면은 매우 얇으며, 그 밑에는 많은 화학적으로 활동 중인 층들이 있다. 지구는 크기로는 달의 약 70% 정도이고 태양 표면보다도 더 뜨거운 내부 핵을 가지고 있다. 지구는 태양계의 다른 부분들과 함께 태양 주위를 돌며 다른 행성들 및 외부 우주 공간과 상호작용하고 있다.

동시에 우리 지구는, 예를 들어 인류의 출산뿐만 아니라 지진도 만드는 여신인 잉카의 파차마마와 같이 상상되어 온 다차원적이며 꿈같은 여신이다. 지구는 또한 우리 중의 일부가 의식적으로 느끼고 호흡하며 관계를 맺고 그리고 되고자 하는 것으로 어떤 이름을 붙이기 어려운 본질이기도 하다.

원 로

이러한 실제이면서 꿈같은 자구 행성은 모든 사람의 성장하는 행성적 원로의 주요 부분이다. 이러한 원로는 다른 사람뿐 아니라 지구 자체의 지혜까지 연결하는 우리의 능력을 통해 창조되었다. 이 지혜는 우리가 우주를 통해 지구와 함께 움직임에 따라 지구 표면에 대한 보호를 위하여 우리를 인도할 수 있다. 실제 지구와 달은 우리가 꿈꾸도록 자극한다([그림 17-3] 참조).

나의 1980년 저서 『첫 번째 해(The Year One)』에서 나는 우리에게 주어진 어떠한 공동체에서도 그 공동체를 함께 이끌기 위해서는 백 명 중의 한 사람이 필요하다고 썼다. 그러나 그 한 사람을 찾는 것은 힘든 일이다. 그 사람은 지구 및 그 자신의 프로세스마인드와 접촉할 수 있어야 하고, 모든 편의 이야기를 듣고 또 모든 편이 되어야 하며, 초자연치료사가 되어서 표면과 아랫면의 사건들과 인류 공동에서와 꿈에서의 사건들을 포함하는 양자 극장에서 얽힘-춤이 되어야 할 필요가 있다. 그 한 사람에게는 두 번

[그림 17-3] 지구와 달

째 훈련도 필요하다. 첫 번째 훈련이 기술에 초점을 맞춘 것을 기억하면서, 두 번째는 프로세스마인드와 모든 형태의 지구 행성에 접근하는 것에 초점을 맞춘다. 첫 번째 훈련은 우리가 의사소통에서 신호 교환을 중재하는 것과 같은 '하드스킬(hard skills)'이라는 것에 초점을 맞추었던 반면, 두 번째 훈련은 우리에게 다른 사람과 우주 세계와 함께 잘 지내기 위해 필요한 '소프트스킬(soft skills)' 혹은 정서적 지성을 제공한다.

이 두 번째 훈련을 개발한다는 것은 중요하다. 나는 우리에게 더 강력한 지도자가 필요하다고는 믿지 않는다. 이 지구 행성이 필요로 하는 것은 팀 창조자인데, 체계의 모든 사람과 모든 부분에게 더 깊게 관계를 함으로써 우리 모두가 함께 작업할 수 있도록 돕는 사람으로 소프트스킬(예로, 프로세스마인드에 접근하는)을 가진 개인들이다. 단지 당신의 친구들뿐만 아니라 당신을 좋아하지 않거나 서로 좋아하지 않는 개인, 집단들, 국가들과의 공동-창조 팀을 상상해 보아라! 동물, 식물, 바위, 사람, 기계 그리고 특히 우리가 좋아하지 않는 사람들을 포함하는 팀 작업을 창조하는 것이 우리의 다음 큰 과제다. 우리는 과정지향적 생태학을 이해하고 우리의 물리적이며 심리적인 잡동사니들을 재활용할 수 있는 중재자가 필요하다. 판지나 심리적 투사를 모두 재활용하고, 우리의 '강'을 막히지 않게 하기 위해 플라스틱과 유령 역할을 재활용하여라. 우리는 사람들이 다른 사람, 동물과 지구 행성에 애착심을 가진 것처럼 지구의 핵심에 애착심을 가진 사람—모든 수준의 관계와 작업할 수 있는 사람이 필요하다.

우리가 우리 자신에게 필요한 기술을 어떻게 개발할 것인가? 순간-순간의 답은 "문제를 싫어하면서, 그 에너지를 기록하고, 지구의 대지 속으로 떨어지고, 그 골치 아픈 문제가 있는 에너지와 함께 흘러라."라는 것이다. 당신이 잡동사니를 볼 때마다 그것을 활용하여라. 그리고 그것을 재활용하여라. 그것이 되면, 그것을 모두 청소하는 사람이 되어라. 당신이 압박자를 만날 때마다 혼자서든 다른 사람과 함께이든 그 인물을 양자 극장의 무대 위로 가져와서, 바로 모든 다양한 부분들이 되도록 하여라! 얽힘-춤을 추어라! 얽힘은 그 사람이 압박자의 역할에서 빠져나오게 하고 모든 사람이 전체를 더 잘 섬기는 방법으로 그 에너지를 사용하도록 도울 것이다.

활동 중인 프로세스마인드

백 명 혹은 심지어 천 명 중의 한 사람이 차이를 만들 수 있을까? 그렇다! 내가 어떻게 아는가? 나는 그러한 얽힘-춤이 일어나는 것을 보아 왔다. 나의 저서 『불가에 앉아서(Sitting in the fire)』에서, 나는 내 삶에서 가장 기억할 만한 사건 중의 하나에 대해 썼다. 나는 그 사건을 여기서 다시 소개하는데, 그것은 그 사건이 어떻게 필요로 하는 한 사람이 어려운 시대에 자발적으로 나타나는지를 보여 주기 때문이다. 그 사건은 1992년 로드니 킹 재판의 판결 수일 전, 캘리포니아주 오클랜드에서 에이미와 내가 중재를 하던 긴장된 공개토론과 대형 집단 과정에서 발생했다. 우리는 심각한 인종 간 대립의 긴장이 있는 분위기 속에서 다른 동료 및 친구들과 그곳에 함께 있었다. 문제는 로스앤젤레스 경찰이 과속을 하던 흑인 택시기사 로드니 킹을 폭행하는 것이 녹화되었던 1991년에 시작되었다. 경찰관들은 재판에 회부되었으나 매우 불리한 증거에도 불구하고 배심원은 무죄를 선고했다. 그 재판 직후 인종적 긴장이 많은 미국 도시에서 폭발하게 되었고, 로스앤젤레스 자체에서는 폭도들의 수가 수천 명에 이르렀다. 경찰 및 미국 육군과 해병대가 (로스앤젤레스의) 질서를 회복할 때까지 피해는 사망 55명, 부상 2,383명, 7,000건 이상의 화재, 3,100곳의 사업장 파손 그리고 약 10억 불의 재정이 손실되었다.

우리는 그러한 폭동이 일어나기 며칠 전에 인종주의의 주제에 관해 수백 명의 사람들과 함께 작업했으며, 그때 그 회의실에서의 상황은 극심하게 긴장되어 있었다. 이미 이루어진 잘못을 바로잡고자 하는 고통과 분노로 가득한 수백 명의 사람들을 상상해 보아라. 모두가 동시에 서로가 소리를 지르며 외처대는 상황을 상상해 보기 바란다.

그런 고통스러운 상황 가운데서 한 남자가 앞으로 걸어 나와 조용히 혼자 흐느끼기 시작했다. 처음에는 어느 누구도 그를 보거나 듣지 않았다. 그는 천천히 그 큰 집단의 변두리로 앞으로 나오면서, 더 깊은 자신의 상태에 집중하면서 격렬한 토론의 중심부로 나아갔다. 그는 모든 사람이 원을 그리며 서 있는 방의 중앙까지 들어왔다. 그가 처음에는 한쪽 발을 들고 다음에는 다른 발을 들어 (몸을) 흔들기 시작하면서 움직였는데, 그의 비탄은 울음이 될 때까지 점점 커졌다. 그는 자신의 신체 움직임에 맞춰 비탄하고 울부짖었다. "이것은 흑인의 고통(black pain)이 아닙니다. 이것은 백인의 고통(white pain)도 아닙니다. 이것은 모두 우리의 고통입니다." 이 흑인은 울기 시작했으며, 그는 처음에는 한쪽 발을 들고 다음에는 다른 발을 들어 (몸을) 흔들며 '노래하며' 울부짖었다. 분위기는 긴장되었다. 먼저 한두 사람이 그에게 다가와 붙잡았다. 곧 회의실 안의 모든 사람이 자발적으로 갈등의 모든 부분을 포용하던 자신의 프로세스마인드를 접촉했던 그 사람을 둘러싸기 시작했다. 그는 흑인과 백인, 모든 사람이 감동하여 눈물을 흘리게 하는 그러한 방법으로 몸을 흔들면서 비탄하며 울부짖었고, 반은 말하고 반은 노래했다.

전체 집단이 함께 다가와서 한쪽으로는 그의 주위를, 다른 쪽으로는 그의 열정과 고통 주위를 둘러쌌다. 그 자신의 방법으로 그는 포용하고, 느끼고 그리고 일종의 양자 극장에서 모든 사람에게 말했던 것이다. 곧 한 사람 그리고 또 다른 사람이 말하기 시작했으며, 다른 사람들은 조용히 하면서 경청했다. 개인별로 발언한 후, 서로 다른 나이, 인종 그리고 종교를 대표하는 단체들이 자발적으로 당당하게 앞으로 나와 차례대로 그들 문화의 장엄함을 나타내기 위한 노래를 불렀다. 당시 그 회의실 안의 느낌은 말로 표현하기 어려웠으며 지금도 그렇다. 약 30분 후, 모두가 바로 앞에 있는 고통스러운 문제들에 대해 마치 어떠한 보이지 않는 힘에 의해 지시받은 것처럼 함께 조직적으로 작업하기 시작했다.

결합적인 의식

이렇게 어떤 하나의 재능 있는 사람은 자신의 프로세스마인드의 결합적인 의식에 접근할 수 있었다. 모든 사람은 그것을 느낄 수 있었다. 그가 울부짖고 노래하고 말했을 때 그 회의실에 있는 모든 개개인은 감동을 받았다. 결과적인 활발한 분위기만큼이나 중요한 것은 사람들이 자기 자신들과 의사소통하고 함께 작업하기 위해 느끼는 열정적인 의욕이었다. 그리고 그 순간의 이러한 결과에 똑같이 중요한 것은 그 순간이 지나고 나중이 되기 전에는 볼 수 없었던 결과였다. 며칠 후 제판 관결에 대응해시 미국 전역의 도시에서 폭동이 일어났을 때, 샌프란시스코와 오클랜드 지역은 많은 흑인 인구를 가지고 있었지만, 파괴적 폭동과 공개적 갈등이 일어나지 않은 유일한 대도시 지역이었다. 샌프란시스코 크로니클 신문은 그 사실이 우리의 회의에서 일어났었던 것 때문이라는 공로를 인정했다.[1] 아마도 집단과 도시의 생태적 과정은 긴밀하게 연결되어 있거나 또는 나쁘게, 이 경우에는 좋게 얽혀 있었을 것이다.

그 신문은 에이미와 나를 칭찬하였다. 그러나 우리는 앞의 그 주인공보다는 덜 중요하다. 그 주인공은 자신의 자발적이고 프로세스마인드 경험으로 당시 우리보다 집단작업에서 민감하게 열려 있었다. 만약 한 개인이 그런 거대하고 긴장된 갈등으로 인한 분쟁을 자신의 가장 깊은 자아에 대한 관계를 통해 의식적 공동-창조로 바꿈으로써 그렇게 큰 영향을 줄 수 있다면, 만약에 여러 명의 그러한 사람들이 있다면, 전체 행성 지구를 위해 무엇을 할 수 있을지 상상해 보아라. 나는 간디의 제자이며 명백한 마틴 루터 킹 2세의 멘토와 영적 스승 중 하나였던 하워드 서먼(Howard Thurman) 목사를 회상한다. 1944년 서먼은 미국에서 최초로 인종집합적인 다문화교회의 하나를 설립했다. 그는 자신의 논문 「공통 근거의 탐색: 인류의 공동체 경험의 기본에 탐구(The Search For Common Ground: An Inquiry into the Basis of Man's Experience of community)」에서 다음과 같이 말하였다.

> 인간과 인간 사이, 집단과 집단 사이, 국가와 국가 사이의 갈등에서, 공동체를 추구하는 사람의 외로움은 때로 견딜 수 없다. 인간이 그것을 보고 느끼는 것처럼, 선과 악 사이의 극단적인 긴장은 삶의 의미와 존재의 본성에 대한 아무런 말도 하지 않는다. 언제나 인간은 삶의 부정은 끝도 아니고 마지막도 아니라는 것을 알아야만 한다. 실패와 다면(多面)의 알아차림 사이를 구별할

---

1) 이 놀라운 사건에 대해 http://www.aamindell.net/download/researh/sfchronicle.pdf. 에서 샌프란시스코 크로니클 신문(San Francisco Chronicle) 기사를 참조.

수 있어야 한다. …인간은 모든 다양성을 능가하는 조화를 인식할 것이고,
그 조화 속에서 다양성은 자체의 풍부함과 의미를 찾을 것이다.[2]

서먼 박사는 단지 즉각적인 표면 문제들만 작업하는 것에 대해 반대한
다. 그는 계속 말하기를 "자신에게 세계가 무엇을 필요로 하는지 묻지 말
아라. 자신에게 무엇이 당신을 활성화시키는지 물어보고, 그것을 행하여
라. 세계가 필요로 하는 것은 활성화되는 사람이기 때문이다."[3]

- -

실습 17: 조직을 위한 중재자의 힘의 춤(Power Dance)

당신 자신과 세계를 돕기 위해, 우리는 무엇이 당신을 활성화시키는
지 알 필요가 있다. 이 책의 관념에서, 가장 심오한 대답은 당신의 프로
세스마인드 또는 도시 또는 생태지역의 프로세스마인드이며, 그것이
얽힌 부분들과 그것의 삶에 대한 유동적인 상호작용을 가져오는 방법
이다. 대형 집단(그리고 조직적인) 작업에 대한 다음의 내부 작업 준비
는 "무엇이 당신을 활성화시키는가?", 즉 그 영역 지역의 땅의 기반 토
텐 정령에 근거를 두었다. 당신을 활성화시키는 그 힘을 발견하고 공
공의 영역에서 국소적으로 행동하는 동안 그것의 비국소적 편재성을
느낌으로써 그것을 느껴 보아라. 당신은 이 실습을 아마도 모든 세계
집단 중에서 가장 어려운 당신 자신의 가족을 포함해서 어떠한 조직에
서든 사용할 수 있다.

---

2) 하워드 서먼(Howard Thurman), 『정령의 계율(*Disciplines of the Spirit*)』 재판(再
版)(Richmond, IN: Friends United Press, 2003), p. 16. 또한 그의 '공통 근거의 탐색
(Search for Common Ground)' 참조. 나는 하워드 서먼의 연구를 내게 소개한 존 존슨
(John Johnson) 박사에 감사한다.
3) http://en.wikipedia.org/wiki/Howard_Thurman.

집단의 프로세스마인드를 따르는 것은 당신으로 하여금 '노래' 하게 만들고, 다른 사람들도 또한 '노래' 하게 하고, 말하자면 얽힘-춤을 추도록 촉진시키는 방법으로 움직인다. 이러한 프로세스마인드는 모든 집단 역할들을 마치 그것들이 당신의 것처럼 연결되고 흘러서, 마치 그들은 당신 자신인 것처럼 연결하고 함께 흐를 것이다. 그것은 비국소성 느낌에서 그것들은 당신 자신이기 때문이다. 이 실습을 동료들과 함께 연습하여라(또는 우선 당신에게 전형적인 조직 또는 가족 역할을 연기하는 두 명의 동료를 상상하여라). 우리는 프로세스마인드 리듬과 움직임의 힘의 춤을 찾아야 할 것이다. 움직임과 경험은 당신에게 무엇을 해야 하는지 그리고 어떻게 극장을 창조하는지를 알려 줄 것이다. 이러한 프로세스마인드와 힘의 춤은 세계를 향한 당신의 강력한 잠재적 '재능' 이다.

시작하기 전에, 당신이 생각할 수 있는 가장 어려운 가족, 사업, 집단, 조직적인 또는 세계적인 문제를 선택하여라. 누구 또는 어떤 사람 역할이 포함되어 있는가? 어느 것이 가장 문제인가? 즉, 어떤 역할이나 사람 또는 집단이 당신을 가장 혼란시키는가? 그 역할을 B라고 하자. 당신은 전형적으로 어떤 역할을 하는가? 그것을 A라고 하자. 이제 A와 B를 간단히 상상하고 느끼며, 그 문제의 양면과 일치하는 손동작을 만들어라. A와 B의 에너지를 당신의 콜라주 페이지 #17에 스케치하거나 기록하여라.

이제 가족, 사업이나 집단의 전형적 공간 또는 분위기는 어떠한가? 이것은 멋진 분위기 혹은 끔찍한 분위기일 수 있다. 중요한 것은 전형적인 분위기를 찾는 것이다. 일어서서 그 공간 또는 분위기를 느끼고, 그것을 당신 주위 모두에서 느껴라. 그것을 느끼는 동안 그 분위기 속으로 호흡하여라. 그것의 분위기는 난폭한가, 무거운가, 긴장되는가, 우울한가, 거만한가 혹은 아름다운가? 그 분위기가 보이도록 얼굴표정을 만들어 보아라. 분위기를 다시 느끼고, 그 얼굴표정을 만들고, 그 분위기가 당신을 약간 움직이도록 하여라. 당신이 이 분위기로 움직이며 호흡하는 동안, 이 경험을 땅을 기반으로 한 지기(地氣)의 자연 영역과 연관시켜라. 그곳으로 가서 당신 자신을 느껴라. 그 지점의 능력과 힘을 느끼고 그것이 당신 신체에 어떻게 영향을 주는가 알아차려라. 그 변형 상태를 천천히 느껴라. 당신이 그것의 좋은 느낌을 가지게 되었을 때 그 영역 지점의 힘이 어떻게 당신을 움직여 춤을 추기 시작하게 하는지 느껴라. 당신이 당신을 움직이는 그 지점이라는 것, 당신이 그 힘이며 힘의 춤을 추는 지구 대지 에너지라는 것을 느낄 때까지 그것이 당신을 춤추게 하여라. 당신이 춤출 때 당신의 춤이 표현하는 메시지를 느껴라.

이제 그 지구의 대지 영역 지점과 춤이 콜라주 페이지 #17에 그 자체의 빠른 스케치를 하도록 하여라. 그 지점 춤이 그 자체에 대해 무엇을 말하는지 기록하여라. 어떠한 방법으로 이 춤이 당신을 '활성화'시키는가? 그것에 대해 기록하여라. 이제 그 프로세스마인드 힘의 춤을 다시 느끼며 해 보고, 당신이 그것을 하면서 이러한 춤 경험에 관해 A로서 당신의 일상적 자아에게 말하여라. 그리고 그 춤 중에 당신이 준비가 되면, 골칫거리 상황 또는 사람인 B를 기억하고 프로세스마인드 침의 춤이 이렇게 스스로의 방법에서 상황을, 춤을 그리고 변형 상태를 다루는지 알아차려라. 이제 당신의 프로세스마인드로서, 소리와 동작을 만들고 A와 B의 역할을 춤추고 연기하는 연습을 하여라. 각각에 시간을 두고 천천히 집중하여라. 이러한 역할들 모두는 어떻게 프로세스마인드로서 당신의 부분이 되는가? 이것을 그 조직에서 실제 인물들과 하는 것을 상상하여라.

식탁과의 작업

이 실습에 관한 다음의 예는 축어록에서 발췌한 것으로, 연관된 인물의 신분을 보호하기 위해서 주인공 부분은 각색되었다.

> 루이스: 나는 여러 해 동안 집에서 함께 살지 않았다. 그래서 가족들을 다시 알기 위해 돌아왔다. 이것은 내가 했던 것 중 가장 어려운 일이었다. 내 가족에게는 무엇인가 죽음 같고… 추악하고 그리고 말을 막는, 거의 숨을 막히게 하는 것이 있었다. 그 배경에는 (나치의 유대인) 대학살(Holocaust)과 큰 피해가 있었다. 또한 폭력과 죽음이 있었고, 가족 중 한 사람만이 살아남았는데 그 사람이 나의 아버지였다. 집단 수용소, 가스실, 강제 거주구역—그것들은 무거웠다. 이제 아버지의 마음은 치매에 의하여 조금씩 사라져 가고 있으며… 그리고 그는 전에는 그것에 대해 전혀 말한 적이 없었는데도 지금은 자신의 삶의 두려운 역사적 조각에 대해 이야기를 한다.
>
> 그 가족의 장면 속에서 나를 괴롭혔던 역할은 아버지의 파트너가 연기하는 역할이었다. 그녀는 아버지가 더욱 신비적이고 이상하게 될 때마다 아버지에게 질리게 되었고 그를 견딜 수 없어 했다. 치매에 대해 그녀는 "당신은 정말로 안락사에 대하여 생각해야 합니다."라고 말했다. 그녀가 그 말을 했을 때, 나는 "오! 세상에, 아버지가 나이가 들어가면, 이미 오래전에 그를 죽이려고 위협했던 힘을 다시 직면해야 하는가—즉, 만일 당신이 정상이 아니라면 당신은 죽어야만 하는가?" 라고 생각했다.
>
> 그 가족 장면에서의 역할과 에너지는 모두 나였는데 그 상황과 내 계모의 살벌하고 냉정한 본성에 대해 알아차림을 가져오려고 시도하는 것이었다. 부르르! 그 가족의 전형적인 공간이거나 분위기는 그 부

엌이다. 나는 그 부엌을 증오한다. 그곳은 정말 삭막하고… 그 부엌에는 모두가 둘러앉는 이 끔찍한 식탁이 있었다. 그 식탁은 흔들거렸다. 만약 당신이 어떤 방향으로 움직이면 무엇인가가 떨어질 것이다. 또한 의자들은 정말 불편했고 그들이 부엌을 조금이라도 개선하려고 하는 모든 것은 더욱 더 끔찍스러울 뿐이다.

그 부엌의 분위기에 대해 명상한 뒤에, 루이스는 실습을 계속했다.

　　루이즈: 그 부엌 식탁 영역과 분위기의 본질은… 음… 어떤 이유인지 내게 오스트리아 태즈메이니아 섬의 험난한 산악 지역을 연상시킨다. 그곳은 당신의 다리가 스치면 상처를 내는 날카로운 풀로 가득 차 있지만 그러나 산들은 형언할 수 없을 만큼 아름답다. 그곳은 춥지만 아름답고, 멋지고 …내가 그곳에 갔을 때… 나는 그 대지 땅으로부터 나오는 갑작스러운 통찰을 얻었다. 태즈메이니아는 말했다. "내 사람들은 어디에 있는가?" 나는 완전히 소멸된 그곳 원주민의 학살을 생각했다 [울음, 큰 한숨].

그리고 루이스는 그녀의 프로세스마인드에 의해 창조되고 중재되고 있는 양자 극장으로 들어가 그녀 자신과 그녀의 계모 사이의 역할과 과정을 연기했다.

　　계모로서의 루이스: 파트너로서, 나는 반드시 '상처'를 내야만 했고, 나 또한 고통스러웠다고 말할 수 있다. …나는 사람들을 비참함으로부터 탈출하게 하도록 그들을 죽이는 안락사에 관한 이 놀라운 TV프로그램을 보았다.

　　그녀 자신으로서의 루이스: [듣고 그리고 반응한다]. 나는 내 손을 당신의 앞에 놓아야 했습니다, 새어머니! 나는 당신이 그런 말을 하는 것을 원하지 않아요. 아닙니다! 또 다른 대학살은 안 됩니다. [그러자 그녀의 프로세스마인드 경험으로부터 더 냉정해지고 더 분리되며] 새어머니, 나는 당신을 돕고 싶습니다. 나는 당신이 누군가 이야기를 할 사람이 필요하다고 생각합니다. 나는 당신이 이 전체 경험에서 매우 외롭다고 생각하며, 나는, 아, 당신이 그런 생각을 했다는 것이 얼마나 힘든 일이었는지, 얼마나 끔찍했는지, 얼마나 당신이 고통을 받았는지 생각합니다. 오! 당신 남편에 대해 그런 생각을 한다는 것이 얼마나 가슴이 아픈 일인지, 얼마나 끔찍한 일인지. 그 TV 프로그램을 보고 그 마지막에… 죽음이 구원처럼 다가온다는 것을 생각하는 것은 정말 가슴이 아픈 일입니다. 나는 당신이 정말 불쌍합니다.

   계모로서의 루이스: 나는 지금 울음이 터질 것 같지만… 참을거야. … 그래 나는 참을거야. 하느님, 나는 정말 울 것 같습니다.

루이스는 그 얽힌 과정에서 빠져나와 말했다. "나는 결코 내 계모가 얼마나 외로웠는지 깨닫지 못했습니다. 놀라운 통찰입니다."

그것이 우리와 함께 한 루이스 가족의 양자 극장의 결말이었다. 그것이 그녀의 귀가와 그곳 집에서 그녀의 얽힘-춤 과정을 완성하는 것을 도왔다. 그녀는 우리에게 그 부엌 식탁에 돌아간 뒤에 그녀와 그녀의 계모가 '춤'을 추었다는 것, 다시 말하면 그들의 지난 35년간의 관계에서 한 번도 가지지 못했던 것과는 다르게 처음으로 그들은 더욱 친밀하고 지지적인 상호작용을 가졌다고 알려 왔다. 그녀는 또한 우리에게 한 달 정도 후 그녀의 계모가 그 끔찍한 부엌 식탁을 바꾸고 온 가족이 편안하게 모두 둘러앉을 수 있는 튼튼한 새로운 식탁을 샀다는 것을 알려 왔다.

당신의 재능

우리는 환경적 상황, 역사적 어려움, 트라우마 그리고 관계의 부활을 연결하는 그러한 경험들로부터 무엇을 배울 수 있는가? 다시 하워드 서먼은 "당신 자신에게 저 세계가 무엇을 필요로 하는가를 묻지 말아라. 당신 자신에게 무엇이 당신을 활성화시키는지 그리고 그것을 주어라. 왜냐하면 세계가 필요로 하는 것은 활성화시킬 수 있는 사람이기 때문이다."라고 제안한다. 문제에 대한 해답에만 초점을 맞추지 말아라. '당신을 활성화하는' 땅의 정령에 초점을 맞추어라. 당신을 삶으로 데려온 것은 잠재적으로 세상에 주는 당신의 가장 큰 선물이다.

우리의 땅은 자체의 문제들을 어떻게 다루어야 하는지 알고 있다.[4] 심지어 가장 끔찍한 분위기에서도, 오래되고 더러운 부엌 식탁과 그 분위기조차도, 그것과 연관된 본성의 성스러운 조각을 갖고 있다. 땅의 존재는 모든 '부엌 식탁'을 어떻게 바꾸는지 "알고 있다." 가장 무시무시한 가족 분위기, 가장 긴장된 조직, 가장 치열한 전쟁, 최악의 우리가 지구의 얽힘-춤 속에 참여할 때까지는 종교도 생태적 세계 영역 등도 우리가 선과 악 모두의 이면으로 움직이는 방법을 알고 있는 땅의 얽힘-춤을 시작하지 않는 한 희망이 없는 것처럼 보일 수 있다. 가장 작거나 가장 지구적이거나 간에 세계적 문제들을 무시하거나 대항하는 대신에, 새로운 이야기의 시작으로서 그것들을 '이해'하기 위해 더 깊이 들어가야 한다.

상황의 모든 측면에서 비국소적 얽힘-춤에 참여하는 동안 우리의 국소적 자아가 되는 것은 비록 이전에는 희망이 별로 없었다고 하더라도 희망을 가져온다. 파차마마가 우리의 행성을 재구성하는 것처럼 파차마마를 따르면 우리는 모두 식탁에 함께 둘러앉을 수 있다. 우선 오클랜드의 그

---

4) 나는 과정-지향 생태학과 2차 훈련에 관해 저술할 예정이다.

사람처럼, 당신은 수백 명의 사람들 속에서 혼자라고 느낄 수도 있다. 그러나 당신이 자신의 프로세스마인드를 따를 때 당신이 우리 모두를 접촉하고 우리가 땅을 따름으로써, 우리는 우리가 항상 원해 왔던 공동체를 재창조하는 것을 상기시킴으로써 당신은 혼자가 아닐 수 있다.

 생각해야 할 것들

1. 심지어 최악의 팀, 집단 혹은 생태적 분위기까지도 땅의 가장 중요한 장소 지역에 연관되어 있다. 땅을 돕기 위해서는 지구 그 자체가 되고, 그 부분들의 얽힘-춤을 추어라.

결 론
우분투, 세계의 미래

　책에 대한 가장 좋은 결론은 아마도 독자가 읽는 동안 경험한 것에 대한 독자 자신의 반영일 것이다[이러한 이유로, 나는 콜라주 페이지의 끝 부분에 '러브랜드(Loveland)'로 이름 붙인 세 개의 추가된 상자를 포함하였다]. 대부분의 사람과 마찬가지로, 당신은 아마도 당신 자신을 매일의 실재에서 시간에 따라 변화하는 신체인 특별한 사람과 동일시할 것이다. 그러나 프로세스마인드의 관점에서, 당신은 국소성 연결과 비국소성 연결 모두 당신 신체에서 가장 깊은 감정과 연관된 의식의 변형 상태 그리고 지구 대지인 땅과 관련된 좋아하는 장소의 장 영역이다. 나는 그 장소를 '러브랜드'라고 부른다. 러브랜드는 당신이 나온 곳이며, 당신의 꿈제조자(dreammaker)이고, 모든 사람과 모든 것을 상호 연결하고 얽는 당신 능력의 핵심이다.

　부록 B의 콜라주 페이지에 기록된 대로 천천히 당신의 경험을 통해 살펴보아라. 당신의 프로세스마인드 경험과 관련하여 자주 발생하는 땅을 기반으로 한 지기(地氣) 위치를 알아차려라. 이러한 장소들의 본질에 관해 '러브랜드: 당신의 고향 영역'이라고 쓰인 콜라주 페이지에 기록하여라. 다시 한 번 당신의 콜라주 페이지의 그림들과 아이디어를 보고 중심적인 것처럼 보이는 어떠한 공통적인 프로세스마인드 요소들을 알아차려라. 그리고 나서 당신의 그림 콜라주에서 당신이 보는 공통적인 에너지 형태를 '러브랜드 에너지 스케치' 상자에 그림으로 그리고 당신이 알아차린 공통의 아이디어에 관해 '러브랜드 내용 요약' 에 문장을 작성함으로써 마지막 두 상자를 채워라. 천천히 당신의 답변을 반영하고 기록하여라.

당신이 세계를 통해 움직일 때 그것이 되는 것을 의미하는 '당신의 본질을 입는 것(wearing your nature)' 의 가능성을 고려하여라. '당신의 본질을 입는 것' 은 파푸아뉴기니 섬의 훌리 위그맨(Huli Wigman, 노랗게 칠한 얼굴에 흘러내리는 붉은 눈물을 그려 넣은 파푸아뉴기니의 원주민)의 사진을 회상하게 한다([그림 1] 참조). 이러한 자기-분장은 나에게 프로세스마인드

[그림 1] 파푸아뉴기니의 훌리 위그맨(Huli Wigman)

를 '입는 것' 의 상징인 것처럼 보인다.

지금까지 나는 프로세스마인드가 심리학과 영적 전통의 중심이며 정치에서 심오한 민주주의의 기본인 것을 보여 주기 위해 노력해 왔다. 프로세스마인드는 물리학에서 얽힘과 시간 가역성을 구성하는 양자 파동함수와 유사한 심리학적 패턴이다. 프로세스마인드는 보통 우리의 신체를 움직이고, 우리의 꿈, 환경, 국가를 조직하는 데 전념하는 보이지 않는 장 영역이다. 여러 가지 방법으로 우리의 자의적인 신체 경험은 눈에 보이지 않는 장 영역에 의해 움직이는 추 또는 나침반 바늘과 같다. 우리는 우리가 원하는 대로—적어도 짧은 기간 동안에는—움직일 수 있는 능력이 있기 때문에 우리는 때때로 그 장 영역을 거부할 수 있다. 그러나 우리가 지쳤을 때, 우리는 장이 무엇인지 정확하게 알지 못하면서 이 방향으로 또는 저 방향으로 바꾸려는 초자연적인 경향성을 다시 한 번 느끼게 된다. 우리가 그 장 영역과 접촉하기 위해 어떤 형태의 특별한 명상을 하지 않아도, 우리는 단지 알아차림과 의식의 근원으로서 프로세스마인드의 순간적인 통찰을 가질 것이다. 그럼에도 불구하고 우리는 그것이 우리와 모든 것 사이에서 자기-조직, 자기-반영하는 공간이라고 결론을 내려야 한다. 나는 이 책에서 토속 원주민들이 어떻게 이 장 영역의 힘을 그들의 '힘의 장소' '토템 정령' 그리고 '꿈꾸기' 라는 다양한 개념으로 존중하는지를 보여 주었다.

프로세스마인드는 물리학에서 '신의 마음' 에 대한 추론을 영적 전통에서 신적 경험의 구조와 합쳤다. 프로세스마인드는, 예를 들어 우리의 꿈 이면에서 보이는 안내하는 지성을 이해하려고 하는 과정-지향 심리학과 다른 심리학파에서의 공통 근거를 찾으려는 시도다. 프로세스마인드는 심리학을 지구 땅에 가깝게 그리고 우리의 정치를 중력에 가깝게 가져왔다. 우리가 중력과 심리학의 혼합 때문에 지구 땅으로 끌리는 것을 느끼는 것처럼, 우리가 지구 땅의 특정 지역에 끌리는 것처럼, 지구 땅도 역시 태양을 향해 끌린다. 우리 지구는 다른 행성들과 함께 태양계를 구성한다.

마찬가지로 우리 체계는 은하계와 우주 나머지 부분과 연결되어 있다. 이 모든 것의 실제적인 메시지는 좋든 싫든, 우리는 모든 것과 함께 공동체를 구성한다. 우리는 적어도 우리 세계, 우리 행성… 그리고 아마도 전체 우주의 모든 것과 함께 공동체를 구성한다.

모든 인간의 활동에 응용하고 우주에 더 완벽하게 연관시키기 위해 심리학을 확장하려는 시도로서, 나는 일부 독자들에게 익숙한 것 이상으로 경험의 비인식적 영역으로 더 깊이 들어갔다. 나는 앞 장에서 프로세스마인드 장 영역 이론이 어떻게 순간적이며, 양자신호 교환 같은 신체 경험뿐만 아니라 관계, 작은 단체들, 도시 사건과 세계 사건들을 조직하는가를 보여 주며 주로 심리학에 초점을 맞추었다. 프로세스마인드 아이디어가 선(禪)의 '무심(無心)'에서 연관된 개념을 찾은 것에 대해 감사한다. 스즈키의 선 마음의 유사성을 기억하여라. 어두운 밤에, 무심과 같이, 하늘과 땅 사이의 눈에 보이지 않는 전기장은 우리의 감각들을 놀라게 하는 번개의 섬광에 앞서 일어난다.

번개 섬광은 너무나 놀라운 것이어서 우리는 번개 앞에 먼저 오고 번개 이후에도 지속되는 장을 잊기가 쉽다. 마찬가지로 삶에서 일어나는 것들은 인상적이어서, 너무 좋거나 너무 나빠서, 우리는 종종 그 배경의 놀라울 정도로 미묘한 프로세스마인드 장을 간과한다. 우리가 보는 사건들은 중요하지만 그 사건들 이면의 장도 중요하다. 스즈키는 그러한 장의 지식을 깨달음과 동일시했다.

프로세스마인드 장이 당신 안에 그리고 당신 주위에 항상 존재한다는 것을 이해하는 것은 당신이 어느 곳에서도 이용할 수 있는 '당신의 신체 경향성을 추적하고 그들 이면에 놓인 메시지를 찾는' 유용한 수행으로 인도한다. 당신 신체에서 당신 자신의 가장 깊은 부분과 (그 부분에 연관된) 당신이 떨어져 있었다고 생각했을 수도 있는 부분들과 사람들을 연결하는 명백한 경험을 갖는 '러브랜드' 지역을 기억하여라. 러브랜드는 상호 작용을 중재하고 단단한 상태로서가 아니라 그 자체의 상태로서 부분들

을 이해한다. 그것은 당신이 가장 사랑하는 당신 자신의 삶 공간의 부분
주위의 분위기로서 나타난다. 지금 당신이 있는 곳의 주위를 보아라. 당신
이 가장 좋아하는 지점을 찾아라. 그곳에서 당신이 얻은 경험들은 당신의
안내자가 항상 당신 가까이 있다는 것을 보여 준다.

　프로세스마인드의 러브랜드에 접근하는 것은 미래가 가져올지도 모르
는 두려움을 줄일 수 있다. 그것은 마치 당신이 흔들리는 추의 가장 아래
위치에서의 추 자체인 것처럼, 당신에게 역동적인 움직임 가운데 일종의
정지를 허용한다(그림 2) 참조). 당신은 바닥에 있지만 당신은 당신 주위의
세계와 당신 자신의 다양한 '편' 의 모두에서 지구 땅의 파동과 같은 장선
(場線) 그리고 당신을 오른쪽 왼쪽으로 움직이는 사물들을 느낄 수 있고
함께 흔들릴 수 있다. 이러한 경험은 변화에 대해 우리가 방어적으로 흔들
리지 않기 위하여 취하는 자세, 즉 우리가 정복당하거나 무너질 것이 두려
워 전형적으로 만드는 경직된 자세와는 다르다.

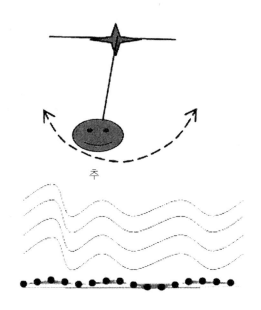

추

[그림 2] 러브랜드의 지구 땅

　　당신이 그 장의 궤적을 놓칠 때(또는 그것이 스스로를 과소평가할 때), 삶의 고통은 훨씬 더 크다! 예를 들어, 신체 증상은 낯설거나 원하지 않는 현상으로 나타난다. 그러나 프로세스마인드 장의 알아차림으로 그러한 증상의 에너지는 당신 내면의 다양성, 당신의 전체 자아를 상기시키는 자가 된다. 당신의 국소적 신체를 때때로 수리가 필요한 기계처럼 다루는 것은 잘못이 아니다. 그러나 지금 이러한 말들을 듣고 보고 있는 신체는 단지 기계가 아니다. 그리고 당신은 신체의 유일한 주인이 아니다. 사실 당신이 당신 것으로 '느끼는' 신체는 당신의 불완전한 모습이다. 그것은 당신의 전체 경험이 아니다. 당신의 프로세스마인드의 미묘하며 비국소적 존재를 잊지 말아라. 매일 아침 당신의 얼굴을 단장하는 동안, 당신이 출생한 지구 땅을 기억함으로써 또한 당신의 신체 이미지를 새롭게 하여라. 당신이 옷을 입을 때 또한 당신의 땅에 기반한 '의복', 즉 당신이 존재하는 나무와 산, 풍경 그리고 도시의 거리 모퉁이 등을 입어라.

　　관계의 일상적 실재 CR 개념은 우리가 둘 또는 그 이상의 사람/사물로 구성되어 있다고 생각하도록 암시한다. 그러나 그것은 모두 진실이 아니다. 관계를 둘러싸고 스며드는 통합하는 공간의 알아차림 없이, 우리의 둘 또는 그 이상은 말 그대로 확실하지 않다. 즉, 이것은 우리가 '이해하는(under-stand, 아래에 서는)' 것에서 '바닥에 있는(grounded)' 것이 아니다. 만약 관계에서 갈등이 발생하면, 당신이 알아차린 것부터 시작하여라. 하나의 편이 되어 싸우기 시작하여라. 그러나 '전쟁'이 발발하기 전에 먼저 '죽음'을 기억하고, 그래서 삶에 얽힘-춤을 가지고 와라. "당신이 나를 이렇게 행동하도록 만들었어요!"와 "아니요. 당신이 내가 그렇게 하게 만들었어요!"라고 말하는 역할들은 그때 당신의 내부와 외부다. 당신의 가장 깊은 자아의 알아차림으로, 당신은 단지 행동의 부분인 것으로부터 얽혀 있는 공동-창조의 이야기꾼, 즉 연출가로 전환할 수 있다.

하느님, 당신은 어디에 계신가요?

나는 테레사 수녀의 『오, 하느님, 당신은 그곳에 있습니까?(*O God, are you there?*)』라는 책을 다시 읽으면서, 그 외침에 다시 감동했다. 그녀의 탄원은 나에게 자신들의 발견이 자신들이 성스러운 능력 또는 지성의 어떠한 이해 가까이도 도달하지 못했다고 느꼈던 아인슈타인, 슈뢰딩거 그리고 다른 과학자들을 생각나게 하였다. 우리는 제1장에서 아인슈타인이 "양자역학은 확실히 인상적이다. 그러나 내면의 목소리는 나에게 그것은 아직 실재하는 것이 아니라고 말한다. 그 이론은 많은 것을 말하지만 그러나 정말로 우리를 신성(The Old One)의 비밀에 더 가까이 데려가지 않는다."라고 비탄한 것을 보았다.[1]

테레사 수녀의 불안과 아인슈타인의 의심스러운 '내면의 목소리'는 '실재하는 것'을 추구하고 있었던 것이다. 그들의 의심하는 마음은 '신성'이 반드시 존재해야 한다는 것을 느꼈다. 그러나 어디에 있는가? 나는 우리의 하느님, '신의 마음'의 추구는 그 자체를 추구하는 신의 마음이라는 것을 이 책에서 보여 주었기를 희망한다. 물리학은 이론적으로는 이것에 대해 거의 알고는 있다! 물리학자들은 우주에서 자기-반영하는 파동함수에 대해 그리고 입자의 비국소성에 대해 말한다. 그러나 그들은 이 함수들이 수학뿐만 아니라 심리학적 초공간도 속한다는 것을 깨닫지 못하고 심지어 일부는 거부하기도 한다.

현재 과학과 종교는 일반적으로 한 가지 서로 의견이 다르다는 점에는 동의한다. 종교는 전지, 전능, 편재, 흐름의 관점에서 초공간의 구조에 대해 이야기하는 반면에, 과학은 수학과 비국소성을 말한다. 프로세스마인

---

1) 맥스 본(Max Born)에게 보내는 편지(1926년 12월 4일) 『본과 아인스타인의 편지(*The Born-Einstein Letters*)』, 아이린 본(Irene Born) 번역(New York: Walker, 1971).

드 관점에서, 종교와 과학 사이의 갈등은 사실 필요한 것이다. 서로를 의심함으로써, 모든 사람이 내가 '얽혀 있는 공동-창조' 라고 부르는 진행 중인 이야기에 참여한다. 나는 공동-창조 자체의 이러한 과정은 일정 동안 그리고 그것이 우리 우주의 본질의 창조에 대한 이야기는 항상 변화하고 있을 것이라고 추측한다.

물리학과 심리학의 비국소성은 내면작업(inner work)이 또한 외부작업(outer work)인 이유를 지적한다. 당신의 심리학은 당신의 신체적 경계에 의해 제한되지 않으며, 당신은 오직 당신에게만 속한 개인적 심리학을 가질 수 없다. 이것은 꿈꾸기 과정의 특징적인 의식의 변형 상태에서, 우주의 부분들은 바로 당신 가족과 당신의 공동체가 된다는 것을 의미한다. 당신이 경험하는 것은 당신을 경험하는 우주의 한 부분이다. 우리가 살고 있는 세계는 분리가 가능하지만, 아직 얽혀 있는 이(二)국소성과 삶에서 일상적 실재 CR로 나타나는 비국소적 에너지와 삶의 형태들로 이루어진 공동체다.

이러한 공동체 아이디어를 명확하게 하기 위한 통합된 이론을 강조하는 그림들은 중요하지만, 통합된 장이론에 대한 나 자신의 의견을 부록 A 끝에 실었다. 왜 그런가? 진화이론도 중요하지만 그것은 이 책의 주요 내용이 아니기 때문이다. 이론은 우리가 일상적인 삶의 혼란 중심에서 어떻게 순간-순간 살아야 하는지 알려 주지 않는다. 이론은 우리가 아인슈타인의 "나는 신의 생각을 알고 싶다. 나머지는 사소한 것에 불과하다." 라는 의문에 대답하는 것을 돕는다. 그러나 나는 아인슈타인에게 말하고 싶다. 이론은 우리에게 보다 좋은 세계를 만드는 방법을 알려 주지 않는다. "아인슈타인 박사님, 바로 그러한 사소한 것들이 우리가 알고 있는 것을 실행하는 방법들입니다."

아인슈타인의 에너지-질량 동등성, 즉 $E=mc^2$에 대한 놀라운 발견은 우리가 원자력 에너지를 이해하는 것을 도왔으나 그 이론의 하드스킬—핵에너지를 생성하는 방법—은 우리가 원자 폭탄의 폭발을 멈추기에 충분하지 않다(심리학에서의 아이디어나 종교의 신념처럼). 과학에서의 이론은 사소한 것, 즉 모든 사람을 위해 삶을 더 좋게 만드는데 그것을 사용하는 방법 없이는 결코 완벽하지 않다. 우리는 우리가 얻을 수 있는 모든 어려운 인식적 지식 및 관련된 인식적 어려운 기술과 지성을 필요로 한다. 그러나 인식적 기술은 인간의 문제를 해결하기에 충분하지 않다. 우리는 또한 깨어 있어야 할 필요가 있다. 우리는 일상적인 삶의 복잡성을 다루기 위해 지혜, 소프트스킬을 느낄 필요가 있다.

　우리 시대에 가장 유용한 인간 소프트스킬은 이 행성을 위해 가장 가능한 미래를 확실하게 하는 것이다. 오늘날 세계가 직면한 문제들의 갈등적 본질을 고려할 때 이 기술은 어느 편이나 다 중요한 것으로서, 무엇보다 역지사지(易地思之)의 상태로서 경험하기 위한 능력을 우선시할 것이다. 프로세스마인드 수행은 그러한 소프트스킬이다. 이러한 소프트스킬을 적용하는 것은 모든 개인적, 관계적 그리고 세계적 갈등을 무한대의 영원한 세계로 들어가게 하는 문으로 만드는 것이다. 하지만 만약 그것이 당신의 개인적 내부 작업과 외부 명상 수행에서 당신에게 투쟁자를 춤추는 사람으로 변화시키는 방법을 보여 주지 않는다면, 나는 결코 이 이론에 만족하지 않을 것이다. 만약 이 책에서 제시된 것처럼 이 이론이 당신에게 이것을 가르쳐 주지 않았다면, 부디 나와 다른 모든 사람을 위해 그러한 아이디어들을 더 잘 작용하도록 개선해 주기를 바란다!

우분투와 세계 미래

　나는 항상 중앙아프리카 및 남아프리카의 강력한 공동체 윤리인 우분투(ubuntu) 개념에 의해 감동 받아 왔다. 줄루족에게 우분투는 '모든 인류를 연결하는 공유(共有)의 우주적 결합에서의 신념'을 의미한다.[2] 남아프리카의 반인종 분리 운동가였으며, 전 대통령이었던 넬슨 만델라는 우분

[그림 3] 우분투, 리차드 킴부에 의한 납을 이용한 염색 작품

투 윤리를 다음과 같이 간결하게 설명했다. "당신이 있기 때문에 내가 있다."[3] 남아프리카의 '진실과 화해' 정책에 기본이 되는 이러한 윤리는, "당신이 아니었다면, 나도 여기에 없었을 것이고, 당신이 여기 없었더면 나 또한 여기 없을 것이다."라는 생각으로 얽힘과 공동체의 본질을 요약한다(이러한 윤리의 시각적 표현에 대해 [그림 3] 참조).

프로세스마인드 관점에서 우분투는 다양한 공동체, 사실 전 우주에서 모든 사람과 모든 사물 사이의 양자 얽힘, 비국소성, 꿈같은 연결의 기본이다. 바꾸어 말하면, 우리는 우리와 '양자신호 교환' 하는 모든 사물과 관계가 있다. "당신이 있기 때문에 내가 있다." 우리 인간 공동체는 우주에

---

2) http://commons.wikimedia.org/wiki/Image:Experience_ubuntu.ogg.

3) http://en.wiktionary.org/wiki/ubuntu#Etymology.

서 모든 다른 인간 공동체 및 비인간 공동체 때문에 존재한다. 우분투는 생태계의 한 부분이 다른 모든 부분과의 국소적 및 비국소적 연결을 통해 생명을 얻는 점에서 일종의 과정-지향 생태학이다.

나에게 우분투는 간디에 의해 세계로 드러난 불살생계(不殺生戒, ahimsa) 또는 비폭력과 같은 다른 중요한 공동체 아이디어와 연관이 있는 것처럼 보인다. 자이나교, 불교, 힌두교에서 공통적인 이러한 개념은 자이나교의 놀라운 수행이다.[4] 자이나교의 상징([그림 4])에서, 달마 차크라(dharma chakra)라는 수레바퀴는 해롭고 되풀이되는 갈등을 멈추게 하는 360도 모든 방향의 서약, 즉 비폭력을 통한 환생을 상징한다. 수레바퀴의 한가운데 있는 문구는 '불살생계'를 나타낸다. 이 책에서 주요 개념인 프로세스마인드의 알아차림은 그것이 우리를 일방적이 되는 것이 되고, 단지 우리 자신의 일상적 실재 CR 자아가 되는 것을 방지하는 것에서 불살생계와 일치하며 지지한다.

[그림 4] 불살생계를 나타내는 자이나교의 상징

---

4) http://en.wikipedia.org/wiki/AhimasOctober, 2009.

우분투와 불살생계는 중요한 개념이다. 그들의 근원은 땅을 기반으로 한 지기(地氣) 경험임이 분명하다. 프로세스마인드의 살아 있는 양자 극장 안에서, "당신이 있기 때문에 내가 있다."라는 것과 같은 대칭적 설명은 '나'와 '당신'이 더 이상 떨어져 있거나 심지어 별개의 국소성에 있지 않은 역동적인 관계 과정이 된다. 우리는 말하자면 두 장소에 있는 하나의 국소성이다. 프로세스마인드 경험에 의해 알려진 대로, 우리는 모든 존재와의 거리와 본질적인 가까움을 알고 있다. 프로세스마인드 소프트스킬은 당신의 최악의 적조차도 '당신에 의해 이해됨'을 느끼도록 해 준다. 만약 당신이 심각한 갈등에 대해 작업하는 동안 '절반은 러브랜드 외부에, 절반은 내부에' 머무른다면, 당신은 '당신'이었던 것이 무엇인가 '다른 사람'이 되는 것처럼, 한편으로부터 다른 편으로 흔들리는 당신 자신을 느낄 수 있을 것이다. 그러면 프로세스마인드 소프트스킬은 당신이 작업하면서 노래 부르는 것, 세계 문제의 해결을 중재하는 동안 춤을 추는 것과 같은 일종의 노래와 느낌이 된다.

이것은 나에게 미국에서 흑인 공동체가 새로운 세계를 공동–창조했을 때인 1960년대의 미국 인권 운동 행진을 기억나게 한다. 그들은 미국 주류로부터의 반발을 평화적으로 상호작용하면서 '우리는 극복할 것이다(We Shall Overcome).'와 같은 노래를 불렀다. 나는 아직도 그 노래를 합창하는 사람들을 생생하게 기억한다.[5]

오, 나의 마음속 깊이
나는 굳게 믿나이다.
우리는 언젠가는 승리하리라는 것을

---

5) 미국 시민운동의 주제가가 된 항의 노래 'We Shell Overcome'의 가사는 필라델피아의 흑인 찰스 틴들리(Charles Tindley) 목사의 복음 성가에서 시작되었다. http://en. wikipedia. org/wiki/We_Shall_Overcome 참조.

무엇을 극복하겠다는 것인가? 비록 길지 않고 잠시라고 해도 일방성, 분리, 억압 등으로부터다. 나의 요점은 '모든 사람의 마음 깊은 곳'은 명백히 분리되어 있고 갈등하는 부분들을 중재하고 이끌 수 있는, 그래서 각각의 목소리가 전체 노래가 되어 합창이 될 수 있도록 이끄는 얽힘-춤(tangle-dance)이라는 것이다. 만약 당신이 주의 집중해서 듣는다면, 당신은 프로세스마인드가 노래를 부르는 사람들을 자신들이 비록 혼자라고 느낄지라도 혼자가 아니라는 것을 확신시켜 주는 것을 거의 들을 수 있다. 사실 그들은 비국소적으로 연결되어 있는 것이다.

우리는 혼자가 아니다.
우리는 혼자가 아니다.
우리는 언젠가는 모두 함께 할 것이다.

합창:
드넓은 세계로 나아가자.
드넓은 세계로 나아가자.
우리는 언젠가는 드넓은 세계로 나아갈 것이다.

제17장 끝에서, 나는 당신이 각각의 입장 사이를 흐르면서 양자 얽힘 '춤'을 시작할 때, 맨 먼저 갈등하는 부분들이 마치 그들이 일어나고 있는 것들을 지지하거나 반대하는 관객인 것처럼 당신의 얽힘-춤을 볼 것이라고 말했다. 그러나 궁극적으로, 그러한 얽힘-춤은 다른 사람들의 마음을 움직인다. 우리가 오클랜드에서 수백 명을 함께 끌어 모으며 '춤추었던' 사람의 이야기에서 본 것처럼, 많은 사람들이 자신들의 가장 깊은 자아를 깨달음으로써 함께 참여하기를 원할 것이다.

이러한 이야기는 기억할 가치가 있다. 왜냐하면 요즘의 뉴스는 우리를 세계 상태에 대해 절망을 느끼도록 만들 수 있기 때문이다. 큰 그림을 생각하여라. 우리 인류(의 역사)는 약 이십 만 년 정도로 약 50억 년의 지구와 비교하면 아직도 젊다. 어떻게 보면, 우리는 단지 어제 태어난 작은 아기인 것이다. 따라서 비판적인 것은 괜찮지만 또한 우리 자신에 대해 인내하는 것도 중요하다.

개인적 윤리와 공동체 윤리는 항상 변하며, 매 세기는 새로운 다(多)문화적 윤리를 필요로 하는 것처럼 보인다. 오늘날 우리는 가장 오래된 영적 전통에서와 가장 새로운 첨단과학에서 발견되는 방법들을 이용하면서, 역사를 존중하며 또한 미래에 이르는 윤리가 필요하다. 우리는 '선행(善行)'을 포함하지만 그것을 넘어서는 윤리가 필요하다. 내가 '얽힌 공동-창조'라고 한 과정은 그러한 새로운 윤리다. 작거나 매우 큰 그룹들에서, 그것은 명백한 문명의 충돌을 모든 사람이 인정받고 편안하게 느낄 수 있는 공동체 경험으로 바꿀 수 있다.

당신이 얽힘 극장에서 춤출 때, 당신은 자신도 일어날 것이라고 믿지 않았던 새로운 변화가 펼쳐지는 것을 느낄 수 있을 것이다. 먼저 그 변화는 '상대방'의 얼굴을 빛나게 하는 작은 미소의 출현일 수도 있다. 무엇인가가 그의 마음을 움직였다. 그리고 나서 당신 자신에게서 당신의 얼굴도 또한 조금씩 빛이 나기 시작할 것이다. 이러한 밝아진 얼굴들이 바로 필요했던 변화다. 그것들은 어두운 밤하늘의 번개에 의한 섬광이기도 하다. 이것들은 우리를 미래로 이끄는 얼굴들이다. 당신이 그들을 볼 때, 당신은 내가 왜 이 책을 『프로세스마인드 심리치료: 신의 마음에 연결하기 위한 심리치료 안내서(*Processmind: A User's Guide to Connecting with the Mind of God*)』라고 했는지 이해할 수 있을 것이다.

부록 A
양자심리학 업데이트

프로세스마인드는 양자 세계에서 내가 '퀀텀마인드'라고 하는 것의 개념으로 나타난다. 나의 저서 『양자심리치료(*The Quantum Mind and Healing*)』에서는 양자물리학에 투영되었거나 양자물리학에서 발견된 심리학적 과정에 초점을 맞추었다. 간략히 말해서, 퀀텀마인드에 대한 나의 생각은 내가 양자물리학의 수학에서 볼 수 있었던 구조로부터 기인한다. 나는 관찰을 창조하는 데 필요했던 파동함수의 공액(共軛, conjugation)을 자기-반영이라고 부른다. 물리학 그 자체는 공액에 대한 어떤 설명도 제공하지 않는다. 『양자심리학(*Quantum Mind*)』에서 나는 공액과 반영이 자연의 퀀텀마인드 측면들로부터, 스스로를 알기 위한 우주의 본질적인 '호기심'으로부터 발생한다고 제안했다. 퀀텀마인드는 다음에 대한 물질적 본성과 우리의 심리학 모두의 경향성이다.

1. '신호 교환'을 통해 '실재'를 창조하기 위한 파동함수의 공액 또는 자기-반영
2. **중첩**, 즉 (양자물리학의 수학에서처럼) 모든 벡터와 역사의 합. 심리학

에서 이 합은 우리의 모든 방향의 합으로써 나타난다. 그 결과로 나온 방향은 우리의 기본적인 본성, 우리의 신화, 내가 '빅 U'라고 부르는 방향이다. 퀀텀마인드는 자유롭게 지그재그로 움직이며, 단지 개인적인 신화 혹은 전반적인 방향에 의해서만 제한되는 시간에 걸친 방향들의 합을 조직한다(이 주제에 대해 더 알고 싶으면 나의 저서 『땅을 기반으로 한 지기 심리학(*Earth-Based Psychology*)』을 참조하여라).

3. 우리를 인도하여라. 데이비드 본은 양자 파동이 자체의 궤도를 통해 입자들을 인도(引導)하는 '안내 파동(pilot wave 또는 양자 포텐셜, quantum potential)'이라고 제안했다. '인도'의 감각은 심리학의 기본이다. 『양자심리학』에서, 나는 퀀텀마인드의 안내 기능은 종종 우리를 움직이는 우연한 또는 의도적이 아닌 '장 영역'으로 경험된다고 설명했다. 그러나 알아차림과 함께 퀀텀마인드는 '의도적 장 영역' 또는 '침묵의 힘'이 된다. 이 힘은 밤을 통해 그리고 낮의 '어두움'을 통해 조용히 당신을 움직인다. 이 책에서 이러한 양자 포텐셜 또는 의도적 장 영역은 원주민들이 항상 땅을 기반으로 한 지기 힘, 내가 '프로세스마인드'라고 부르는 심리학적 신체 경험으로 느껴 왔던 것으로 나타난다.

4. 부분과 상태를 과소평가하고 (파동함수의 수학적 형태에서) 스스로를 '붕괴함'으로써 실재를 창조하여라. 물리학은 붕괴가 모든 가능성을 기본적으로 하나의 결과로 축소한다는 것을 의미한다. 예를 들면, 슈뢰딩거의 고양이는 더 이상 관찰 전처럼 죽은 것도 산 것도 모두 아니다. 오히려 관찰 후에 둘 중의 하나로 '붕괴'한다. 그러나 심리학에서는 진정한 붕괴는 없다. 우리는 '실재'의 현재와 이곳에 있으며, 반면에 다른 가능성들은 여전히 꿈같은 신호 교환과 이중 신호로서 배경에 있다. 우리는 더 현실적으로 느끼기 위해 꿈꾸기를 과소평가할 수 있지만 그러나 진실은, 우리가 어느 시간에 한 장소에 있는 것과 동시에 다른 시간에 다른 장소에도 있을 수 있다는 것이다. 진정

한 붕괴란 없다. 단지 꿈꾸기의 과소평가만이 있을 뿐이다. 나는 나머지 자연들도 같다고 추측한다. 붕괴란 없다. 단지 과소평가만 있을 뿐이다.

5. 우리가 이 책에서 본 것처럼, 부분들을 비국소적으로 얽히게 하여라.

나의 『양자심리치료(*Quantum Mind and Healing*)』와 특히 『땅을 기반으로 한 지기 심리학(*Earth-Based Psychology*)』에서, 퀀텀마인드는 주로 그것의 양자 세계의 성질에 의해 특정지어진다고 하였다. 이 책에서 나는 프로세스마인드가 퀀텀마인드의 자기-반영, 중첩, 과소평가, 얽힘 특성 모두를 포함할 뿐만 아니라 양자물리학의 동의된 개념 너머로 움직인다고 제안하였다. 인간 개인에게 퀀텀마인드는 원주민들이 '토템 정령'이라고 부르는 것에서 역장(力場) 경험, 명백하고 비국소적인 땅을 기반으로 한 지기 장 영역이다. 프로세스마인드는 동시적인 신호 교환에서의 형태를 포함하여 우리가 매 순간 느낄 수 있는 장 영역과 같은 존재로서 나타난다. 프로세스마인드는 우리의 알아차림과 의식의 조직자다.

내가 지금 알고 있는 것은 프로세스마인드 역장이 느껴질 수는 있지만, 그것의 경험은 측정되지 않았다는 것이다. 물리학에서 프로세스마인드는 봄(Bohm)의 '안내 파동'의 개념으로 나타나며, 토착 원주민 경험에서는 토템 정령으로 나타나고, 조직적인 작업과 정치에서는 체계적인 마음으로 나타난다. 본질적인 수준에서 프로세스마인드는 말할 수 없는 도와 같다. 도가 말로 표현될 때, 즉 드림랜드와 일상적 실재 CR 수준에서 그것은 심리학에서의 자아, 물리학에서의 양자 파동, 영적 전통과 정치안에서의 신들과 같은 꿈 상징 또는 기본 개념들로 나타난다. 아마 프로세스마인드는 '통합 장이론(unified field theory)'이거나 그것에 기여할 것이다. 나는 이 책의 제14장에서 전자기학, 강하고 약한 힘들 그리고 중력과 같은 네 가지 물리적 역장이 어떻게 일종의 만물이론에 의해 궁극적으로 결합될 수 있는지 논의하였다. 물리학 개념에서 통합 장이론은 하나의 가능한

TOE다.

이러한 만물이론들이 추정적이기 때문에 아직 불확실하지만, 그것들에 대해 생각하는 것은 중요하다. 그것들은 우리가 가지고 있는 근원적 패턴 혹은 '신의 마음'의 느낌을 가르치기 때문이며, 그 패턴은 주어진 사람들의 언어와 시대에 적합하도록 시간이 지남에 따라 새로 형성되고 갱신되어야 할 필요가 있기 때문이다. 그럼에도 불구하고 어느 하나의 언어적 혹은 수학적인 공식도 우리의 인식적 이해의 한계에 놓여 있는 것 같은, 프로세스마인드의 자의적 본질과 힘의 전체성을 표현할 수 없을 것이다.

심리학, 물리학, 영적 전통 그리고 공동체는 모두 자체의 TOE들을 가지고 있고, 그 TOE들은 서로 조금씩 다르다. 비유적으로 말하면 만약 우리가 만약 프로세스마인드를 이러한 TOE에 더한다면 발(foot)이 나타난다. 프로세스마인드는 여러 TOE를 더한 발이기도 하며 동시에 [그림 1]에 표현된 것과 같이 큰 TOE에 대한 이름이다.

물리학, 심리학, 영성에서 표현되는 프로세스마인드 알아차림은 모두 알아차림의 세 가지 기본 수준들, 비국소성(본질적 수준 경험), 이(二)국소성(꿈 인물과 꿈같은 실재가 알려진 인과적 신호 교환 없이 외관적으로 연결하는 방법) 그리고 시공(時空) 국소성(일상적 실재 CR)을 갖는다. 이 수준들은 신화적, 심리학적 그리고 어쩌면 물리적 '초공간'에 대응한다.

비국소성 가장 깊은 단계에 있는 비국소성은 땅의 기반 지기 토템 장 경험으로 투영되거나 찾아지는 느낌의 힘, 존재로 나타난다. 이것이 융의 무의식이며, 연금술사의 하나의 세계(Unus Mundus)다. 이러한 존재의 힘은 물리학에서의 양자 파동에서, 신비로운 신(神)적 체험에서 그리고 때때로 공동체 삶에서 발생하는 '함께 가기(coming together)'에서 다시 나타난다.

이(二)국소성 이국소성은 주관적이고, 이원적이며, 꿈같은 경험에서의

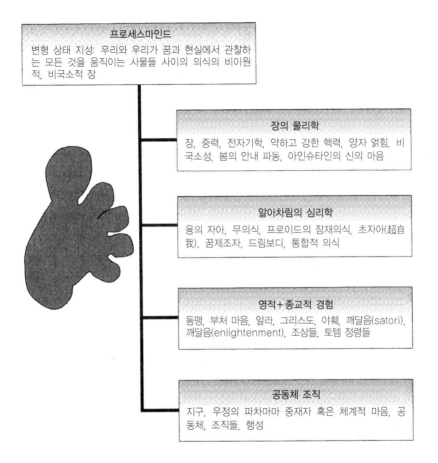

프로세스마인드
변형 상태 지성: 우리와 우리가 꿈과 현실에서 관찰하는 모든 것을 움직이는 사물들 사이의 의식의 비이원적, 비국소적 장

장의 물리학
장, 중력, 전자기학, 약하고 강한 핵력, 양자 얽힘, 비국소성, 봄의 안내 파동, 아인슈타인의 신의 마음

알아차림의 심리학
융의 자아, 무의식, 프로이드의 잠재의식, 초자아(超自我), 꿈제조자, 드림보디, 통합적 의식

영적+종교적 경험
동맹, 부처 마음, 알라, 그리스도, 야훼, 깨달음(satori), 깨달음(enlightenment), 조상들, 토템 정령들

공동체 조직
지구, 우정의 파차마마 중재자 혹은 체계적 마음, 공동체, 조직들, 행성

[그림 1] 통합 장: 다섯 TOE가 프로세스마인드의 발(foot)을 만든다.

프로세스마인드의 나타남에 대한 나의 용어다. 이국소성은 두 가지 (혹은 그 이상의) 물체들이 동시에 분리되어 있으며 또한 분리되어 있지 않다는 것을 의미한다. 우리는 얽힌 기본 입자들의 서로 다른 국소적 위치에서, 서로에 대한 꿈 인물들의 다양성과 '위치'에서 그리고 사물들을 때때로 서로의 위치를 바꾸는 '선'과 '악'으로 정의하고 확인하고 얽는 우리의 모든 열정에서 이국소성을 발견한다.

일상적 실재 CR 일상적 실재 CR은 빛의 속도로 자체와 의사소통하는 무엇인가가 없이는 아무것도 움직이지 않는 지금 여기에서의 세계다. 프로세스마인드는 시간, 공간, 물질적 분리의 개념에서 이 세계에서 나타난다. 개인적 삶에서 우리는 프로세스마인드의 이러한 양상의 상태-지향 표현들을 '나의' 생각, '나의' 신체라 부른다. 물리학에서, 일상적 실재 CR은 거시(巨視)적 물체들, 공간, 시간, 엔트로피 그리고 (비록 이들이 상상하기 어려운 개체들의 유추일지라도) 기본 입자들을 포함한다. 영적 전통에서 일상적 실재 CR의 한계는 규칙이나 법이 우선될 때 또는 우리가 신들이 존재하지 않거나, 잊혀졌거나, 죽었을 때 나타난다. 일상적 실재 CR에서, "문제는 여기 있는 내가 아니라 그곳에 있는 당신이다." 시간은 앞으로 흐르고 노화와 죽음은 피할 수 없다.

프로세스마인드 이론은 스스로 진화하는 과정들이다. 그것들은 여러 방면에서 더 많은 응용과 설명을 요구한다. 우리는 인간 공동체가 어떻게 얽힌 물리적 우주를 비추는지 그리고 과정-지향 생태학적 알아차림이 어떻게 자연과 다른 인간과의 관계를 더 풍요롭게 하는지에 대해 더 많이 알아야 할 필요가 있다.

마지막으로 어떠한 이론도 그것이 우리의 삶의 질, 우리 세계적인 상황과 국제 관계 그리고 생태계에 대한 우리의 연결을 향상시키지 않는다면 옳은 것으로 여겨지지 않을 것이다. 그러한 개선은 우리 모두의 과제다.

부록 B
프로세스마인드 콜라주 페이지

1. 알아차림 훈련(p. 42)

2. 신체 경향성으로서 프로세스마인드(pp. 45~46)

3. 당신 신체에서의 프로세스마인드(p. 51~53)

4. 안정한 존재로서의 프로세스마인드(pp. 77~79)

5. 당신 주위의 프로세스마인드 장(pp. 91~92)

6A. 당신 징후의 장(pp. 106~108)

6B. 기분과 벡터 걷기(pp. 109~111)

7A. 우리 주위의 존재의 근거(pp. 124~126)

7B. 관계에서 벡터작업(pp. 127~129)

8. 팀워크에서 견성(pp. 146~147)

9. 갈등, 죽음 그리고 당신의 세계 임무(pp. 158~161)

10. 뉴올리언스 시의 프로세스마인드(pp. 171~172)

11. 공공 스트레스(pp. 183~185)

12A. 전체 이야기로서 프로세스마인드(pp. 203~204)

12B. 당신의 신념 프로세스(pp. 209~210)

13. 당신 자신의 윤리 탐색(pp. 222~223)

14. 삶에서의 통합 장이론(pp. 239~241)

15. 얽힌 양자신호 교환(pp. 257~260)

16. 관계에서 양자 얽힘 극장(pp. 273~275)

17. 조직을 위한 중재자의 힘의 춤(Power Dance)(pp. 290~292)

| 용어 풀이 |

빅 U 전체 세계, 집단, 개인, 심지어 한 입자의 전체적인 경향성을 나타내는 벡터 [방향량(方向量)]. 빅 U는 체계 마음(더 정확하게 퀀텀마인드)에 대한 데이비드 봄의 안내(案內)-인도(引導) 기능과 연관된 심리적 경험(양자 파동의 벡터에서 유래하는)이다. 그것은 프로세스마인드의 보이지 않는 장에 의해 움직인다.

이국소성(二局所性, bilocality) 비국소성(非局所性, nonlocality)의 심리학적(즉, 주관적) 경험을 통해 상호 연결되어 있는 분리된 두 장소 또는 두 마음 상태에서 존재하는 전체인 하나(oneness)에서의 두 경험

공동-창조(co-creation) 프로세스마인드의 장(場)과 같은 경험은 둘 또는 그 이상의 얽혀 있는 부분들의 느낌으로 나타난다. 일상의 마음이 계속해서 프로세스마인드에 들어갈 때, 당신은 새로운 실제들을 공동-창조하는 부분들 사이의 자연적 흐름을 목격하고 경험할 수 있다. 의식적 공동-창조는 양자 극장(quantum theater)을 창조한다.

컴패션(열린 마음, compassion) 빅 U와 프로세스마인드에 접근할 수 있게 된다는 것은 compass(컴퍼스)-ion로서 모든 벡터에서의 개방성과 흥미를 포용하는 360도 방위의 '컴퍼스'와 같이 모든 방향과 방면에 대해 개방적이 되는 것이다.

일상적 창조(consensus making) 중재자는 집단이 먼저 어떠한 방향을 설정하기를 원하는지 발견함으로써 그리고 모든 주제와 감정들이 중요하고 동시에 다루어질 필요가 있음을 알아차림으로써 의견의 일치를 이끌어 낼 수 있도록 도울 수 있다. 어떤 주제가 선정되든지 간에, 이는 많은 하위 주제를 포함하고 있는 거대한 우산과 같다. 그러한 하위 주제들 안에는 집단원들이 필터링하는 과정에서 언급하였

던 다른 주제들도 포함될 수 있다.

일상적 실재 CR(consensus reality) '실재'가 무엇인지에 대해 일반적으로 합의된 개념. 21세기에서 이것은 시간, 공간, 물질, 에너지상에서 '객관적으로' 관찰될 수 있는 것들을 의미한다. 오늘날의 일상적 실재 CR에서, 어떠한 물질은 근처의 다른 물질이 그 물질을 건드리거나 밀 때만 움직인다.

심오한 민주주의(deep democracy) 인생에 대한 지혜로운 노인(老人)의 인생 경험으로부터의 다차원적인 느낌 태도뿐만 아니라, 일상적 실재 CR에 관련되는 것들(사실, 주제, 문제, 사람)과 드림랜드 인물(역할, 유령, 방향) 그리고 모든 사람을 연결하는 본질(공통 근거)을 나타내는 것들이 기본적으로 동등하게 중요하다는 것을 인식하는 개념

이중 신호(double signals) 우리가 알지 못한 채 보내는 '두 번째 메시지'. 당신은 꿈과 신체 자세에서 이중 신호를 인지할 수 있다. 예를 들어, 나는 당신과 관계를 맺고 싶다고 말한다. 그것이 내 의도. 하지만 그때 나는 당신이 아니라 바닥을 바라보고 있다. 이중 신호들은 보통 의사소통에서 의도하는 것과 얽혀 있다.

드림보디(dreambody) 칼과 같은 상징에 의해 꿈 속에서 반영되는 극심한 고통과 같은 신체 경험

드림랜드(dreamland) 꿈, 백일몽, 비일상적 실재 NCR(주어진 공동체에 상대적인) 등을 포함하는 알아차림의 일반적 수준

경계(edge) 누군가가 말을 하나 개인적인 이유나 실제의 또는 인지된 집단의 제한 때문에 그가 말하고자 하는 것을 끝까지 이야기하지 못하는 순간

원로(eldership) 당신의 깊은 자아로부터 나타나는 보편적인 메타스킬이며 당신의 프로세스마인드와 그것의 방향. 이 기술은 개인적 관점, 당신 아이로서의 세계, 그 모든 이면의 거대한 신비 등에 대한 동등한 중요성을 상호 연결하는 심오한 민주주의적 태도로서 나타난다.

깨달음(enlightenment) 당신이 사람들과 더불어, 당신의 정상적인 정체성과 시간, 공간 등과 더불어 동일시하는 대부분의 시간에서도 존재하는 프로세스마인드 알아차림

물리학에서의 얽힘(entanglement) 양자 얽힘은 둘 또는 그 이상의 물체들의 양자 시스템의 속성이며, 물체들의 상태가 연관 또는 연결되어 있어 그들이 얼마나 가까이 또는 멀리 있든지 상관없이 그중 하나는 다른 상대방의 전체적인 설명 없이는 더 이상 묘사될 수 없다. 이러한 상호 연결은 멀리 있는 물체들 사이의 비(非)고전적 연결을 초래하며 비국소성(nonlocality)으로 언급된다.

심리학에서의 얽힘(entanglement) 양자물리학에서 빌려온 비유로서 감정적 시스템 부분들이 마치 그것들이 서로 붙어 있는 것처럼 인과성 연결을 통해서뿐만 아니라 비국소적 수단을 통해서도 연결되어 있는 개인적 또는 집단 경험을 의미한다.

본질(essence) '말로 표현할 수 없는 도'와 같은 알아차림의 비이중적 수준. 이 수준은 함축적이거나 우리의 일상적인 마음에는 아직 명백하지 않은 경험에 해당한다. 이것은 프로세스마인드의 기본적인 수준이며 인지하기 어려운 비(非)인식적 '알아차림'이다.

첫 번째 훈련과 두 번째 훈련(First and second trainings) 첫 번째 훈련에서 당신은 전문성에 필요한 기술을 발전시키고, 다른 유령 역할과 벡터뿐만 아니라 사실과 역할로서 당신의 경험을 알아차리게 된다. 두 번째 훈련에서 당신은 적어도 잠깐이나마 프로세스마인드로 형태 변형하고 시스템의 부분들 사이의 관계를 촉진시키는 것을 배운다. 다른 말로 하면 당신은 반은 꿈꾸기 영역에 있고 반은 실제에 있으면서 경험들 사이의 흐름을 촉진시킨다.

양자신호 교환(flirts) 당신의 주의를 끌려고 하는 반짝 떠오르는 짧은 신호들. 예들 들어, 꽃은 당신과 '신호 교환'을 할 수 있고 만대로 당신이 꽃과 할 수도 있다. 신호 교환은 너무나 빨리 일어나서 우리가 보통 지나치거나 잊어버린다. 그러나 의사소통에서 신호 교환은 신호의 선행자로서 중요한 역할을 한다.

구성(framing) 중재자는 사람들이 말하는 서로 다른 수준들 또는 차원들에 대해 언급함으로써 토론을 구성하거나 조직할 수 있다. 예를 들어, 한 사람이 외적 행동(일상적 실재 CR)에 대해 말하는 동안 다른 사람은 느낌(드림랜드)에 대해 말할 수 있다. 그리고 또 다른 사람은 집단을 통일시키는 공통 근거(본질)에 대해 말할 수 있다. 이러한 복합 수준의 현존은 그 자체로 갈등의 근원이 될 수 있다! 중재자는 개인 혹은 집단이 다른 수준에 대해서도 다루어져야 할 필요가 있다는 것을 인지하는 동안 어느 방향으로 먼저 다루기를 원하는지 말하거나/질문함으로써 일어나고 있는 것들을 구성할 수 있다.

유령 역할(ghost roles) 드림랜드의 부분으로, 이것은 주어진 집단의 누군가에 의해 말해지고 있지만 직접적으로 묘사되지 않는 그런 것들을 의미한다. 일부 전형적 유령들은 말해지고 있지만 더 이상 존재하지 않는 조상들, 그 방에 있지 않은 '나쁜' 사람들, 환경, 대통령 등이다. 유령들의 관점과 생각들을 나타내고 표현하는 것을 다루는 것은 과정들에 중요한 열쇠일 수 있다. 그리고 모든 사람이 이러한 유령 역할들을 공유한다는 것을 아는 것은 중요하다.

수준(levels) 알아차림의 차원. 이 책에서는 세 가지 주요 수준들에 초점을 두었다. 일상적 실재 CR(consensus reality), 드림랜드(dreamland) 그리고 본질(essence)이다. 구성(framing)을 참조하여라.

러브랜드(loveland) 당신이 좋아하고 당신의 가장 깊은 부분에 대한 가장 조화로운 땅을 기반으로 한 지기적(地氣的) 결합이다. 나는 또한 이러한 땅을 기반으로 한 지점을 당신의 프로세스마인드라고 부른다.

메타스킬(metaskill) 에이미의 『메타스킬(*metaskill*)』이라는 저서에서 기술의 사용 이면의 무엇보다도 중요한 질적 속성 또는 느낌으로 정의되었다. 당신이 무엇인가를 말하는 방법 또는 무엇인가를 하는 방법은 난폭하거나, 도움이 되거나, 열정적이거나, 활발하거나 과학적이거나 기타 등등일 수 있는 메타스킬이다.

미토스타시스(mythostasis) 항상성(恒常性, homeostasis)과 알로스타시스(신항상성, 생체 적응 항상성, 적절한 건강에 필요한 체온, 혈압 등 변수들을 정상 범위로 되돌리려는 우리 신체의 능력들을 의미한다)를 포함하며 또한 항상성과 생체 적응 항상성이 실패한 임사 경험까지도 포함한다. 실패하지 않을 것 같은 것은, 예를 들어 비전과 꿈에서 인지된 것과 같은 특별한 궤도를 따르려는 우리의 일관된 경향성이다.

비국소성(nonlocality) 물리학에서, 비국소성은 한 물체가 근접해 있는 다른 물체에 의해서만 영향을 받는다는 국소성(locality) 원리를 어기면서 한 물체가 멀리 있는 다른 물체에 미치는 직접적인 영향이다. 심리학에서 비국소성은 시간 또는 공간의 변수 이면의 근접함 또는 상호 연결의 경험이다. 이것은 보통 얽혀 있는 입자, 부분, 양자신호 교환 등 사이에 인지된 분리가 없는 변형 상태/프로세스마인드 경험과 질적인 속성이다.

공개토론(open forum) 면(面)대 면(面)에서나 사이버 공간에서 모든 구성원이 참여하고 있다고 느껴지며 또한 참가자의 가장 깊은 느낌과 꿈뿐만 아니라 사회적 문제들도 포함되는 잘 구조되어 있는 심오한 민주적인 모임. 공개토론 방법은 중재자가 필요에 따라서 진행을 늦추거나, 더 많이 중재에 관여하는 일반적으로 비선형(非線型) 월드 워크(world work) 접근법에서의 선형 스타일을 더 강조한다.

참가자-중재자(participant-facilitator) 프로세스 워크에서 지도자와 중재자는 공유되면서도 비국소적인 역할로 이해된다. 참가자에 대한 전통적인 개념은 변했다. 지도자-중재자가 지도자-추종자로 정의되는 것처럼 참가자 또는 시민들은 '참가자-중재자' 라고 한다.

프로세스마인드(processmind) 우리 자신의 가장 깊은 부분, 우리 신체의 부분 및 땅의 장소의 힘과 연관되어 있다. 땅, 즉 대지가 생물권(biosphere)의 모든 형태의 인간 및 자연 현상의 기초인 것처럼 프로세스마인드는 모든 우리 경험을 구성하는 꿈꾸기 지성과 영역 장이다. 따라서 프로세스마인드는 모든 중재자가 접근할 필요가 있는 주요 기본 차원(key dimension)이다. 프로세스마인드는 비국소적 '일체성(oneness)' 경험이며 우리의 관심과 흥미를 끄는 사물의 다양성으로 꿈과 실제에서 나타난다.

과정-지향 생태학(process-oriented ecology) 우리의 '집', 즉 땅인 대지와 식물, (인간을 포함하는) 동물, 실제적이며 꿈같은 물체들과 에너지들을 포함하나 그것에 제한되지 않는 상호작용적인 과정들에 내한 연구다. 신오한 민주주의에 근거하여 과정-지향 생태학은 이 세계의 신화적 이해뿐만 아니라 최소한 물리적, 생물학적 그리고 심리학적 과학을 포함하는 교차분야(transdisciplinary)다.

퀀텀마인드(quantum mind) 나의 연구에서 양자물리학의 법칙과 수학에 반영된 프로세스마인드의 개념적 선행자. 물리학의 수학에서 알아본 것과 같이 퀀텀마인드는 자기-반영적이며 우리의 주의를 끄는 빠르고 쉽게 무시되는 양자신호 교환을 생성하고 인지하는 경향성을 보여 준다. 더 많은 내용은 부록 A를 참조하여라.

양자 극장 또는 양자 얽힘 극장(quantum theater or quantum entanglement theater) 쌍에시 서로 반대되는 꿈같은 부분들 사이의 얽힘을 창조하고 중재하는 과정 경험. 이 극장은 다른 종류의 역할 알아차림과 역할 극과는 다르게 프로세스마인드의 비인식적, 본질-같은 경험에 근거한다.

양자 파동함수(quantum wave function) 양자이론에서 물리적 시스템을 설명하기 위한 수학적 방정식. 파동함수는 시스템의 모든 가능한 상태들의 복소수(複素數) 지도인 '상태 공간(state space)'을 설명한다. 부분적으로 슈뢰딩거의 방정식에 의해 나타나는 양자역학의 법칙은 파동함수가 시간이 지남에 따라 어떻게 발전하는지를 설명한다. 파동함수의 값은 복소수이며 (그 복소수 값의) 제곱의 절대값($|x^2|$)은 그 시스템이 어떠한 가능한 상태에 있을지에 대한 확률을 나타낸다.

관계작업(relationship work) 이 책에서 제안한 것과 같이 관계작업은 둘 또는 그 이상의 사람들을 포함하거나, 그들 사이에서 프로세스마인드 또는 대지 영역을 발견하거나, 그러한 관점에서 경계와 신호를 인식하거나, 신호 교환, 꿈, 신호 그리고 발생하는 느낌들을 중재하는 것을 의미한다. 그러고 나서 필요하다면 양자 극장을 사용한다.

역할(role) 집단 프로세스의 드림랜드 측면의 부분. 비록 각각의 역할(예를 들어, 사장, 부하, 환자, 도우미)들은 주어진 개인이나 집단 내에 존재하는 것처럼 보일지라도 사실 그것은 모든 사람이 그것을 채워야 할 필요에 의해 비국소적으로 변형하고 있는 진화하는 시대-정신이다. 다른 말로 하면, 각각의 역할은 어느 한 개인 또는 집단보다 더 크고, 우리 각각은 또한 어느 한 역할보다 더 크다. 역할들은 서로 얽혀 있다.

역할 전환(role switching) 우리에게는 역할 전환을 하려는 자연적 경향이 있다. 즉, 우리는 우리가 특정한 역할과 동일시하려는 것을 알아내지만, 어느 주어진 순간에 우리가 다른 역할을 나타내도록 끌림을 느끼거나 또는 우리가 또 다른 역할에 속해 있다는 것을 알아차린다. 예를 들어, 고통을 받고 도움이 필요한 사람의 도우미로 동일시하는 사회봉사 조직의 누군가는 자기 자신의 고통에 대해 말하기 시작할 수도 있다. 그 순간, 그 사람은 도움을 필요로 하는 '다른 사람'으로 역할을 전환한 것이다. 당신 자신의 역할 전환을 인식하고 허용하는 것, 당신이 한 역할에 있을 때와 다른 역할로 움직이기 시작할 때를 감지하는 것은 알아차림의 수행이다. 이를 잘하기 위해서는 마지막 장에 설명한 것과 같이 얽힘-춤과 상황의 프로세스마인드를 찾아라.

신호(signal) 신호는 단지 관찰자만이 알아차리는 거의 알아차릴 수 없는 경험으로 발생할 수도 있다. 그렇지 않으면 신호는 글, 소리, 행동, 제스처 또는 신체 느낌으로 의사소통되는 정보의 부분들로 인지된다. 신호들은 국소적 형상을 갖지만 그러나 멀리 떨어져 있는 의사소통 파트너와 비국소적으로 얽힐 수도 있다.

소프트스킬(soft skill) 역할과 역할 전환을 이해하기 위해 프로세스마인드를 유연하게 사용하는 방법이다. 신화적이며 땅을 기반으로 한 지기(地氣)의 근원 그리고 상황의 모든 측면 속으로 들어가면서 역할극을 할 수 있는 프로세스마인드로부터의 말로 할 수 없는 안내다. 사전 학습된 방법과 프로그램을 포함하는 전통적 스킬들과는 반대다. 현재 프로세스마인드 소프트스킬은 아마 모든 종류의 상황을 중재하고 모든 사람이 이해했다고 느끼도록 하는 가장 유용한 방법이다.

중첩(superposition) 주어진 관측 주위의 모든 경험이 합 또는 이러한 경험들을 나타내는 모든 방향에서의 벡터 합이다.

얽힘-춤(tangle-dance) 물리학과 물리학의 심리학적 대응 부분의 얽힘의 개념에 기초하여, 부분들은 대칭적으로 그리고 역학적으로 서로 연결되어 있는 (따라서 춤 요소) 것으로 보인다. 예를 들어, A가 "당신이 이것을 했기 때문에 내가 저것을 했습니다."라고 말한다면 B는 "아닙니다. 그 반대입니다! 당신이 이것을 했기 때문에 내가 저것을 한 것입니다."라고 전형적으로 대응할 것이다. 그러나 얽힘-춤 접근법을 이용할 때, 관찰자는 긴장을 풀고 프로세스마인드와 동일시하고, A와 B가 새로운 해결책을 함께 만들어 낼 때까지 그들 사이에서 얽히도록 허용한다.

팀워크(teamwork) 만약 팀이 하나의 공통 된 임무를 위해 함께 모인 개인들의 집단이라면, 그 팀이 자신들의 임무를 알아차리고 그들의 프로세스마인드를 사용할 때 팀워크가 이루어진다.

토템 정령(totem spirit) 모든 세상의 토착 원주민 문화에서, 사람들을 돌보고 도와주며 토템을 가족, 씨족, 부족의 구성원이라고 믿는 개체다. 이 정령은 종종 프로세스마인드의 상징이다.

우분투(ubuntu) "당신이 있기 때문에 나도 있다."라는 문구에서와 같이 모든 사람 사이의 상호 연결성을 강조하는 중앙 그리고 남부 아프리카 공동체 윤리다.

벡터(vector) 예를 들어, 방향 또는 속도를 나타내는 화살표에 대한 수학적 개념.

나는 땅을 기반으로 한 지기 방향의 우리의 주관적 또는 꿈같은 느낌을 상징화하기 위해 벡터를 사용하였다. 지구 대지는 서로 다른 시간에 특정 방향으로 우리를 밀거나 움직인다. 우리가 걸으면서 경험의 방향이나 벡터를 따라갈 때 우리는 경로의 의미뿐만 아니라 약간의 어떤 에너지, 힘 그리고 리듬을 느낀다.

월드 워크(world work) 모든 종류의 조직과 집단의 문제를 다루기 위해 진정한 민주주의를 이용하는 작은 집단 또는 큰 집단 방식. 월드 워크는 조직 또는 도시의 꿈같은 배경(예, 투영, 뒷담화, 역할, 창조적 환상 등)의 힘을 사용한다. 월드 워크 중재자는 대지를 듣고, 내면작업을 하며 조직적 삶을 풍부하게 하기 위한 역할 인식과 신호와 계급 알아차림을 포함하는 외부 소통 기술을 수행한다. 월드 워크는 다문화적 복합 수준 공동체, 대학, 소규모와 대규모 국제기구, 도시의 땅을 기반으로 한 지점인 핫 스팟(hot spot), 정치적 상황 그리고 세계의 갈등 지역에서 성공적으로 사용되어 왔다.

선 마음(禪心, Zen mind) 선스승 개념. 선 마음, 초심자의 마음에서 선스승 스즈키 순류(Shunryu Suzuki)는 다음과 같이 말했다. "세상은 그 자체로 마술이다… 선 마음은 선스승들이 당신을 스스로 되돌아보게 하고, 당신을 말 그 자체 이면으로 가게 만들어서 내가 나 자신의 마음이 무엇인지 정말로 알고 있는가?"라고 의문을 갖게 만드는 데 사용하는 그러한 수수께끼와 같은 문구 중 하나다. 그리고 만약 당신이 당신의 마음이 무엇인지 알아내기 위해 잠시 침선을 해야 한다면, 당신은 선 수행을 시작한 것이고, 당신은 제한되지 않은 마음을 깨닫기 시작한 것이다." 선 마음은 프로세스마인드와 같은 개념인 것처럼 보인다.

| 참고문헌 |

Cheshire, Stuart. "Collected Quotes form Albert Einstein." Retrieved December 6, 2004, from http://rescomp.stanford.edu/~cheshire/EinsteinQuotes.html.

Chodron, Pema. *Practicing Peace in Times of War.* Boston: Shambhala, 2006.

Cobbs, John. *The Process Perspective: Frequently Asked Questions about Process Theology.* Atlanta, GA: Chalice Press, 2003.

Collins, F., M. Guyer, and A. Chakravarti. "Variations on a Theme: Human DNA Sequence Variation." *Science* 278 (1997): 1580-81.

Cramer, John G. "An Overview of the Transactional Interpretation of Quantum Mechanics." *International Journal of Theoretical Physics* 27, no.2 (1988): 227-36.

Davies, Paul. *The Mind of God: The Scientific Basis for a Rational World.* New York: Simon & Schuster, 1992.

Einstein, Albert. *Cosmic Religion: With Other Opinions and Aphorisms.* New York: Covici-Friede, 1931. Reprinted 2007.

Einstein, Albert. "Letter to Max Born," December 4, 1926, in *The Born-Einstein Letters.* Edited by Max Born. New York: Walker & Co, *1926. Reprinted* 1971.

Ellis, John. "The Superstring: Theory of Everything, or of Nothing?" Nature 323 (1986): 595-98.

Goswami, Amit, Richard E. Reed, and Maggie Goswami. *The Self-Aware Universe: How Consciousness Creates the Material World.* New York: Tarcher/Putnam, 1993.

Gribbon, John. *Q Is for Quantum: An Encyclopedia of Particle Physics.* New York: Touchstone Books, 1998.

Harris, Ishwar C. *The Laughing Buddha of Tofukuji: The Life of Zen Master Keido Fukushima.* Bloomington, IN: World Wisdom, 2004.

I Ching or Book of Changes. Translated into German by Richard Wilhelm, English translation by Cary F. Baynes. Princeton: Princeton University Press, 1990.

Lame Deer, John (Fire), and Richard Erdoes. *Lame Deer, Seeker of Visions.* New York: Simon & Schuster, 1972.

Mindell, Amy. *Metaskills: The Spiritual Art of Therapy.* Tempe, AZ: New Falcon Press, 1995.

Mindell, Amy. "World Work and the Politics of Dreaming, or Why Dreaming Is Crucial for World Process." http://www.aamindell.net/blog/ww-themes, November, 2007.

Mindell, Arnold. *Coma, Key to Awakening: The Dreambody near Death.* Boulder, CO: Shambhala, 1989. Reprinted by Lao Tse Press (Portland, OR), 2010.

Mindell, Arnold. *The Deep Democracy of Open Forums: How to Transform Organizations into Communities.* Charlottesville, VA: Hampton Roads, 2002.

Mindell, Arnold. *Dreambody: The Body's Role in Revealing the Self.* Boston, MA: Sigo Press, 1982. Reprinted by Viking-Penguin-Arkana (London & New York), 1986; by Lao Tse Press (Portland, OR), 2000.

Mindell, Arnold. *The Dreambody in Relationships.* London & New York: Viking-Penguin-Arkana, 1987. Reprinted by Lao Tse Press (Portland, OR), 2000.

Mindell, Arnold. *Dreaming While Awake: Techniques for 24-Hour Lucid Dreaming.* Charlottesville, VA: Hampton Roads, 2000.

Mindell, Arnold. *Earth-Based Psychology: Path Awareness from the Teachings of Don Juan, Richard Feynman, and Lao Tse.* Portland, OR: Lao Tse Press, 2007.

Mindell, Arnold. *The Leader as Martial Artist: An Introduction to Deep Democracy*. San Francisco: Harper Collins, 1992.

Mindell, Arnold. *Quantum Mind: The Edge between Physics and Psychology*. Portland, OR: Lao Tse Press, 2000.

Mindell, Arnold. *The Quantum Mind and Healing: How to Listen and Respond to Your Body's Symptoms*. Charlottesville, VA: Hampton Roads, 2004.

Mindell, Arnold. *The Shaman's Body: A New Shamanism for Health, Relationships, and Community*. San Francisco: Harper Collins, 1993.

Mindell, Arnold. *Sitting in the Fire: Large Group Transformation through Diversity and Conflict*. Portland, OR: Lao Tse Press, 1995.

Mindell, Arnold. *The Year One: Global Process Work*. London & New York: Viking-Penguin-Arkana, 1989.

Moondance, Wolfe. *Rainbow Medicine: A Visionary Guide to Native American Shamanism*. New York: Sterling Publishing, 1994.

Onsager, Lars. "Reciprocal Relations in Irreversible Processes," *Physics Review* 37 (1931): 405-26.

Simon, Ronald, T., and Marc Estrin. *Rehearsing with the Gods: Photographs and Essays on the Bread and Puppet Theater*. White River Junction, VT: Chelsea Green Publishing, 2004.

Suzuki, Shunryu. *Zen Mind, Beginner's Mind*. 34th ed. New York: Weatherhill, 1995.

Thurman, Howard *Disciplines of the Spirit*. Reprint. Richmond, IN: Friends United Press, 2003.

Thurman, Howard. *The Search for Common Ground*. New York: Harper & Row, 1973.

Wheeler, John. "Information, Physics, Quantum: The Search for Links." Proceedings of the 3rd International Symposium on the Foundation of Quantum Mechanics, Tokyo, 1989.

Wolf, Fred Alan. *The Dreaming Universe: A Mind-Expanding Journey into the Realm Where Psyche and Physics Meet*. New York: Touchstone, 1995.

Wolf, Fred Alan. *Star Wave: Mind, Consciousness, and Quantum Physics*. New York: Macmillan, 1984.

| 찾아보기 |

〈 인 명 〉

〈내용〉

● 저자 소개 ●

아널드 민델 박사(Dr. Arnold Mindell)

아널드 민델 박사는 1940년에 미국 뉴욕 주에서 태어나 현존하는 세계적인 석학으로 MIT에서 물리학을 전공하였고, 심리학과 물리학을 통합하기 위하여 스위스의 취리히 융 연구소에서 전문가 자격 과정을 이수하였으며, 미국 유니온 대학원에서 동시성에 대한 연구로 박사학위를 받았다. 이후 과정지향 심리학(Process-Oriented Psychology)을 창시하였는데, 과정지향 심리학은 현재 프로세스 워크(Process Work)로 개칭되어, 미국 오리건 주 포틀랜드의 프로세스 워크 연구소(Process Work Institute)를 중심으로 세계 각국의 연구소 및 관련 기관들과 더불어 임상과 연구가 활발히 진행되고 있다. 특히 포틀랜드의 프로세스 워크 연구소에서는 각종 프로그램과 함께 학위 과정 프로그램도 운영되고 있다.

민델 박사는 임상에서 주로 애칭인 '아니(Arny)'로 불리고 있으며, 꿈과 신체를 통합하는 드림보디(Dreambody) 작업뿐만 아니라, 심리학과 양자물리학 그리고 초자연치료와 영성적 작업을 통합하는 연구와 임상을 발전시키고 있다. 임상 작업에서는 개인 작업뿐만 아니라, 소집단 그리고 대집단 작업을 비롯하여 세계의 갈등을 중재하는 월드 워크(World work)와 지구를 살리기 위한 플래닛 워크(Planet work) 등을 주도하고 있다.

저서로는 『드림보디(Dreambody)』, 『무예가로서의 지도자: 공동체의 갈등과 창의성을 위한 전략과 기술(The Leader as martial artist: Techniques and strategies for resolving conflict and creating community)』, 『불가에 앉아서(Sitting in the fire)』, 『심오한 민주주의: 공개토론(The deep democracy of open forums)』 등 많은 저술이 있다. 한국에 번역되어 소개된 저서로는 『꿈꾸는 영혼(Working with the Dreaming Body)』, 『명상과 심리치료(Working on Yourself Alone)』과 『양자심리학(Quantum Mind)』, 『관계치료: 과정지향적 접근(The Dreambody in Relationship)』, 『양자심리치료(Quantum Mind and Healing)』 등이 있다.

● 역자 소개 ●

양명숙(Prof. Dr. Yang Myong-Suk)
독일 하인리히-하이네 뒤셀도르프 대학교(Heinrich-Heine Duesseldorf University)
　철학 박사(Dr. Phil.)(심리학 전공)
청소년상담사, 정신보건상담사 1급
한국상담학회 초월영성상담 수련감독급 전문상담사
한국상담학회 아동·청소년 상담 수련감독급 전문상담사
한국상담학회 부부·가족 상담 수련감독급 전문상담사
한국상담학회 집단상담 수련감독급 전문상담사
현 한남대학교 일반대학원 상담학과 교수
　한남대학교 특수대학원 상담심리학과 교수
　한남대학교 사회과학대학 아동복지학과 교수
　한남대학교 학생상담센터 소장

이메일: msyang@hnu.kr

이규환(Prof. Dr. Lee Gyu-Hwan)
미국 뉴욕 주립 대학교(State University of New York at Stony Brook)
　이학 박사(Ph. D.)(화학 전공)
미국 플로리다 대학교(University of Florida) 연구원
한국과학기술연구원(KIST) 선임연구원
한남대학교 나노생명과학대학 전 학장
현 한남대학교 나노생명과학대학 화학과 교수

이메일: gyuhlee@hnu.kr

프로세스마인드

-신의 마음에 연결하기 위한 심리치료 안내서-

ProcessMind: A User's Guide to Connecting with the Mind of God

2014년 8월 20일 1판 1쇄 인쇄
2014년 8월 25일 1판 1쇄 발행

지은이 • Arnold Mindell
옮긴이 • 양명숙 · 이규환
펴낸이 • 김진환
펴낸곳 • ㈜ 학지사
        121-838 서울특별시 마포구 양화로 15길 20 마인드월드빌딩
대표전화 • 02)330-5114   팩스 • 02)324-2345
등록번호 • 제313-2006-000265호

홈페이지 • http://www.hakjisa.co.kr
커뮤니티 • http://cafe.naver.com/hakjisa

ISBN 978-89-997-0455-0 93180

Korean Translation Copyright ⓒ 2014 by Hakjisa Publisher, Inc.

정가 18,000원

역자와의 협약으로 인지는 생략합니다.
파본은 구입처에서 교환해 드립니다.

이 책을 무단으로 전재하거나 복제할 경우 저작권법에 따라 처벌을 받게 됩니다.

인터넷 학술논문 원문 서비스 **뉴논문** www.newnonmun.com

이 도서의 국립중앙도서관 출판시도서목록(CIP)은 서지정보유통지
원시스템 홈페이지(http://seoji.nl.go.kr)와 국가자료공동목록시스템
(http://www.nl.go.kr/kolisnet)에서 이용하실 수 있습니다.
(CIP제어번호: CIP2014022266)